서애 류성룡의 학문과 계승

서애 류성룡의 학문과 계승

연세대학교 서애학술연구단

혜안

이 책은 제목에 있는 바와 같이, 서애 류성룡의 학문·사상과 그것이 이후에 어떻게 계승되었는지를 검토하는 몇 편의 글로 구성되어 있다. 개별 논문이 서로 일관성을 갖춘 것은 아니지만, 당시의 정치 상황과 서애의 위상, 철학사상, 그리고 서애의 학문이 제자와 가학으로 계승되는 측면을 역사학적으로 검토하였다.

서애는 임진왜란으로 패망의 위기에 선 조선을 구해낸 명재상이자 정치·학문적으로 큰 영향을 미쳤던 인물이었다. 따라서 서애의 행적과 학문은 당대와 그 이후에 많은 관심을 받았으며, 근·현대에 들어와서는 본격적인 검토와 연구의 대상이 되었다. 그러나 그가 살았던 조선에서는 집권세력 안에서 '당쟁'이 심하였기에, 서애에 대한 평가는 정치적 관점에 따라 매우 판이하게 이루어졌다. 그 같은 모습은 이후로 지속되어 현재에도 불식되지 않고 있다고 할 수 있다. 학문의 발전을 위해서는 당색의 어느 쪽의 이해관계를 떠나 불편부당한 평가가 있어야 할 것이다.

이번 연구가 시작된 것은 연세대학교에서 은퇴하신 송복 교수(사회학과)의 배려 때문이었다. 송복 교수는 이미 『서애 류성룡, 위대한 만남』(지식마당, 2007)이라는 책을 간행하였다. 사회학자인 그는 조선조의 리더십에 대한 연구를 진행하면서, 서애의 학문과 활동을 꼼꼼하게 살피고 이를 바탕으로 개성 있는 '류성룡상'을 엮어 내었다. 사회학자로는 드물게 원전 자료를 종횡무진 활용하며 이룬 성과였다. 그러니 서애 후손들이 중심이 되어 운영하던 서애선생기념사업회에서 그 후속 연구를 부탁하였을 것은 당연한 것이었다. 그러나 송복 교수는 류성룡에 대한 더 객관적인 연구는 후학의 손에 맡겨야 한다는 입장을 피력하였고, 우연한 기회에 나와 김왕배 교수(연세대 사회학과)에게 그 책임이 옮겨지게 되었다.

이런 제안에 우리는 정중하게 거절하였다. 무슨 기념사업회나 문중의 연구비로는 객관적인 학문 연구가 보장되지 않는다는 이유였다. 학문 연구자에게 객관적인 학문 연구는 시대의 변화에도 불구하고 견지되어야 할 매우 중요한 원칙이다. 몇 차례의 협의 과정에서, 서애선생기념사업회와 풍산금속 관계자들은 우리가 세운 원칙을 존중하여 흔쾌히 받아주었다. 본 연구팀을 만들면서도 이 원칙은 수시로 확인하였다. 다만 어떤 선입견이나 구래의 당색 여하에 따라 이루어진 서애의 상(像)에 대해 객관적으로 검토하는 일은 오히려 우리 연구팀의 과제가 되었다.

또한, 연구의 주제 선정에서도 문제가 있을 수 있었다. 서애만을 연구 대상으로 하면 연구자가 제한되고 연구 주제 또한 축소되어 연구 과제를 지속적으로 진척시키기 힘들다는 점이었다. 그리하여 서애를 중심으로 하되, 당시 조선 중·후기의 정치사, 사상사, 문학사,

생활사 등을 망라하고, 또한 서애의 학문적 원칙을 오늘날에도 적용할 수 있는 주제들까지 다루기로 하였다. 우선은 조선시대의 정치사, 사상사의 맥락에서 서애의 학문과 위상을 살피고 나아가 그 학문적 계승 과제를 우리 연구팀의 주제로 정하게 되었다. 물론 연구 과제를 선정하고 연구진을 구성하는 문제는 전적으로 연구책임자에게 일임되었다.

그리하여 연세대학교 사회학과 김왕배 교수, 사학과의 도현철 교수, 서울대학교 규장각한국학연구원의 정호훈 교수와 협의하여 연구진을 구성하였다. 이에 도현철, 정호훈 교수를 비롯하여 학계의 중견 학자인 우인수(경북대), 문석윤(경희대), 계승범(서강대), 김학수(한국학중앙연구원), 김시덕(서울대 규장각한국학연구원) 교수를 모실 수 있었다. 연구팀은 1년간 연구를 진행하며 중간 단계로 공개 학술발표회를 행하였고(2014년 2월), 이 가운데 몇 편은 보완하여 전문 학술지(경북대학교 퇴계학연구소, 『退溪學과 儒敎文化』 55, 2014)에 실었으며, 이를 수정 보완하여 다른 논문과 함께 단행본으로 묶게 되었다. 이 책이 연세대학교 서애학술연구단의 이름으로 간행되지만, 수록된 각각의 글에 대한 학문적 성과나 책임은 전적으로 각 필자들의 것이다.

이 책이 출간될 수 있었던 것은 우리 연구팀에 헌신한 필자들의 노력과 공개 학술회에서 좋은 의견을 개진해 주신 여러 토론자들 때문이다. 그리고 무엇보다도 우리 연구진의 원칙과 연구 방향을 수용하고 지원을 아끼지 않은 서애선생기념사업회의 류진 회장과 류영한 사무국장, 그리고 여러 관계자들의 후원 덕분이다. 모든 분께 감사를 드린다. 또한 상품성이 그다지 없는 책을 간행해 준 혜안출판사 오일주 사장에게도 고마움을 전한다.

이 연구 작업을 기반으로 다음의 후속 작업들은 보다 넓은 주제, 다양한 연구 시각이 담길 것으로 기대한다.

2015년 1월
연세대학교 서애학술연구단을 대신하여
김도형 씀

목 차

우인수

남북 분당과 西厓 柳成龍

Ⅰ. 머리말

柳成龍(1542~1607)은 남인을 대표하는 존재였다. 그는 관료로서 최고의 지위인 영의정에 올랐을 뿐 아니라 임진왜란이라는 초유의 국난을 극복하는 총책임자로서 오랜 기간 활약한 인물이었다. 거기에다가 퇴계 학통의 적전을 잇는 위망을 가졌기 때문에 남인을 대표하는 존재감 면에서 어느 누구보다도 좋은 조건을 두루 갖추고 있었다. 처음에는 남인을 대표할 수 있는 여러 명 중의 한 명이었으나 남인의 대표자들이 이런 저런 사정으로 사망하면서 류성룡만이 우뚝하게 위치 지어졌다.

류성룡의 삶을 살피는 데 있어 기본적으로 보아야 할 것은 당인으로서의 류성룡이다. 그를 중심에 두고 동서분당과 남북의 분당 그리고 그 이후의 갈등 관계를 살펴보고자 하는 것이다. 이에 대한 논의들은 당대부터 수많은 기록에서 거론되었으나, 사안 사안에 대한 단편적인 것이 대부분이었다. 근대 이후 당쟁에 관한 논문도 많이 발표되었으나 그를 중심에 두고 논지를 전개한 바는 없었다. 그런 점에서 동서, 남북 분당의 한가운데에서 남인의 지도자로 위치해 있었던 류성룡을 중심으로 하여 분당과정과 활동을 살피는 것은 의미가 있는 일이라고 할 수 있다.

남북 분당을 남북 갈등의 조짐, 갈등의 심화로 인한 분당, 대립의 고착이라는 세 단계를 설정하여 각 단계별로 분석하고자 한다. 남북분당기에 발생한 사안에 관한 서로 다른 견해에 대해 그 의미를 검토하고 음미하는 방법을 통해 남북 분당 과정을 재구성하면서 종합할 것이다. 특히 단계별 남북 분당의 과정에서 보인 류성룡의 역할에 주목하여 이를 통해 그의 영향과 위상을 자연스럽게 드러낼 것이다.

II. 동인내 류성룡의 위상

　　선조 8년 사림이 동인과 서인으로 분열되었다. 처음에는 김효원과 심의겸 사이에 이조전랑 선임 문제가 계기가 되어 양 진영이 나누어 지기 시작하였고, 이어 쟁점들이 첨가되면서 점차 뚜렷하게 구분되기 시작하였다. 대개 동인은 신진 기예한 인물들로 비교적 현실의 때가 덜 묻은 상태였으며, 이에 비해 서인은 노성한 이들로서 살아온 세월만큼이나 감안해야 할 현실적 요소가 많은 편이었다.

　　분당 직후에는 동인이 척신이자 서인인 심의겸을 비판한다는 점에서 공세를 취하고 있었고, 명분상으로도 더 당당한 위치에 있었을 뿐 아니라 수적으로도 우세하였다. 시간이 흘러가면서 자연히 동인 쪽 사람들이 많이 등용되고 또 등용에 관여하게 되는 상황이 되었다. 이와 함께 새로운 갈등이 생겨날 소지는 점차 커지고 있었다. 관직 선임과 관련한 인사 문제, 개인 인물에 대한 평가 등을 둘러싸고 많은 말들이 생성되었다.

사실 이 정도의 갈등은 어느 시대에나 나타날 수 있는 문제이지만 특히 이 때 문제가 된 것은 갈등과 대립이 붕당을 통해 지속된 데 있을 것이다. 역시 학연이 그들을 구분 짓고 그 구분을 유지시키는 가장 큰 요소로 작용하였다. 거기에 혈연과 지연적인 요소가 더 보태어져 분당을 지속시킨 요인으로 작용하였다. 여기에 덧붙여 관료들을 효율적으로 제어하고 통제할 수 있을 만큼의 힘과 능력을 가지지 못한 당시 군주의 한계도 지적하지 않을 수 없다. 상대적으로 그 전시기보다는 신권이 커진 상태에서 그 신권을 억제할 필요를 느끼는 군주는 어떤 계기가 주어진다면 신하들의 분열을 적절하게 이용하면서 더 거친 방법으로 권한을 휘두를 가능성이 컸다.

　당시 촉망받는 신진관료였던 류성룡이 동인으로 간주되는 것은 자연스러운 일이었다. 더구나 학통상으로도 퇴계 이황의 수제자로서 퇴계학맥에 속해 있었기 때문에 그의 자리는 개인적으로 선택할 수 있는 여지가 별로 없는 운명적인 면이 있었다. 이에 비해 이이 같은 이는 한동안 양쪽 진영으로부터 자유로울 수 있는 위치에 있었기 때문에 나름대로 중간에서 조정자로서의 역할을 자임하기도 하였다. 수세에 처해있던 서인의 입장에서는 이이의 중재에 대해 우호적인 시선을 보낼 수 있었지만, 우세한 입장에서 공세를 취하던 동인의 입장에서는 이이의 역할을 마냥 우호적인 시각에서 바라볼 수 없는 면이 있었다. 이이는 조정자로서의 역할을 포기하고 서인으로 좌정하게 되면서 서인에게는 큰 힘을 보탠 셈이 되었지만 동인의 입장에서는 이이의 순수성을 결과적으로는 의심할 수밖에 없는 상황이 되었던 것이다.

　어쨌든 류성룡은 동인 내의 중심인물로 점차 성장하였다. 처음에는 동인을 대표하는 여러 사람 중의 한사람이었지만 점차 일찍 사망하는 자가 나타나면서 그 대표성이 류성룡에게로 집중되어갔다. 평자의 성향에 따라 류성룡에 대한 평가의 편차가 심하였지만 그를 동인의 대표적인 거물로 인정하거나 간주한 점은 공통적이었다. 이를 통해 류성룡의 높은 비중이나 위상을 짐작할 수 있다.

이이는 류성룡을 유림의 종장이 될 자질을 가진 인물로 간주한 바 있었다. 이이가 동·서인을 조정하고자 자임하였을 때 동·서인의 대표적인 존재들을 조정에 모두 불러모아서 국사를 논의케 하는 것이 한 방법이라고 자신의 방안을 제시한 바 있었다. 그때 이이에 의해 거론된 인물 중 첫 번째로 꼽힌 이가 류성룡이었고, 이어 김우옹, 이발, 김성일이 거론되었다.[1] 동인측 인사 중에서 공정하면서도 뛰어난 인물임을 인정한 것으로 이해할 수 있겠다.[2] 또한 이이는 이발에게 보낸 편지에서 이발과 류성룡, 그리고 김우옹이 협력하면 시국의 어려움을 구할 수 있다고 말한 바 있었다.[3] 이때 김효원을 거론하면서는 "도량이 가볍고 그릇이 얕은데 학술이 또한 얕으니 다만 사류 중에 낄 수는 있으나 유림의 종장이 될 수는 없다"고 평하고 있기 때문에 상대적으로 류성룡·김우옹·이발을 유림의 종장이 될 자질을 가진 동인의 중심인물로 인정한 셈이었던

---

1) 이이, 『석담일기』하, 선조 9년 2월조.(『국역 대동야승』 4, 205~207쪽) 이 때 서인의 중심 인물로는 정철이 꼽혔다.
2) 류성룡의 신중하고 공정한 면은 동인이 서인인 삼윤 즉 윤두수·윤근수·윤현을 수뢰죄로 탄핵 제거하려고 하였을 때 이발과 함께 그 논의에 따르지 않고 반대한 사실에서도 드러난다. 결국 그들의 수뢰죄는 전모가 정확하게 밝혀지지 않은 채 마무리되었다.(『연려실기술』 13, 선조조 고사본말, 선조 9년 ; 『국역 연려실기술』 III, 318쪽)
3) 이이, 『율곡전서』 12, 서, 이발에게 답함.

원지정사 류성룡이 34세 무렵 고향에 내려와 있을 때 세운 정사이다.(필자 제공)

것이다.[4)]

상대당인 서인의 평은 이이에 비해 각박하면서도 과격하였다. 대표적인 것이 慶安令과 정여립의 평이었다. 경안령 李瑤는 선조를 알현한 자리에서 류성룡·이발·김효원·김응남 등 4명을 동인의 '괴수'로 지목한 바 있었다.[5)] '괴수'라는 부정적 이미지로 표현되었지만, 이는 동인을 대표하는 존재로 간주되고 있었음을 분명히 해준다. 나아가 류성룡은 정여립에 의해 '거간'으로 간주된 바 있었다. 선조

---

4) 류성룡도 비록 붕당은 달리하였지만 또한 이이를 존중하는 마음을 가지고 있었다. 이는 류성룡이 영남에 있으면서 어버이를 위한 축수의 잔치를 준비하여 인근의 친척을 모두 모았다가 이이가 사망하였다는 전갈을 접하고 갑자기 즐거워하지 않으면서 잔치를 파한 사실에서 드러난다. (『연려실기술』13, 선조조 고사본말, 선조 17년 1월 ; 『국역 연려실기술』 Ⅲ, 384쪽)

5) 『선조실록』17, 16년 4월 17일 무진.

18년 의주목사 서익은 자신의 상소에서 정여립이 이이에게 보낸 편지를 인용한 바 있는데, '三竄이 비록 갔으나 巨奸이 오히려 있다'라고 하는 대목이었다.[6] 이 때 거간은 류성룡을 가리킨 것이었다. 역시 '거간'이라는 부정적인 표현이지만 동인의 대표적인 존재로서 그 위상을 인정한 것은 분명한 사실인 듯하다.

이이와 경안령의 평이나 논급들을 좀 더 자세하게 살펴보면 류성룡과 이발이 두 사람에 의해 모두 거론된 인물로서 명실 공히 동인의 대표적 인물로 간주되었음을 알 수 있다. 그런데 이발은 얼마 뒤에 일어난 기축옥사로 처형됨으로써 역사의 뒤안길로 사라졌다. 그 외 한 차례 논급된 인물로는 김효원·김우옹·김응남·김성일이 있었다. 그 중 김효원은 동서분당의 계기를 제공한 인물로서 주목받는 존재였으나, 그 재목은 유림의 종장감은 아니라는 평가를 받은 바 있었으며, 더구나 지방관으로 좌천되면서 세간의 관심에서 멀어진 이후 별다른 활동을 하지 못한 채 사망하였다. 김응남은 기축옥사와 '계미삼찬'에 연루되어 제주목사로 좌천되었다가 2년 뒤 다시 기용되었고, 임란중 류성룡의 추천으로 병조판서를 거쳐 좌의정에까지 이르면서 류성룡과 함께 난국 수습에 큰 힘을 보태었으나 임란 막바지에 사망하였다. 김성일은 퇴계학통을 이은 동문수학의 인물로 류성룡과 유사점이 많았으나 임란전 통신사로 다녀온 후 보고와 관련하여 잡음이 있었으며, 임란 초기 왜적 방어에 애쓰던 중 사망하였다. 김우옹은 청요직을 두루 거치면서 동인의 대표자로 많은 역할을 한 인물인데, 그 위상이 류성룡에 미칠

---

6) 『선조실록』 19, 18년 5월 28일 무술. '三竄'은 이이에 대해 논란하다가 유배에 처해진 송응개·박근원·허봉을 가리킨다.

정도는 아니었다.

그 외 우성전 같은 인물도 동문수학의 유사점이 있고, 남북 분당 과정에서 갈등의 계기가 되었던 인물로 흔히 거론되는, 비중이 있는 인물이었다. 성격이 너무 곧아 모두를 아우르는 포용력은 적었던 인물로 평가되고 있으며, 그 역시 임란 의병으로 활동하던 중 사망함으로써 역사의 무대에서 사라졌다.

이와 같이 류성룡은 동인의 대표적인 존재로 항상 거론되면서 높은 위상을 가지고 있었다. 무엇보다 국왕 선조로부터 깊은 신임을 받으면서 높이 평가되던 존재였다. 선조는 류성룡을 '거간'으로 지목한 앞의 서익의 상소를 접한 후 류성룡을 '大賢'으로 간주하면서 깊은 신임을 나타낸 바 있었다. 선조는 "류성룡도 역시 한 군자로서 나로서는 그를 비록 당금의 큰 대현이라고 하여도 좋다고 생각한다."라고 하면서 류성룡에 대한 신임과 위상을 표현하였다.[7] 나아가 선조는 여러 차례 류성룡에 대한 호평을 쏟아낸 바 있었는데, "賢士이며 재주가 있는 뛰어난 朝臣"으로 평가한 적도 있었고,[8] "금옥같이 아름다운 선비"라고 표현하기도 하였다.[9] 또한 "학문이 순정하고 국사에 마음을 다하여 바라보기만 해도 공경할 마음이 생긴다."라고 토로하기도 하였으며, "나라의 柱石"이요 "사림의 영수"로 극찬하기도 하였다.[10]

---

7) 『선조실록』 19, 18년 5월 28일 무술.
8) 『선조실록』 17, 16년 11월 3일 신사.
9) 『선조실록』 23, 22년 12월 8일 신사.
10) 연려실기술』 14, 선조조 고사본말, 22년 12월 16일.(『국역 연려실기술』 Ⅲ, 434쪽) 선조는 이산해와 류성룡을 평가하기를 "경(이산해)은 충성스럽고 근신하고 관후하여 도량이 만석을 싣는 배와도 같아서 옛날 대신의 풍도가

III. 남북 갈등과 류성룡

동인 내부에서 남북으로 나누어지는 갈등의 조짐은 시기적으로
는 대개 선조 13년에서 선조 22년 기축옥사가 일어나기 전까지의
기간에 나타났다. 동인 내부의 갈등은 여러 사람에게서 여러 가지
양상으로 나타난 바 있었다. 우성전과 이발, 우성전과 정인홍, 이경
중과 정여립, 이경중과 정인홍을 둘러싼 여러 가지 갈등이 그것이다.
이러한 갈등은 분당으로까지 치달을 정도로 심각한 단계는 아니었
다. 후일 남북으로 완연히 분당되지 않았으면 일시적인 것으로
치부될 수도 있었고, 따라서 큰 의미 부여없이 역사의 뒤안길로
넘어갔을 수도 있는 것이었다. 하지만 뒤에 분당으로 이어졌기
때문에 분당에 일정한 영향을 끼친 요소로 주목하지 않을 수 없게
된 것이었다.

이때의 갈등은 여러 사람들이 상호 복잡하게 얽혀있기는 하지
만, 그 갈등의 양편에서 중심적 위치에 있었던 인물은 류성룡과
이발이었다.[11] 두 사람은 이이에 의해서도 동인의 대표자로 지목
받은 바 있듯이 동인의 최고 명망가였다. 당시 류성룡과 친밀한
관계를 가졌던 인물은 우성전, 김성일, 이경중, 정경세 등이었고,
이발과 연결되어 있었던 인물은 정여립, 정인홍, 최영경 등이

있고, 류성룡은 학문이 순정하고 국사에 마음을 다하여 바라보기만 해도
공경할 마음이 생긴다. … 두 사람이 나라에 柱石이 되고 사림의 영수임을
잘 알고 있다."라고 하였다.

11) 동서분당으로 치닫게 된 갈등의 당사자였던 동인의 김효원은 이후 한직에
머물다가 선조 13년 39세의 나이로 세상을 떠나면서 역사의 무대에서
멀어졌다.

대표적이었다.

먼저 지적할 수 있는 것은 우성전과 이발·정인홍을 둘러싼 갈등이었다. 우성전은 아버지 언겸의 안동판관 재임을 계기로 인근 고을의 퇴계 이황에게서 학문을 닦았으며, 동갑에 동문인 류성룡과 뜻이 맞아 각별한 관계를 유지하게 되었다. 두 사람 모두 문과에 급제하여 관직생활을 시작하면서 더욱 깊은 관계로 맺어졌다. 류성룡은 후일 우성전의 일록 뒤에 쓴 글에서 "臺閣에 있을 때엔 언론과 처사가 비록 모의하지 않아도 거의 서로 부합하였고, 世路에 막힘이 많아 부침은 서로 같지 않았지만 평소 좋은 뜻은 하루도 처음과 다르지 않았다."라고 표현하면서[12] 우성전과의 의기투합한 시절을 회상한 바 있다. 그리고 조금 뒤의 기록이기는 하지만 북인들로부터는 류성룡의 '심복'으로 간주되기도 하였을 정도로[13] 두 사람의 관계는 친밀하였다.

우성전이 그 후 부친상을 당하였을 때, 문상을 간 바 있던 이발은 상가를 출입하는 평양 기생을 마침 목격하고 우성전의 단정치 못한 처신을 맹비난하게 되었다. 『회산잡기』를 인용한 『연려실기술』에 실려 있는 전말은 다음과 같다.

우성전의 부친 언겸이 咸從縣令으로 있을 때 우성전이 부친을 뵈려고 왕래하다가 평양 기생에게 정을 두었는데, 얼마 안 되어 우성전의 부친이 병 때문에 벼슬을 버리고 돌아가자 감사가 그

---

12) 류성룡, 『서애집』 18(한국문집총간 52, 1990), 書禹景善日錄後, 357쪽 ; 우성전 저, 황위주·최은주 공역, 『탈초·역주 추연선생일기』, 화성시, 2008, 우성전의 일록 뒤에 씀, 221쪽.
13) 『선조수정실록』 32, 31년 11월 1일 임오.

기생을 우성전의 집으로 실어 보냈다. 우성전이 친상을 당함에 미쳐 한때의 名士들이 다 모였는데 평양 기생이 머리를 풀고 출입하는 것을 보고 이발이 말하기를, "제 아버지가 죽게 되어 벼슬을 버리고 돌아오는데 저가 무슨 마음으로 기생을 싣고 왔느냐." 하면서 우성전을 몹시 공격하니, 우성전의 본정을 아는 자들이 결코 그렇지 않음을 밝혔다. 이때에 이발은 北岳山 아래에 살고 있었기 때문에 이발의 당을 북인이라 이르고, 우성전은 남산 아래 살았기 때문에 우성전을 구원한 자를 남인이라 하였는데, 이것이 동인이 나뉘어 남북이 된 것이다.[14]

이 기록은 이건창의 『당의통략』에도 축약하여 간략하게 소개된 바 있는데,[15] 남·북인 명칭의 유래와 관련하여 흔히 인용되는 대목 이다. 경위나 사정이야 어떻든 간에 우성전이 사랑한 평양 기생이 상가를 출입한 것은 사실인 이상 사류의 처신으로서는 흠결이 아닐 수 없었다. 이를 힐난한 이발에 대해서는 이해심이 다소 부족하다고 는 할 수 있을지언정 잘못되었다고 비난할 수는 없다. 우성전을 옹호한 부류들도 그가 잘했다고 옹호한 것은 아니었을 것이다. 잘한 것은 아니지만 이해는 할 수 있다는 차원에서 더 이상 비난을 확대하지는 말자는 정도였을 것이라고 생각한다. 그러나 이 사소한 사건 하나만으로 남·북인으로 갈라졌다고 보기는 개연성이 부족하 다. 다만 다음과 같이 유추해보는 것이 가능할 것이다. 이발이 비난 의 선두에 선 것은 이미 우성전에 대해 우호적이지 않은 감정을

---

14) 『연려실기술』18, 선조조 고사본말, 동서남북론의 분열.(『국역 연려실기 술』IV, 418~419쪽)
15) 이건창, 『당의통략』, 을유문화사, 1972, 16쪽.

가지고 있었고, 무엇 때문인지는 확실치 않으나 그것이 이 사건을 기화로 터져 나온 것이 아닌가 짐작한다. 당사자인 우성전도 이발에 대해 섭섭함을 넘어 유감을 가지게 되었을 수 있는데, 이후 우성전이 이발에 대해 직접적으로 비난을 하거나 시비를 건 일은 없는 듯하다.

사실 우성전도 이발만큼 강경하고 정직해서 세태에 영합하지 않는 기풍을 가진 인물이었다. 류성룡은 평생의 지기였던 우성전을 평하기를 "눈이 높아서 세간의 사람들을 인정해줌이 적었고, 뜻이 맞지 않는 자와는 비록 대면하고 있다고 할지라도 서로 말하지 않았으며, 때로는 문을 닫고 사람을 거절하기도 하였다."라고 하였다.16) 이로 인해 그는 당시 사람들로부터 원망도 많이 사게 되었던 것이다. 이에 친구였던 姜緖가 어느 날 술에 잔뜩 취해 와서 우성전의 눈을 쓸어내리면서 '너의 눈이 대단히 높아서 쓸어내려 낮추려는 것이다.'라고 농을 한 사실도 그의 성격을 단적으로 전해주는 일화로 전해지고 있다.17)

그 우성전이 정인홍에 대해서는 비판적인 언사를 공개적으로 표명한 바 있었고, 정인홍 역시 나중에 우성전을 탄핵함으로써 서로의 관계가 악화되는 일이 있었다. 선조 13년경 정인홍이 장령으로 부름을 받아 조정에 들어오려 할 때 모두가 기대하는 분위기였는데, 우성전은 많은 사람들이 있는 자리에서 "名實이 맞지 않으니 끝내 吉士는 아니다"라는 비난조의 비판을 한 것이다.18) 우성전이

---

16) 류성룡, 『서애집』 18, 書禹景善日錄後, 357쪽 ; 우성전 저, 황위주·최은주 공역, 『탈초·역주 추연선생일기』, 화성시, 2008, 우성전의 일록 뒤에 씀, 221쪽.
17) 성전 저, 황위주·최은주 공역, 『탈초·역주 추연선생일기』, 화성시, 2008, 『문소만록』 기사, 223쪽.

어떤 이유로 정인홍을 그렇게 평하였는지 구체적으로 전하는 기록은 없다. 많은 사람들이 모여 있던 자리였기 때문에 이 평은 당연히 당사자인 정인홍의 귀에까지 들어갔을 것이다.

선조 14년 2월 사헌부에서 수원현감 우성전을 탄핵하여 파면시켰다.[19] 당시 탄핵에 가장 앞장섰던 인물이 바로 장령 정인홍이었다. 수원은 큰 고을이었으나 綱常의 변이 있어 현으로 강등된 곳이었는데, 그 도덕적 심각성을 고려하여 특별히 시종신인 우성전이 파견된 것이었다. 그런데 그 임기가 다되어 다시 중앙의 청현직으로 복귀할 것을 염려한 정인홍이 탄핵을 강력하게 주장하여 결국 파직을 시킨 것이었다. 정인홍이 탄핵의 사유로 든 것은 "그가 고을을 맡아 일은 돌보지 아니하고 覲親을 핑계로 항상 서울에 있었으며, 또 많은 돈과 곡식을 서울 집으로 가져다가 술과 안주를 장만하여 방자하게 놀고 마시면서 氣勢를 부리고 망령되게 스스로 자랑하고 높은 체하였다."는 것이었다.[20] 그러나 사헌부 관원들과 논의하는 과정에서 조금 완화되어 단지 임지를 떠나 서울에 오랫동안 머물러 있으면서 관무를 폐기하였다는 것만을 들어 탄핵하였다.[21] 우성전에게 우호적인 사람들은 이 조처를 부당하게 생각하여 불평이 많았는데, 이로부터 남북 분당의 조짐이 시작되었다고『선조수정실록』은 전하고 있다.[22]

장령 정인홍은 우성전을 탄핵한 다음 달인 선조 14년 3월에는

---

18)『연려실기술』18, 선조조의 명신, 우성전.(『국역 연려실기술』Ⅳ, 598쪽)
19)『선조실록』15, 14년 2월 9일 계묘.
20) 이이,『석담일기』하, 선조 14년 2월.
21)『선조수정실록』15, 14년 2월 1일 을미.
22) 위와 같음.

이조좌랑 이경중을 탄핵하였다. 이 때 정인홍은 탄핵에 반대하는 대사헌 정탁과 다투면서까지 자신의 뜻을 관철시켰다. 마침내 사간원의 협조를 얻어 이경중을 파직시키는 데 성공하였던 것이다. 『선조수정실록』에는 이 사실을 다음과 같이 기록하고 있다.

> 사헌부가 아뢰기를, "이조 좌랑 이경중은 본디 지식이 없는데다 또 칭도할 만한 행실도 없으니 본직에 제수된 것은 진실로 人望에 차지 않습니다. 그런데 後進 佳士로서 명망이 있는 사람은 언제나 앞을 막아 가리고, 경망하고 방자하며 조행도 없이 진취만을 서두르는 무리들과 交結하여 기세를 부리므로 사람들이 감히 말하지 못합니다. 그리고 주색에 방종하며 거리낌없이 날뛰므로 物情이 격분해 하고 淸議가 용납하지 않으니 파직을 명하소서."하니, 아뢴 대로 하라고 답하였다.[23]

붕당간의 조제를 자임하던 이이 같은 이도 이경중에 대해서는 "본래 학식이 없고 또 성질이 탐닉하고 막히어 착한 것 따르기를 잘하지 못하였는데, 전랑으로 매우 오래 있었기 때문에 자못 스스로 천단하는 습성이 있었다."라는 인식을 가지고 있었으며,[24] 그를 논박한 정인홍의 처사에 대해서는 "시골 출신의 외로운 처지로서 충성을 다하여 봉공하니 논박한 바가 비록 지나친 듯 하더라도 실은 이것이 공론이니 어찌 그르다고 할 수 있을 것인가."라고 평한 바 있었다.[25] 이에 이경중 주변의 인물들은 모두 의심하고 두려워하

---

23) 『선조수정실록』 15, 14년 3월 8일 신미.
24) 이이, 『석담일기』 하, 선조 14년 3월.
25) 이이, 『석담일기』 하, 선조 14년 3월.

는 생각을 품게 되었으며, 그 중심에 있던 류성룡도 불편해하기는 하였으나 어쩔 수 없었다고 한다. 그런데 위의 인용문에서 이경중이 앞을 가로 막았다는 명망인 중에는 정여립도 포함되어 있었다. 이는 뒷날 정여립 모역사건 이후 류성룡에 의해 거론되면서 또 다른 파란을 일으키는 단서가 되었다.

한편 류성룡은 사론이 동·서인으로 갈라졌고 또 남·북인으로 갈라질 조짐을 보일 뿐아니라 그 와중에 자신도 일부 사람으로부터 '괴수' 또는 '거간'으로 지목되는 등의 상황에 처하자 일단 조정에서 물러나기로 결심하였다. 그래서 연로한 어머니를 구실로 삼아 선조 16년에 일시 낙향하였다.[26] 이 시기 류성룡의 경우는 여러 가지 사류간의 갈등에 직접적으로 개입하거나 거론된 구체적인 사실은 없는 편이다. 다만 그는 비중이 큰 유력한 인사 중의 한 명으로 존재하고 있었다. 실제 정인홍이나 최영경에 대해서도 그리 부정적이지 않거나 우호적인 시각을 가지고 있었다. 이는 선조 17년 4월에 우성전에게 말한 다음과 같은 대목에서 잘 드러나 있다.

> 서애가 말하기를, "남쪽 지방 사우들이 끊어져 방문을 하지 않아서 오직 최효원(효원은 영경의 字) 한 사람만을 만났는데, 긴 대나무 천 그루를 기르고 베옷을 입고 거문고와 서책을 가지고 그 속에서 생활하면서 논의가 격렬하고 기상이 늠름하니 高士라고 할 만합니다. 덕원(정인홍의 字) 같은 사람도 또한 지난날 함부로 행동했던 잘못을 통렬하게 뉘우치고 있습니다." 운운하였다.[27]

---

26) 『선조수정실록』 17, 16년 3월 1일 계미.
27) 우성전 저, 황위주·최은주 공역, 『탈초·역주 추연선생일기』, 화성시, 2008, 선조 17년 4월 9일, 182쪽.

류성룡은 최영경을 고사로 높이 평가하였을 뿐아니라 정인홍에 대해서도 전날의 잘못을 뉘우치고 있다고 하면서 비교적 포용하는 자세를 보였던 것이다. 여기서 말하는 정인홍의 잘못이라고 하는 것은 아마 선조 14년에 있었던 일을 가리키는 듯하다. 즉 정인홍이 심의겸을 탄핵할 때 앞뒤가 상반되는 논리를 폄으로써 자신이 한 말을 국왕 앞에서 스스로 번복하지 않을 수 없는 곤욕을 치른 적이 있었다. 이로 인해 정인홍은 강직하긴 하나 용의주도하지 못하다는 부정적인 인상을 심어주었을 뿐 아니라 상대당인 서인으로부터는 당론으로 의심을 받기 시작하였다. 이이 같은 이도 평소 정인홍이 기운이 경박하고 도량이 좁아서 처사가 혹 조급하고 떠들썩함을 면하지 못하는 것으로 여겨서 경계하기도 하였다.[28]

이상과 같이 이발·정인홍 측과 우성전·이경중 측이 상호 비난과 탄핵을 주고받는 과정을 거치면서 동인의 내부에 분열의 조짐이 표면에 나타나기 시작하였다. 그러나 아직까지 분열의 단계라기보다는 상대편과 구별될 수 있는 이질적인 요소가 하나 둘 겉으로 드러나 쌓이는 과정이라고 할 수 있겠다. 여기에 어떤 결정적인 계기만 주어지면 언제든 분열할 수 있는 여건이 마련되고 있던 셈이었다. 다음 장에서 다룰 기축옥사가 바로 그러한 결정적 계기 구실을 하게 되었다.

---

28) 우인수, 「조선 선조대 남북분당과 내암 정인홍」, 『역사와 경계』 81, 2011, 206쪽.

IV. 기축옥사와 남북 분당

　동인의 내부 분열이 본격화하여 분당으로까지 치닫는 계기가
된 사건은 선조 22년의 기축옥사였다. 이 사건을 거치면서 동인
내 두 집단 간에 갈등이 증폭되어 마침내 남인과 북인으로 분당되기
에 이르렀다. 정여립이 역모를 꾸미다가 탄로가 나서 추포 과정에서
자결한 바 있었는데, 기축옥사는 이 사건으로 인해 만연되었던
옥사였다. 역모의 사실 여부와 관련하여 조작설이 제시되어 있기도
하지만,[29] 정여립이 역모를 꾸몄던 사실 자체는 대체로 인정된다고
생각한다.[30]

　하지만 서인들이 이 역모 사건을 정권을 잡을 절호의 기회로
여겨 옥사를 확대 만연시킴으로써 기축옥사는 동인 특히 나중의
북인에 해당하는 많은 인사들이 억울하게 희생된 정치적 사건이었
다. 그리고 호남 지역 내에서는 향촌사회의 주도권 장악의 수단으로
이 옥사가 이용된 면도 있었다. 이 과정에서 정여립과 친하거나
일정한 연관을 가진 자들이 주로 피해를 당하였다. 옥사를 만연시킨
장본인으로는 서인 정철이 주로 지목되었다. 정철이 정언신을 대신
해 우의정에 임명되어 위관을 맡게 되는 선조 22년 11월부터 역옥의
다스림이 더욱 가혹해졌다. 이때부터 연루자가 확대되면서 심문

---

29) 김용덕, 「정여립 연구」, 『한국학보』 4, 1976 ; 이희권, 「정여립의 학문과
　　사상」, 『전북사학』 21·22, 1999 ; 이희환, 「정여립옥사의 실상과 그 영
　　향」, 『전주학연구』 3, 2009.
30) 우인수, 「정여립 모역사건의 진상과 기축옥의 성격」, 『역사교육논집』
　　12, 1988 ; 이상혁, 「조선조 기축옥사와 선조의 대응」, 『역사교육논집』
　　43, 2009.

과정에서 곤장을 맞아 죽어나가는 자가 나타나기 시작하였다.[31]

먼저 이발 집안 전체가 풍비박산이 났다. 정여립과 친밀하게 교류하며 상종한 죄로 동생 이길과 함께 국문을 받던 중 杖死하였다. 이어 이발의 형, 80세가 넘은 노모, 10세 전후의 어린 자식, 사위인 홍세 등 전 가족이 몰살당하다시피 하였다. 병조참의 백유양 일가의 화도 참혹하였다. 백유양의 아들 수민의 처삼촌이 정여립이었고, 수민은 정여립에게서 글을 배운 인연이 있었다. 결국 백유양과 그의 세 아들이 모두 장살되었다. 그리고 우의정 정언신과 이조참판 정언지 형제는 정여립과 9촌친 관계에 있었다. 정여립과 친척이면서 편지 몇 장 왕래한 것이 빌미가 되어 희생되었다. 특히 정언신은 위관으로 있으면서 고변자를 도리어 윽박질렀다는 죄목으로 국문을 받던 중 杖死하였다.

정여립과 관련된 구체적 물증 하나 없이 황당한 죄목으로 죽임을 당한 사람은 최영경이었다. 최영경은 남명 조식의 문도를 대표하는 인물로 명망있는 선비였다. 당초에 정여립과 함께 역모를 주도한다는 인물로 길삼봉이 있었는데, 여러 적당들이 그의 용모에 대해 진술하였으나 진술 내용이 모두 달라 종잡을 수가 없었다. 그도 그럴 것이 길삼봉이란 인물은 정여립이 꾸며낸 인물이었고, 실존 인물이 아니었던 것이다. 정철이 몇몇 사람을 사주하여 최영경을 길삼봉으로 만들어 옥사에 얽어넣었다.[32] 최영경이 평소에 정철에

---

31) 우인수, 「조선 선조대 남북 분당과 내암 정인홍」, 『역사와 경계』 81, 2011, 207쪽. 이하 기축옥사와 관련한 내용도 이에 의거하여 약간 가감하였다.

32) 후일 류성룡의 아들 류진이 옥사에 연루되어 갇힌 적이 있었는데, 추국 담당자를 맡은 이이첨이 술회하기를 '정철이 소인배가 된 것은 최영경을

대해 혹독한 평을 한 것을 미워한 때문이었다고 한다. 결국 수차의 국문을 받던 중 옥사하였다. 그 과정에서 최영경과 관련된 수많은 사람들도 함께 희생되었다. 그의 동생 최여경, 그가 아끼던 동문인 참봉 류종지, 그의 문인인 참봉 윤기신과 찰방 이황종 등이 모두 장살되었다. 최영경과 그 주변 인물들의 희생은 남명학파의 입장에서 가장 뼈아픈 손실이었다. 상당한 중망을 가지고 있던 김우옹은 정여립과 절친하게 지내면서 서신을 왕래한 죄목으로 회령으로 유배되었다.[33] 또한 정인홍도 기축옥사의 여파로 관직을 삭탈당하기에 이르렀다.

정여립 역모사건에 연루된 백유양의 편지에서 이름이 거론된 바 있던 류성룡은 스스로를 해명하는 상소를 올린 바 있었다. 여기에서 류성룡은 일찍이 이조좌랑 이경중이 정여립의 사람됨을 미워하여 청요직에 의망하지 않고 있던 때가 있었는데, 그 때 이경중은 도리어 어진 사람을 막는다는 명목으로 사헌부의 탄핵을 받아 파직된 바 있었다고 하였다.[34] 선조는 이경중의 선견지명을 높이 평가하여 이미 사망하고 없던 그를 후하게 증직하는 한편 그 때 이경중을 탄핵한 자에게는 죄를 줄 것을 명하였다. 그 때 이경중을 탄핵한 자가 바로 정인홍이었는데, 이로써 정인홍은 관직을 삭탈당하게

죽였기 때문인데, 만약 류진을 죽인다면 자신이 소인으로 낙인찍힐 것이므로 그렇게 하지 않겠다'라고 한 바 있었다. 이로써 미루어보면 최영경을 죽인 것이 바로 정철이라는 것이 당시 북인 내부에 사실로 인식되고 있었음을 알 수 있다.(류진, 『수암집』(수암문집 간행소, 1980), 「임자록」, 595쪽)

33) 『선조수정실록』 23, 22년 12월 1일 갑술.
34) 『선조수정실록』 15, 14년 3월 1일 갑자 ; 『선조수정실록』 23, 22년 12월 1일 갑술.

되었던 것이다.[35] 정인홍이 류성룡을 미워할 수밖에 없는 결정적 이유 하나가 또 첨가된 것이다.

류성룡이 정인홍을 겨냥하여 선조에게 이경중 이야기를 꺼낸 것은 아닐 것이다. 오히려 이 역모를 계기로 조정의 신하들을 싸잡아 힐난하려는 선조에 대해 조정의 위신과 체면을 위해서 그 이야기를 진달한 것이라고 보는 것이 자연스럽다. 그리고 역심을 가진 정여립을 끊지 못한 것은 조정의 신하 피차가 마찬가지라는 취지의 발언 가운데 나온 것이었다. 하지만 공교롭게도 그로 인한 불똥이 정인홍에게로 튄 것이었다. 이 사건으로 정인홍이 류성룡을 뼈에 사무치게 원망하고 영구히 원수로 여기게 되었다고 표현한 기록도 있다.[36] 그 표현을 액면 그대로 취하기는 어렵지만 정인홍으로서는 대단히 불쾌한 사안이었던 것만은 분명할 듯하다.

훗날 사신은 류성룡과 정인홍의 대립을 남북 분당의 큰 요인으로 인식하여 류성룡의 졸기에서 다음과 같이 지적하였다.

> 재상의 자리에 올라서는 국가의 安危가 그에 의지하였는데, 정인홍과 의논이 맞지 않아서, 인홍이 매양 公孫弘이라 배척하였고, 성룡 역시 인홍의 속이 좁고 편벽됨을 미워하니, 사론이 두 갈래로 나뉘어져 서로 공격하는 것이 물과 불 같았다.[37]

또 학맥을 기반으로 류성룡과 정인홍이 영남지역을 양분하였던

---

35) 『선조수정실록』 23, 22년 12월 1일 갑술.
36) 『연려실기술』 17, 선조조 고사본말, 류성룡의 관작을 삭탈하다.(『국역 연려실기술』 Ⅳ, 380쪽)
37) 『선조실록』 211, 40년 5월 13일 을해.

상황을 후일 인조대의 사신은 다음과 같이 표현하기도 하였다.

대저 영남은 선비가 많은 곳인데, 이황의 뒤에는 참된 선비로서
우뚝하게 師表가 될 만한 자가 없다. 左道 및 右道의 반은 류성룡을
주장으로 삼아 언론이 투박하고, 우도의 高靈 이하는 인홍을 주장으
로 삼아 언론이 포악하였다.[38]

장기간 생존하여 대립 갈등을 상당기간 이어갈 수 있으며, 또한
학문적으로나 정치적인 지위도 엇비슷하여 서로 경쟁 상대가 될
만한 인물로는 역시 남인의 류성룡, 북인의 정인홍이었다. 정인홍이
류성룡을 前漢의 공손홍에 비유하면서 배척하였다고 하였는데, 공
손홍의 어떤 점을 특히 빗댄 것인지는 명확하지 않다. 다만 공손홍의
행적을 더듬어 짐작할 때, 대개 논변은 뛰어나지만 굳세게 다투지
않는 면모라든지 동료들과 약속한 건의를 군주 앞에 가서는 차마
하지 못하고 다음 기회로 미루어버린 사실 등을 지적하고 싶었던
듯하다.

기축옥사로 인해 직간접적으로 피해를 당한 이들은 옥사 만연의
주된 책임자였던 서인에 대해 엄청난 분노의 감정을 품게 되었다.
그리고 자신들이 피화할 당시에 적극적으로 옹호해주지 않은 동인
의 유력 인사들에 대해서도 불만을 가지게 되었다. 같은 동인이더라
도 정여립과 소원하여 별다른 피해를 보지 않았던 이들이 있으며,
그들 중에는 관원으로서 부득이하게 옥사의 처리에 참여하지 않을
수 없는 처지에 있는 이도 있었다. 사안이 다른 것도 아닌 역옥이었기

---

38) 『광해군일기』 26, 2년 3월 21일 정유.

때문에 함부로 나서서 구원하기가 매우 어려웠다는 점도 양해되지 않은 것은 화가 너무 참혹하고 억울함이 심하였기 때문일 것이다.

이렇게 심화된 갈등은 같은 붕당 안에서 함께 할 이유를 찾지 못할 정도가 되었다. 동인 내에 북인과 남인으로 확연하게 구분되어 붕당이 나누어진 데는 기축옥사가 가장 중요하고도 뚜렷한 변수로 작용하였던 것이다. 이 점은 얼마 뒤 정철이 세자 책봉을 주청하였다가 처벌을 받게 되는 사건을[39] 기화로 하여 서인이 대거 공격을 받을 때 기축옥사와 관련된 것이 탄핵의 중요한 소재로 등장한 데서도 입증되는 것이다. 다만 이 때 서인에 대한 처벌 수위를 두고 북인의 강경책과 남인의 온건책 등 두 개의 주장으로 나뉘게 되었다.

> 선조 24년에 대간이 정철 등의 죄에 대해 논했는데, 이산해가 그 의논을 주장하였다. 옥당도 또한 장차 차자를 올리려고 부제학 김수가 사성 우성전의 집으로 가서 의논하니, 성전은 이렇게까지 파급시킬 수 없다고 생각하여 김수를 만류하며 가지 못하게 하였다. 이에 대사간 홍여순이 성전을 탄핵하여 삭직하자 남북의 논의가 처음 갈라졌는데, 과격파를 북이라고 지목하고 온건파를 남이라고 지목하였다.[40]

---

39) 『선조수정실록』 25, 24년 2월 1일 무진. 이 때 이산해는 병을 칭탁하고 나가지 않고, 정철과 류성룡 둘이서만 임금께 말하게 되었다. 정철이 먼저 건저할 것을 아뢰자, 임금은 깜짝 놀라면서 지금 내가 아직 살아있는데 경이 무슨 일을 하려는가? 하고 사뭇 노여워하니, 정철은 허둥지둥 나와버렸고, 류성룡도 감히 더 말하지 못하고 그대로 물러나왔다.(이건창, 『당의통략』, 27쪽)

40) 『연려실기술』 18, 선조조 고사본말, 동서남북론의 분열.(『국역 연려실기술』 Ⅳ, 413쪽)

위의 사료는 일시 집권한 동인이 기축옥사의 책임을 물어 정철을 위시한 서인의 처벌을 둘러싼 대응의 강온에 따라 남북의 분당이 이루어졌음을 알려주고 있다. 우성전은 기축옥사의 만연에 적극적으로 나섰던 서인에 대한 처벌 주장에 적극적으로 나서기를 꺼려했었다. 이는 기축옥사 자체가 역모와 관련된 것이어서 위험 부담이 컸을 뿐 아니라 동인의 일부도 이 옥사의 처리에 관여하고 있었기 때문에 자칫하면 스스로의 눈을 찌르는 우를 범할 수 있었기 때문이었을 것이다. 이러한 우성전의 생각에 류성룡이 얼마만큼 함께 하였는지는 분명하게 알 도리는 없지만 유사한 생각을 하였을 가능성이 크다. 당시 류성룡도 옥사의 위관을 일시 맡은 적이 있거나[41] 비록 위관은 아니었더라도 대신으로서 국정에 대한 영향력을 행사하고 있었던 처지였기 때문이다.[42] 우성전의 판단은 이러한 류성룡을 비롯한 남인의 연루 가능성을 충분히 의식하고 염려한 상태에서 내려진 것으로 생각한다.

V. 남북 대립의 고착과 류성룡

임진왜란이라는 국가적 위기 상황은 붕당간의 갈등을 상당 부분

---

41) 『당의통략』, 25쪽. "이때 철은 휴가를 청해서 조정을 떠나고 류성룡이 그에 대신해서 위관으로 있었는데, 마침 그 때 발이 여러번 형벌을 당한 끝에 죽고 말았다. 성룡은 발과 함께 동인이지만 사이가 서로 좋지 못하고 또 임금의 명령이므로 감히 용서해주지 못하고 곤장을 때려 죽였다."
42) 류성룡은 기축옥사가 일어난 직후인 선조 22년 12월 이조판서에 제배되었으며(『선조실록』 23, 22년 12월 16일 기축), 이듬해인 선조 23년 5월에는 우의정에 임명되었다.(『선조실록』 24, 23년 5월 29일 기사)

수면 아래로 내리는 계기가 되었다. 임진왜란 동안 남인의 거두 류성룡은 영의정으로 도체찰사를 겸하여 국정을 총괄하면서 전란 극복의 책임을 맡았다.[43]

그런 가운데 남인과 북인간에 새로운 대립 요소가 첨가되었다. 류성룡과 이산해의 갈등이 그것이다. 임란 중인 선조 28년(1595) 선조와 일부 조신들이 파천에 대한 책임을 지고 귀양가 있던[44] 이산해의 복귀를 긍정적으로 검토한 적이 있었다. 이산해는 곧 풀려나서 조정에 복귀하게 되었지만,[45] 이 때 류성룡이 적극 저지하여 막으려 한 적이 있었다고 한다.[46]

이로 인해 이산해는 류성룡을 원망하는 마음이 골수에 사무쳤다고 한다. 이산해의 아들 이경전의 요직 임명 저지도 그 연장선상에서 이루어진 것이었다. 남인인 鄭經世·韓浚謙·金弘美는 이경전의 이조 낭관 추천을 극력 막아서 저지시켰던 것이다.[47] 이산해 측에서는 당연히 류성룡이 뒤에서 지시한 것이라고 믿었다. 후일 이산해는 남이공으로 하여금 류성룡을 탄핵케 하였으며,[48] 이경전도 아버지의 후광과 고모부인 김응남의 도움으로 남인을 맹렬하게 공격하게

---

43) 임진왜란기 류성룡의 구국활동은 최근 발간된 다음의 저서에 잘 집약되어 있다. 이성무 외 엮음, 『류성룡과 임진왜란』, 태학사, 2008.

44) 『선조실록』 26, 25년 5월 17일 병자.

45) 『선조수정실록』 29, 28년 1월 1일 갑술 ; 『선조실록』 59, 28년 1월 11일 갑신.

46) 김시양, 『부계기문』(『국역 대동야승』 17, 민족문화추진회, 1975), 535~ 536쪽.

47) 이조민, 『괘일록』(『패림』, 탐구당, 1969), 32쪽 ; 김시양, 『하담파적록』 (『국역 대동야승』 17), 417쪽.

48) 『인조실록』 9, 3년 5월 17일 갑자 ; 류주목, 『계당집속집』 하(『계당전서』 상, 아세아문화사, 1984 소수), 「朝埜約全」, 572쪽.

되었다.[49] 당시 류성룡의 세력으로는 이원익·이덕형·이수광·윤승훈·이광정·한준겸 등이 있었고, 이산해의 세력으로는 류영경·기자헌·박승종·류몽인·박홍구·홍여순·임국로·이이첨 등이 있었다.[50]

이로써 류성룡과 이산해를 중심으로 하는 대립의 구도가 첨가된 것이다.[51] 후일 류성룡의 후손인 류주목은 그가 편찬한 「朝埜約全」에서 류성룡이 영남사람이어서 남인이라 하였고, 이산해가 洛北에 거주하였기 때문에 북인이라고 하였다는 분당설을 싣고 있다.[52] 우성전과 이발로 인해 남인과 북인이라는 당명이 생겨난 것은 그만큼 그들에게 대표성을 부여해주는 의미가 있는데, 두 사람 모두 조기에 사망함으로써 대립의 중심에 계속 서기에는 현재성이 부족한 측면이 있는 것이다. 거기에다가 두 사람에게 그 대표성의 의미를 부여하는 것에 대해 마땅치 않게 생각하는 사람들은 영남에 기반을 둔 퇴계학통의 적전인 류성룡과 그에 버금가는 벼슬이나 명망을 가진 이산해에게 새로운 남인과 북인의 상징성을 부여한 것이라고 생각한다. 사실 두 사람은 남인과 북인의 대표적 존재로 부각하기에는 여러 가지 면에서 손색이 없는 존재이기는 하지만, 이미 분기한 남·북인간의 대립을 고착화한 것으로 이해하는 것이 옳을 듯하다.

남인은 임진왜란이 거의 끝나갈 막바지 무렵부터 대대적인 북인의 공격에 직면하게 되었다. 남인의 영수인 영의정 류성룡이 집중 공격의 대상이었다. 공격은 몇 차례 단계를 거치면서 점차 수위를

---

49) 이조민, 『괘일록』, 32쪽.
50) 류주목, 『계당집속집』 하, 「朝埜約全」, 572쪽.
51) 송근수, 『족징록』(『당쟁사자료집』 1, 오성사, 1981), 大小北之分黨.
52) 류주목, 『계당집속집』 하, 「朝埜約全」, 572쪽.

높여가는 양상을 띠었다. 가장 먼저 공격의 구실이 된 것은 류성룡의 변무사신의 회피 의혹이었다. 북인으로서는 이것이 선조로부터 채택될 가능성이 가장 높은 사안으로 예견하였던 것이고, 이를 통해 일단 조그만 상처라도 확실하게 낸 이후 2차 공격을 가하는 것이 제거에 효율적이라고 생각한 듯하다. 임란 중 조선에 파견된 贊畫主事 정응태는 경리 양호와 서로 갈등하면서 다투는 가운데 '조선이 명을 기망하고 왜를 불러들여 요동 옛 땅을 회복하려 하였다' 는 엄청난 내용이 들어간 奏文을 명 황제에게 올린 바 있었다.53) 이에 대응하여 조선으로서는 명 조정에 급히 사신을 파견하여 사실 이 아님을 변무할 필요가 있었다. 이때 영의정이었던 류성룡이 사행을 자청하지 않은 것을 회피한 것으로 몰아붙여 죄목으로 삼은 것이다. 선조도 영의정이 적극 나서주기를 바란 마음이 없지 않아 있었기 때문에54) 죄목으로 삼기에는 가장 확실하면서도 적절한 것이었다. 이이첨을 위시하여 사헌부와 사간원에 소속된 북인으로 부터 수십차에 걸쳐 집요한 탄핵을 받았다.55) 결국 선조 31년 류성룡 은 영의정에서 체직되었다.56)

---

53) 『선조실록』 104, 31년 9월 21일 계묘.
54) 『선조수정실록』 32, 31년 9월 1일 계미. "이때에 丁應泰의 參本에 대해 辨誣하는 일로 사신을 보내 陳奏하기로 의논하는데, 상은 영의정 류성룡에 게 뜻을 두었으나 류성룡이 가려 하지 않아 윤두수·이항복·이호민 등을 注擬하였다. 상이 노하여 '右相이 마땅히 가야 한다'고 하였다. 이때에 우상 이덕형은 접반사로 提督의 군중에 있어서 마침내 류성룡을 擬差하였 다. 류성룡이 그래도 바야흐로 物議가 있다 하여 가려 하지 않으니, 群議가 류성룡이 이미 상의 뜻을 알고도 가기를 자청하지 않고 또 의차한 후에도 規避하는 뜻을 둔다 하여 비난하는 자가 많았다."
55) 『선조실록』 104, 31년 9월 24일 병오.
56) 『선조실록』 105, 31년 10월 9일 신유.

이렇게 류성룡의 날개가 일단 꺾이자 곧 바로 삭탈관작을 주장하는 2차 공격이 가해졌다. 류성룡에게 가해진 탄핵의 사유는 남북 분당을 일으키고 붕당을 扶植시킨 장본인이라는 것이었다.[57] 정승이 되어 권력을 가진 것을 기화로 위세를 조성하여 동인을 다시 나누어 남북의 붕당을 만들었으며,[58] 자신들에게 붙는 자를 남인이라고 하고, 뜻을 달리하는 자를 북인이라고 하여 당쟁의 실마리를 크게 열었다는 것이었다.[59] 이를 증명하기 위해서는 "사람을 해쳐도 사람들이 알지 못하고 세상을 속여도 세상이 깨닫지 못할 정도로 간사한 자질과 간교한 지혜를 지닌 인물"이라는 식의 문구를 동원하기도 하였다.[60]

이어 정인홍의 지시를 받은 정언 문홍도에 의해 '主和誤國'의 죄목이 덧씌워졌다.[61] 임란 중에 일본과의 화의를 주창하여 나라를 그르쳤다는 주장이었다.[62] 당시 명군의 힘을 빌어 겨우 왜군을 막고 있던 조선의 처지에서는 일본과의 화의를 주도할 권한이나 힘을 전혀 갖고 있지 못한 것이 당시의 실정이었다. 이를 감안할 때 '주화오국'이란 말 자체가 별로 현실성과 설득력이 없는 것이었

---

57) 『선조수정실록』 32, 31년 11월 1일 임오.
58) 『선조실록』 114, 32년 6월 9일 병술.
59) 『선조실록』 108, 32년 1월 18일 기해.
60) 『선조실록』 106, 31년 11월 16일 정유.
61) 『선조실록』 106, 31년 11월 13일 갑오, 16일 정유 ; 이건창, 『당의통략』 선조조. 한편 동문인 조목이 류성룡에게 보낸 편지에서 그를 '주화오국'으로 지목하면서 엄하게 힐난한 사실도 있다.(『선조실록』 181, 37년 11월 12일 무자)
62) 류성룡을 강화론자로 규정하는 논의의 무리함에 대한 검토는 다음의 논고에 자세하다. 한명기, 「임진왜란 시기 류성룡의 외교활동」, 『류성룡의 학술과 경륜』, 태학사, 2008.

다. 이 점에 대해서는 선조도 "일을 논하는 것이 실정에 지나치면 그들이 마음으로 복종하지 않을 뿐 아니라 방관자 역시 수긍하지 않는 법이다."라고 표현하면서 탄핵 논리의 무리함을 지적한 바 있고, 중국 조정에서 이미 화의를 허락한 상황이었음을 지적하였으며, 나아가 "그 당시에는 누구인들 그러하지 않았던가."라고 하면서 류성룡을 억울함을 옹호한 바 있다.[63] 누구보다도 가까이에서 류성룡을 지켜본 선조의 표현이 이러함을 감안할 때 '주화오국'의 낙인은 무리한 정치 공세에 불과하였음을 짐작케 한다.

하지만 류성룡은 파직을 거쳐 끝내 관작을 삭탈당하기에 이르렀다.[64] 이 일련의 논의는 대개 이경전·남이공의 무리가 몰래 주장하고 문홍도와 이이첨이 창도한 것이었다.[65] 그들 뒤에 이산해와 정인홍이 있었음은 물론이었다.

이러한 조처의 무리함을 아는 선조는 얼마 뒤 직첩을 돌려주는 조처를 취하였다. 이에 양사 등에서 반년 이상 수십차에 걸쳐 명을 거두라는 주장을 펴서 다시 직첩을 삭탈 당하였다.[66] 그러니 얼마나 집요하게 그를 꺾어버리려 하였는가를 알 수 있다. 그에 대한 두려움이 그만큼 컸었다는 반증이기도 한 것이다.[67] 이것이 임진왜란 극복을 위해 온갖 난국을 헤치면서 국정을 수행한 최고 집권자에게 돌아온 결과였다.

---

63) 『선조실록』 115, 32년 7월 4일 신해.
64) 『선조실록』 106, 31년 11월 19일 경자.
65) 『선조수정실록』 32, 31년 11월 1일 임오, 사신평.
66) 『선조실록』 116, 32년 8월 9일 을유.
67) 수년이 흐른 선조 36년에 가서야 비로소 직첩을 돌려받고 풍원부원군에 봉해졌다. 『선조실록』 167, 36년 10월 7일 기축.

류성룡의 관작 삭탈은 남인정권의 퇴조로 이어졌다. 류성룡의 '爪牙·鷹犬'으로 간주된 정경세·김수·허성·최관·김순명·조정립·이호민·윤국형 등도 일거에 조정에서 몰려났다.[68] 그리고 남인 우성전에 대한 폄훼도 남인의 명분을 꺾으려는 의도에서 이루어졌다. 임진왜란이 일어났을 때 우성전은 경기도에서 의병을 일으켜 활약하면서 여러 공을 세운 바 있었으며, 결국 과로로 병을 얻어 난 중에 사망하였다. 그러나 정인홍의 북인에 의해 '평양 전투 때에 관망하면서 머물러 있었다'는 무고를 받아 관직이 삭탈되었다.[69] 우성전을 과로사한 의병장으로 그냥 두기가 북인의 입장에서 여러모로 불편한 점이 있었던 것이 아닌가 짐작한다.

이로써 남인정권은 퇴조하고 북인정권이 창출되었다. 이렇게 한 차례씩 진퇴를 주고받으면서 남인과 북인의 대립적 상황은 완전히 고착되었다. 남인은 주로 퇴계학파를 중심으로 비교적 단순한 구성을 하고 있었기 때문에 상대당의 공격에도 불구하고 자체 결속력을 유지할 수 있었다. 이에 비해 북인은 동인에서 퇴계학파를 제외한 나머지 복잡다기한 구성으로 이루어졌기 때문에 언제든 자체 분당으로 치달을 소지를 강하게 안고 있었다. 실제 북인은 대북과 소북으로 다시 분당하였다.

선조 31년 낙향한 류성룡은 10여 년간 안동에 칩거하면서 저술과 후진 양성에 전념하다가 선조 40년 66세를 일기로 세상을 떠났다. 사망 소식을 접한 도성의 백성 천여 명이 류성룡의 옛집터에 모여 弔哭을 하면서 추모하였다고 한다.[70] 이미 장시간 권력에서 소외된

---

68) 『선조수정실록』 32, 31년 11월 1일 임오.
69) 『연려실기술』 18, 선조조의 명신, 우성전.(『국역 연려실기술』 IV, 598쪽)

하회마을 전경 부용대 위에서 내려다 본 마을의 모습이다.(필자 제공)

사람의 상에 이 정도의 백성들이 자발적으로 모였다는 것은 유래를 찾기 힘든 일대 사건이었다. 이는 어느 누구의 어떤 평보다도 류성룡의 뛰어나고 훌륭한 도량과 치적을 웅변해준다.

이원익은 조정에서 물러나기를 각오하고 선조에게 다음과 같은 진언을 드린 바 있다.

천하 국가의 일은 단지 公·私 두 글자로 구별됩니다. 순수하게

---

70) 『선조실록』 211, 40년 5월 13일 을해. 사신은 이 현상에 대해 "성안 백성들이 곡한 일은 오직 이이와 유몽학이 죽었을 때에만 있었는데, 이이의 상은 서울에서 있었고, 유몽학은 장령으로 있었을 때 市坊의 積弊를 개혁하기를 아뢰어 백성들에게 은혜가 있었기 때문이었다. 그러나 이번에는 그 사람이 조정에서 발자취가 끊어졌고 喪이 천리 밖에 있었는데도 온 성안 사람들이 빈 집에서 회곡하였으니, 어찌 시사가 날로 잘못되어가고 민생이 날로 피폐해지는데도 이어 首相이 된 자들이 모두 전 사람만 못하기 때문에 이렇게 追感하기에 이른 것이 아니겠는가."라고 하면서 특기하였다.

공도를 쓰면 태평한 세상이 되고, 공과 사가 뒤섞이면 나라는 유지되더라도 말세가 되고, 순전히 私情을 쓰면 나라가 망하게 됩니다. 남인이 국사를 담당하였을 때는 私가 실로 많았으나 公도 10에 3·4는 있었는데, 북인이 일어난 후에는 公道가 전멸하고 사정이 크게 행해졌습니다.[71]

물론 같은 남인의 평가여서 그대로 취하여 믿기에는 한계가 있지만 같은 시기 정승을 지낸 사람의 안목을 무시할 수 만은 없다고 생각한다. 류성룡의 상에 조문하는 백성들의 모습과 함께 음미해볼 대목이라고 생각한다.

VI. 맺음말

이 글에서는 남북 분당의 과정을 남북 갈등, 갈등 심화로 인한 분당, 대립의 고착이라는 세 단계를 설정하여 각 단계별로 발생한 사안에 관한 검토를 통해 남북 분당 과정을 재구성하면서 종합하는 데 의미를 두었다. 특히 단계별 과정에서 나타난 류성룡의 역할에 주목하여 이를 통해 그의 영향과 위상을 드러내고자 하였다.

먼저 동인 내부의 남북 갈등이 있었던 시기는 선조 13년으로부터 선조 22년 기축옥사가 일어나기 전까지의 기간으로 설정하였다. 이 시기 갈등에는 여러 사람이 상호 복잡하게 얽혀 있었다. 우성전과 이발, 우성전과 정인홍, 이경중과 정여립, 이경중과 정인홍을 둘러

---

71) 『선조수정실록』33, 32년 11월 1일 병오.

싼 여러 가지 갈등이 그러한 예였다. 하지만 이러한 갈등은 분당으로까지 치달을 정도로 심각한 단계는 아니었다고 생각된다.

선조 22년의 기축옥사는 동인을 남북으로 분당시키는 지경으로까지 치닫게 하였다. 정여립의 모역사건을 계기로 만연된 옥사는 동인과 서인뿐 아니라 선조까지 깊숙이 개입하면서 후일 북인으로 분류되는 많은 사람들이 억울하게 처형되는 참혹한 화로 확산되었다. 이 과정에서 화를 주로 입은 측의 인사들이 옥사를 만연한 상대당인 서인은 물론이거니와 이를 적극적으로 구원하지 않고 관망하는 자세를 보였던 같은 동인의 일부에 대해서도 점차 반감을 가지게 되었다. 류성룡과 정인홍, 류성룡과 이산해, 정경세와 이경전 간의 갈등으로 심화되면서 동인이 결국 남인과 북인으로 분당되었다. 얼마 뒤 서인에 대한 처벌의 강도를 두고 북인의 강경론과 남인의 온건론이 부딪치게 되었는데, 결국 이 문제도 기축옥사와 연관된 것이었다.

임진왜란기에는 거의 전 기간을 류성룡이 영의정으로서 도체찰사를 겸하면서 국난극복에 총력을 기울인 때였다. 극복을 눈앞에 둔 시점인 선조 31년 류성룡이 북인의 대대적인 공격을 받으면서 대립 양상은 절정에 달하게 되었다. 그는 북인으로부터 변무 사행을 자청하지 않은 점을 집요하게 공격받아 체직되었고, 이어 남북분당의 책임, 주화론 주창 등의 죄목이 더하여져 관작이 삭탈되기에 이르렀다. 그동안 조정에 포진하였던 남인 인사들도 함께 몰려났음은 물론이었으며, 임란 중 의병 활동을 하다가 과로사한 우성전도 관작이 삭탈되었다. 드디어 남인이 몰려나고 북인정권이 들어선 것이다. 남인과 북인이 한차례씩 진퇴하면서 남인과 북인의 분당은 완전히 굳어지게 되었다.

　위와 같은 남북 분당의 과정을 거치면서 류성룡은 처음에는 동인의 중심인물 나중에는 남인의 영수로서의 위상을 가지게 되었다. 그는 중심적 위치에 서기에 여러 가지 좋은 조건과 자질을 두루 갖춘 인물이었다. 퇴계 이황의 적전으로 자리매김할 정도로 훌륭한 자질을 갖추고 있었으며, 이를 바탕으로 선배와 동문, 그리고 제자 등 폭넓은 지지 세력을 확보하고 있었다. 문과를 거쳐 관직에 나아가 주요 관직을 두루 거치면서 최고 관직인 영의정에까지 이른 점도 대표성을 확보하기에 좋은 조건이었다. 임진왜란기에 영의정을 맡아 위기의 국면을 성공적으로 수습하고 왜란을 극복한 점도 상징성을 부여받기에 충분한 요소였다. 아울러 66세까지 생존하여 비교적 천수를 누린 점도 빼놓을 수 없는 부분이라고 하겠다.

　더구나 임란 말기 북인의 집요한 공격으로 삭탈관작에 처해져서 낙향하는 극적인 모습도 남인의 대표자로서의 모습을 강한 이미지로 각인시키기에 충분하였다. 류성룡의 거물로서의 풍모는 억울한 삭탈관작이라는 아쉬움으로 인해 더 강한 인상을 당대인의 기억 속에 남기게 되었다. 여기에 류성룡이 가지는 역사적 위상과 의미가 있다.

참고문헌

『선조실록』『선조수정실록』『광해군일기』『인조실록』『대동야승』『패림』
연려실기술』『족징록』『당의통략』『서애집』『추연일기』『수암집』『계당전서』
『내암집』

우인수, 『조선후기 산림세력연구』, 일조각, 1999.
이성무 외 엮음, 『류성룡과 임진왜란』, 태학사, 2008.
이성무 외 엮음, 『류성룡의 학술과 경륜』, 태학사, 2008.
이수건, 『영남학파의 형성과 전개』, 일조각, 1995.
정호훈, 『조선후기 정치사상연구』, 혜안, 2004.

구덕회, 「선조대 후반의 정치체제 재편과 정국의 동향」, 『한국사론』 20, 1988.
김강식, 「선조 연간의 최영경옥사와 정치사적 의미」, 『역사와 경계』 46, 2003.
김용덕, 「정여립 연구」, 『한국학보』 4, 1976.
우인수, 「정여립 모역사건의 진상과 기축옥의 성격」, 『역사교육논집』 12, 1988.
우인수, 「인조반정 전후의 산림과 산림정치」, 『남명학』 16, 2011.
우인수, 「조선 선조대 남북 분당과 내암 정인홍」, 『역사와 경계』 81, 2011.
이상혁, 「조선조 기축옥사와 선조의 대응」, 『역사교육논집』 43, 2009.
이희권, 「정여립의 학문과 사상」, 『전북사학』 21·22, 1999.
이희환, 「정여립옥사의 실상과 그 영향」, 『전주학연구』 3, 2009.

문석윤

西厓 柳成龍의 「主宰說」에 대하여

Ⅰ. 西厓 柳成龍의 「主宰說」

西厓 柳成龍(1542~1607)은 그의 만년[1]에 「主宰說」이라는 제목으로 다음과 같은 짧은 글을 남겼다.

(1) '主宰' 두 글자는 곧 몸을 다스리고 본성을 기르는 妙法이다. 예로부터 學을 논한 것이 비록 많았으나, 그 着手處를 곧바로 가리킨 것을 구한다면 이 한마디 말에 지나지 않는다.

(2) 대개 사람의 몸이란 다만 하나의 血肉일 뿐이다. 그러나 눈이 봄에 밝고[明], 귀가 들음에 밝으며[聰], 입이 맛을 잘 분별하고[辨], 사지가 행동에서 민첩한[捷] 것은 거기에 주인(노릇 하는 것)이 있어서이니, 곧 마음[心]이다.

(3) 『中庸』에서, "中和를 이루면 하늘과 땅이 제자리를 잡고 만물이 길러진다."라고 하였다. 中이란 主이며, 和란 宰이다.

(4) 『大學』에서, "마음이 있지 않으면 보아도 제대로 보이지 않고, 들어도 제대로 들리지 않으며, 먹어도 그 맛을 모른다."라고 하였다. 이것은 주재가 없음의 병통(을 지적한 것)이다.

---

1) 「主宰說」의 저작 시점은 확실하지 않다. 다만 뒤에 寒洲 李震相은 이에 대해 논하면서 "先生晚年, 作此說以示學者"(『寒洲集』 권30, 「書西厓柳先生主宰說後」, 총간318 : 114d)라고 하여 서애가 만년에 이 설을 지은 것이라고 보았다. 이후 원문 인용에서 총간은 韓國文集叢刊을 의미한다.

(5) (마음이) 고요할 때에 主를 하면 (마음은) 寂然히 움직이지 않으며, (마음이) 움직일 때에 宰를 하면 감동하여 드디어 통한다. 이목구비와 사지의 작용[用], 활동은 통틀어 모두 여기에서 명령을 들어 그 사이에 끊어짐이 없는 것이며, 귀와 눈의 밝음과 마음의 슬기로움[睿智]이 모두 여기에서 말미암아 나온다.

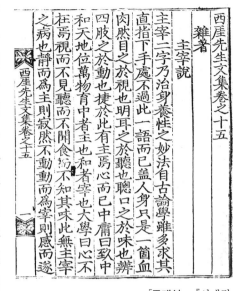

「주재설」 『서애집』

(6) 聖人의 道는 이러할 뿐이므로 이 「主宰說」을 짓는다.[2]

서애는 (1)에서 먼저 '주재'가 '몸'을 다스리고 '본성'을 기르는 妙法이며, 學의 착수처라고 선언한다. 여기에서 學은 당연히 聖人이 되는 학으로서의 聖學 곧 자기를 수양하고 나아가 백성을 잘 다스려

---

2) 主宰二字, 乃治身養性之妙法. 自古論學雖多, 求其直指下手處, 不過此一語而已. 盖人身只是一箇血肉, 然目之於視也明, 耳之於聽也聰, 口之於味也辨, 四肢之於動也捷, 於此有主焉, 心而已. 『中庸』曰, "致中和, 天地位, 萬物育." 中者主也, 和者宰也. 『大學』曰, "心不在焉, 視而不見, 聽而不聞, 食而不知其味." 此無主宰之病也. 靜而爲主則寂然不動, 動而爲宰則感而遂通. 耳目口鼻四肢之用, 率皆聽命於此, 而無所間斷, 聰明睿智, 皆由是出. 聖人之道, 如斯而已, 作「主宰說」.(『西厓集』권15, 「主宰說」, 총간52 : 287a~b) 번역문에 붙인 숫자는 필자가 논의의 편의상 임의로 붙인 것이다. 원문 번역은 한국고전번역원 번역본의 것을 논의에 맞게 일부 수정하였다.

태평의 功業을 이루는 修己治人의 학문이다. '주재'는 몸을 다스리고 본성을 기르는 핵심적 방법으로서, 그러한 학문의 기초요 출발점이라는 것이다. '주재설'은 이것을 주장하고, 또 그것을 부연하여 설명하며 정당화하는 내용으로 구성되어 있다. 그렇다면 서애가 말하는 '주재'란 구체적으로 무엇을 의미하는가?

1. '主宰'의 의미

서애는 1574년경 月川 趙穆(1524~1606)에게 보낸 것으로 추정되는 편지[3]에서 다음과 같이 말했다.

이전에 저의 생각으로는 옛 사람이 學을 함에 특별한 妙法이 없고, 그 근본은 오직 잡아 보존하고[操存] 머금어 기르며[涵養] 도망간 마음을 수습하는[收拾放心] 하나의 일에 있다고 여겼습니다. 만약 여기에서 힘을 얻지 못하면 근본 바탕이 허탕하여 의거할 곳이 없게 되니, 博學·審問·愼思·明辨을 다시 제대로 할 수 없게 되고,

---

3) 일단 『西厓集』의 편집순서에서 볼 때, 해당 편지는 「答趙士敬〈穆 甲戌〉」(1574년)과 「答趙士敬〈辛巳〉」(1581년) 사이에 실려 있다는 점에서 1574년에서 1581년 사이에 쓴 것으로 추정할 수 있다. 해당 편지 뒤, 1581년 편지 앞에 실려 있는 두 편지 중 두 번째 편지에서 서애는 자신이 佛書를 본 데 대한 변명을 하고 있는데, 이와 관련된 내용이 『月川集』의 「答柳而見書」에서 발견된다. 그곳에서 월천은 서애가 佛書를 본 것에 대해 우려를 표명하고 있다. 따라서 그 편지는 월천의 편지에 대한 답서로서 써진 것을 알 수 있다. 거기에서 월천은 서애에 대해 '哀侍'라고 칭하고 있는데 그것은 곧 서애가 喪中이라는 것을 의미한다. 서애의 부친 柳仲郢은 1573년 7월에 卒하였으므로, 서애가 상중에 있었던 시기는 1573년 7월에서 1575년 9월 사이이다. 월천의 편지는 이 시기에 보내진 것이며, 결국 서애의 해당 편지도 이 시기에 보낸 것으로 추정할 수 있다.

입과 귀로 천 가지 만 가지 말(이론)을 듣고 말한다고 하더라도
도무지 일을 성공시키지 못합니다.[4]

'學의 묘법'이라고 하는 용어를 매개로 여기 인용과 위의 (1)을
연결해보면, 操存과 涵養, 그리고 放心을 수습하는 것 곧 求放心이
'主宰'의 내용을 이룬다고 추정할 수 있다. 즉, '主宰'란 도망간 마음을
잡아 보존하며, 그에 내재한 본성을 머금어 기르는 활동을 의미한다
는 것이다. 서애는 마음을 수렴하고 마음에 내재한 힘을 기르는
마음공부가 근본 바탕이 되어 본격적인 학문이 시작될 수 있다고
본 것이다. 그러한 마음을 바탕으로 박학에서 명변에 이르는 이론
공부도 제대로 할 수 있으며, 일 곧 사업에서의 성공도 기약할
수 있다고 하였다. '주재'는 인식과 실천에 앞서 바탕이 되는 그러한
마음공부이며, 바로 그 때문에 聖學의 기초이자 출발이 되는 방법이
될 수 있는 것이다.

2. 몸을 잘 다스리는 방법 : 求放心과 操存

서애는 (2)에서 몸을 다스리는 것은 마음이라고 말한다. 몸은
血肉(피와 살)으로서 곧 생리적이고 물리적인 신체이다. 그것은
보고 듣고 맛보는 감각 활동과 신체 운동을 한다. 그것은 곧 외부의
환경 세계와 수용적인 동시에 능동적으로 작용하는 양 방향의 상호

---

4) 從前妄意, 以爲古人爲學, 別無妙法, 其本惟在於操存涵養收拾放心一事. 若
於此未得力, 根本田地, 蕩無可據, 則學問思辨, 更無可施, 而口耳間千言萬言,
都不濟事.(『西厓集』 권10, 「答趙士敬」, 총간52 : 200c~d)

관계를 가지는 것이라고 할 수 있다. 그런데 서애는 몸의 그러한 활동이 '잘' 이루어지기 위해서는 마음의 주재가 필요하다고 말한다. 마음의 주재 작용이 없으면 그것은 그저 혈육, 곧 피와 고기에 지나지 않는다는 것이다.

몸의 수용적이고 작용적인 활동의 성공은 마음의 주재에 의존한다. 즉, 마음이 주인노릇을 하지 않으면 그러한 신체 활동은 불가능하거나 적어도 '잘' 이루어지기 어렵다는 것이다. 이때 '잘'이라고 하는 것은 곧 明·聰·辨·捷에 해당하는 것으로서 기능적인 의미를 지니는 동시에 보고 듣고 행해야 할 것은 보고 듣고 행하고, 그렇게 하지 말아야 할 것은 그렇게 하지 않는다고 하는 도덕가치적인 의미를 또한 지니고 있다. 그리고 몸이 그런 의미에서 자신의 일을 잘할 수 있게 되는 것은 마음이 주재활동을 잘 하느냐 못하느냐에 달려있다.

(4)에서 인용한 것은 『대학』에서 '正心'과 '修身' 사이의 관계를 설명하는 장에 나온 것으로서, 바로 그러한 사실에 대한 경전적 근거를 제시한 것이라고 할 수 있다. 그에 의하면 "마음이 있지 않으면" 보아도 보이지 않고, 들어도 들리지 않는다. 그렇다면 마음이 "있지 않다"는 것은 무엇을 의미하는가? 그것은 마음이 몸속에 머물러 있다는 것을 의미하는가? 그렇다면 마음이 몸을 떠날 수도 있다는 말인가?

『맹자』는 "학문의 도는 다른 것이 없고, 그 도망간 마음[放心]을 찾는데 있다."라고 한 바 있다.[5] 마음이 도망갔다면 그것은 마음이

---

5) 『孟子』「告子 上」, "學問之道無他, 求其放心而已矣." 이에 대한 朱子의 注는 다음과 같다. 學問之事, 固非一端, 然其道則在於求放心而已. 蓋能如是, 則志氣淸明, 義理昭著, 而可以上達 ; 不然, 則昏昧放逸, 雖曰從事於學,

몸을 떠났다는 것인가? 서애는 이와 약간 다른 맥락이지만 마음은 出入하는 것이 아니라 늘 몸 안에 머물러 있으며, 다만 천하의 이치를 관섭하는 것일 뿐이라고 말한바 있다.[6] 따라서 서애는 여기에서 마음이 "있지 않다"라고 하는 것은 바로 마음이 실제로 몸속에 없는 것이 아니라, "주재가 없다", 즉 "주인노릇을 제대로 하지 않다"를 의미한다고 해석한 것이다.

앞에서 '주재'의 내용으로 지목한 도망간 마음을 수렴하는 求放心과 그 마음을 잡아 보존하는 操存이라고 하는 것은 곧 '몸을 다스리는 것'과 관련하여 마음이 몸의 주인 노릇을 함으로써 몸이 인지적 감각작용과 실천 활동을 제대로 할 수 있는 기초를 마련할 수 있다는 것을 의미하는 것이라고 할 수 있는 것이다.

3. 본성을 충만하게 실현하는 방법이자 그 상태 : 涵養과 中和

서애에 따르면 '주재'는 몸을 다스리는, 즉 몸을 통해 세계를 바르게 인식하고 바르게 반응하고 실천할 수 있는 기초를 마련하는 방법일 뿐 아니라, 본성을 기르는, 다시 말하면, 우리에게 주어진 보편적인—보편 혹은 공동체를 지향한다는 의미에서, 그리고 누구에게나 적용될 수 있다는 이중적 의미에서—심리적 소질, 도덕적 생명으로서의 본성을 충만하게 실현하기 위한 방법이다. 위의 (3)은

而終不能有所發明矣. 故程子曰 : "聖賢千言萬語, 只是欲人將已放之心約之, 使反復入身來, 自能尋向上去, 下學而上達也." 此乃孟子開示切要之言, 程子又發明之, 曲盡其指, 學者宜服膺而勿失也.

6) 『西厓集』 권15, 「心無出入」, 총간52 : 298c~d 참조.

바로 그러한 측면에 대해 『중용』을 인용하여 주장하는 것이다.

서애는 (3)에서 『중용』에 '마음이 中과 和를 이루면, 하늘과 땅이 제자리를 잡고 만물이 자라나게 된다.'라고 한 것을 인용하고, 中과 和를 각각 主와 宰에 연결하였다. 마치 중화를 통해 하늘과 땅이 제자리를 잡고 만물이 자라나는 것처럼, 주재를 통해 우리의 본성 또한 길러질 수 있다는 것이다. 마음의 주재가 확립됨을 통해 우리의 생명 그리고 도덕적 생명 또한 성장하며 충만하게 실현될 수 있다. '주재'는 그런 의미에서 '함양'을 그 내용으로 가진다.

'주재'는 동시에 그것이 곧 그대로 中과 和의 상태, 즉 주재의 방법을 통해 도달한 마음의 이상적 상태를 의미하는 것이라고 할 수도 있다. 中이 마음이 아직 발하지 않은 미발에서의 평정상태, 性 혹은 本心의 상태를 의미하며, 和가 마음이 이미 발한 이발에서의 조화상태 곧 性=理=節에 일치한 情의 상태를 의미한다면, 결국 서애는 (3)에서는 주재를 마음의 그러한 평정상태와 조화상태, 동과 정 각각에서의 이상적 상태로 제시하고 있는 것이다. 즉, 서애에게 '주재'는 단지 마음공부와 관련된 것이 아니라, 그러한 공부의 결과 얻어지는 어떤 결과, 곧 功效임을 의미한다. 즉, 주재가 관철(발휘)되고 있는 상태가 중화이며 또한 주재라는 것이다.

4. '心統性情'에 대한 工夫論的 해석

'주재'에 대한 서애의 위와 같은 이해는 주자학의 '心統性情' 명제를 서애 자신의 방식으로 해석해 낸 것이라고 볼 수도 있다. '심통성정'은 마음의 기본적 구조와 기능에 대해 구명한 주자학의 기본 명제로

서, 心 곧 마음을 性과 情 곧 본성과 정서의 상호 관계 속에서 해명한
다. 마음은 본성과 정서를 통괄하고 또한 주재한다고 하는 이중의
관계를 가지고 있다는 것이다. 즉, 한편으로 마음은 본성과 정서와
구별되지 않는 것으로서, 본성은 마음의 未發 상태요 정서는 마음의
已發 상태와 동일한 것이라고 할 수 있다면, 다른 한편으로 마음은
본성 및 정서와 구별되는 것으로서, 본성과 정서를 각각 주재한다.
즉, 자신의 본래성인 동시에 지향해야 할 규범과 이상으로서의
본성을 자각하고 涵養하며, 본성의 현실태로서의 정서를 대상화하
여 점검하고 절제하는 자각적 규범 활동을 수행한다는 것이다.

  몸을 다스리고 본성을 함양하는 공부로서의 '주재'는 특히 후자의
의미에서의 '심통성정'과 관련된다. 다만 서애는 그것을 단지 원래의
'심통성정' 명제가 의도하는 마음의 구조와 기능에 대한 기술의
관점에서가 아니라, 공부론의 관점에서 규범적으로 해석한 것이라
고 할 수 있다. 즉, 마음은 미발의 본성 상태에(대해)서는 '主'의
방식으로 관여하며, 이발의 정서 상태에(대해)서는 '宰'의 방식으로
관여한다는 것이다. (5)는 바로 그것을 설명하는 것이라고 할 수
있다. "고요할 때 主를 하면 寂然히 움직이지 않으며, 움직일 때
宰를 하면 감동하여 드디어 통한다."라고 한다. 마음의 주재가 시행
되면 미발에서는 미발답게 고요하여 그 본래성과 주체성을 상실하
지 않게 되고, 이발에서는 외부세계에 자연스럽고 막힘없이 적절하
게 반응하게 된다는 것이다.

  서애는 마음의 이러한 상태는 곧 신체에 대한 주재를 함축하고
있다고 보았다. 그는 "이목구비와 사지의 작용(활동)은 통틀어 모두
여기에서 명령을 들어 그 사이에 끊어짐이 없으며, 눈과 귀의 밝음과

예지가 모두 여기에서 나온다."라고 한다. 결국 마음의 주재가 정립되면, 마음의 동정이 모두 적절하게 작동할 뿐 아니라, 신체의 수용적이고 작용적인 제반 활동 또한 마음의 명령에 따라 적절하게 이루어진다는 것이다. 즉, 마음의 주재를 통해 마음과 몸의 모든 활동이 자신의 궤도를 이탈하지 않고 잘 이루어진다는 것이다. 따라서 감각의 밝음과 예지가 그로부터 발생하게 된다. 결국 인식이 통철하게 되는 것도 바로 마음의 주재에 말미암는다는 것이다. 서애는 마지막으로 (6)에서 그것이 곧 聖人이 되는 길이라고, 즉 '주재'는 聖學의 기초가 되는 방법이라고 말한다.

결국 서애에 의하면 주재, 즉 마음의 주재를 확립하는 것이야말로 聖學으로서의 학문의 착수처이자 종착지이다. 그로부터 마음의 본래성이 확보되고 몸이 적절하게 활동할 수 있게 되며 인식이 통철하게 되는 등, 聖學이 기대하는 바 그 모든 것이 가능하게 되기 때문이다.

II. 葛庵 李玄逸의 비판

葛庵 李玄逸(1627~1704)은 서애의 「주재설」에 대해 비판하는 글을 남겼다. 갈암이 서애와 같은 퇴계학파에 속하되 인맥 상으로 鶴峰 金誠一(1538~1593) 계통에 속하는 것으로 이해되고 있는 사실을 감안한다면 이는 흥미롭게 여겨진다. 퇴계학파 내에서 西厓系와 鶴峰系 사이 학풍의 차이를 엿볼 수 있지 않을까 기대케 하기 때문이다. 어쨌든 그를 통해 서애 「주재설」의 특징과 의의가 더욱 분명하게

부조될 수 있을 것이다.

갈암은 먼저 서애의 「주재설」 전문을 인용하고 이어서 다음과
같이 자신의 견해를 서술하였다.

(가) 가만히 생각건대, '주재' 두 글자는 바로 主管·裁制의 뜻이니
다른 뜻으로 써서는 안 될 듯하다. 혹자가 주자에게 "宰萬物의
宰는 主宰의 宰입니까, 宰制의 宰입니까?" 하고 묻자 대답하기를
"主가 곧 宰이고 宰가 곧 制이다"라고 하였으니,[7] 결코 '주재'
자를 두 가지 뜻으로 말할 수는 없는 것이다.

(나) (주재란) 대개 마음의 虛靈知覺이 능히 모든 변화에 대응하여
한 몸의 주인[主]이 된다는 것을 말한다. 그런데 지금 '주재 두
글자는 몸을 다스리고 본성을 기르는 방법'이라 하였으니, 이는
주재를 工夫로 간주하여 말한 것인데, '주재'를 命名한 뜻이 아닐
듯하다.

(다) 그리고 또 이어서 '耳目口鼻와 四肢의 작용이 모두 聰·明·辨·捷을
얻는 것은 거기에 주인이 있어서이니, 곧 마음이다.'라고 하였다.
이는 도리어 마음을 주재로 간주하여 말한 것이어서, 말의 앞뒤
가 서로 호응하지 않는다. 그래서 나는 몰래 혼자서 의혹하는
것이다.

(라) 저 '중화를 이룬다(致中和)'는 것은 학문의 지극한 功效이고 성인
의 能事로서 '주재'와는 말뜻이 연관되지 않으니, 이를 끌어다
말해서는 안 될 듯하다. 주자는 "中和란 실제 공부하는 곳을
말한 것이 아니라 단지 道理의 名色 차원을 말한 것이다."라고
하였으니, 그렇다면 이른바 중화란 바로 性의 德을 형용하고
道의 用을 드러낸 것으로, 마음을 다스리는 공부와 본성을 기르

---

7) 『朱子語類』 17 : 42.

는 공부의 節度를 뜻하는 것이 아니다. 그러기에 程子는 "敬을
中이라 해서는 안 되니, 다만 敬을 지켜서 잃지 않는 것이 바로
中하게 되는 까닭이다." 하였던 것이다. 학자가 만약 정자와
주자 두 夫子의 말에서 자세히 體認한다면 그 글 뜻을 놓치지
않을 수 있을 것이다.[8]

1. 主宰는 主와 宰로 분리될 수 없다

갈암은 먼저 (가)에서, 서애가 '주재'를 주와 재 두 가지로 나누어
보는 것에 대해 비판한다. '주재'에는 '主管·裁制'의 뜻 이외에 다른
뜻이 없다는 것이다. 서애가 주와 재를 분리한 것은 마음의 未發과
已發의 각 양태에 대응한 것이었다. 그것은 그러한 각 양태에서
마음이 제대로 작동하고 있는 상태를 지칭하는 말이자 그를 가능하
게 하는 공부를 지칭하는 말이었다. '主'가 아마도 '主一無適'에 대응
하는 것으로서 외부의 사물의 자극에 동요하지 않는 미발의 고요한
상태, 그의 유지, 곧 외물에 휩쓸리지 않는 마음의 주체성 유지를

---

[8] 竊謂'主宰'二字, 乃是主管裁制之義, 恐不可使作他用. 或有問於朱子曰, "宰萬
物, 是主宰之宰, 宰制之宰?"曰, "主便是宰, 宰便是制." 未嘗以主宰字, 作兩義
說. 蓋言心之虛靈知覺, 能酬酢萬變, 爲一身之主也. 今曰'主宰二字, 是治身養
性之方', 則以主宰作做工夫說, 恐非主宰字命名之義. 既又繼之曰, '耳目口鼻
四肢之用, 皆得聰明辨捷者, 於此有主焉, 心而已.' 是又反以心做主宰說, 言句
之間, 首尾似不相應, 愚竊惑焉. 若夫致中和者, 是學問之極功, 聖人之能事,
與主宰字語意不相關, 似不可拖引以爲說也. 朱子曰, "中和者, 不是說做工夫
處, 只是說道理名色地頭也." 然則所謂中和者, 乃所以狀性之德, 顯道之用,
非謂是治心養性之工夫節度也. 故程子曰, "敬不可謂中, 但敬以無失, 乃所以
中." 學者若從程朱兩夫子言句中, 仔細體認來, 則可以不失其文義矣.(『葛庵
集』권19, 「愁州管窺錄」, 총간128 : 181c~d) 원문 번역은 한국고전번역원
번역본의 것을 일부 다듬은 것이다.

의미하는 것이라고 한다면, '宰'는 已發에서의 마음을 적극적으로 제어하여 규범과 조화하도록 하는 마음의 활동이자, 그렇게 잘 조절된 마음 자체를 의미한다. 그래서 그것은 한편으로 신체를 제어하는 것인 동시에 마음의 각 양태에 대응한 마음의 수양적 활동 곧 공부를 의미하는 것일 수 있었다.

갈암은 주와 재를 그렇게 분리하는 것은 주자의 언명에서 확인되는 바와 같이 원래의 용법에는 없는 것을 억지로 만들어 낸 것이라고 비판한 것이다. 주와 재는 결국 하나의 의미를 가지고 있는데, 그것은 곧 신체에 대한 마음의 제어 통제를 의미한다는 것이다. 갈암은 (나)에서 그에 대해 더욱 자세하게, "(주재란) 대개 마음의 虛靈知覺이 능히 모든 변화에 대응하여 한 몸의 주인이 된다는 것을 말한다."라고 천명한다. 마음은 허령한 존재로서 지각의 능력을 가지고서 외부세계와 소통하고 감응하면서 몸의 주인이 되어 몸을 이끈다는 것이다. 마음은 우리 인간이 외부세계와 소통하고 그 속에서 인간답게 살아갈 수 있게 하는 것으로서, 그 핵심은 知覺에 있다는 것이다. 주재는 지각 활동에 의지한다.

2. 主宰는 工夫가 될 수 없다

갈암은 따라서 그것은 마음 자체의 功能 혹은 능력이지, '工夫'가 될 수 없다고 말한다. 서애가 그것을 공부로 간주한 것은 일종의 범주적 오류를 범한 것이 되는 것이다. 동물도 知覺하지만 인간의 지각은 동물과는 달리 그의 허령함을 기초로 하여 세계를 전체적으로 인식하며, 그러한 전체성에서 규범을 자각하고 그에 따라 자신의 자연-몸을 제어한다. 소이연과 소당연의 리의 인식과 실천, 곧 窮理의 실천은 바로 그것을 가리킨다. 주재는 그러한 의미에서 지각활동에 의지하여 그 지각 내용을 실현하는 우리 마음의 의지적능력이다. 갈암은 또한 (다)에서 서애가 같은 글에서 마음의 주재를 공부가 아니라 마음 자체 혹은 마음의 공능으로 보는 발언을 함으로써 일관되지 못한 자기모순을 범하고 있다고 덧붙였다.

3. 主宰는 功效가 아니다

(라)에서 갈암은 '주재'가 또한 '功效'가 될 수 없는데 서애가 그것을 '치중화(致中和)'의 공효와 잘못 연결시켰다고 비판한다. 그는 주자의 말에 근거를 두면서 중화는 '학문의 지극한 功效이고 성인의 能事'라고 말한다. 그것은 공부의 결과 얻어지는 공효로서의 경지이고, 주재는 공부와 관계없이 마음에 주어진 기능으로서의 능력이므로 구별되어야 한다는 것이다. 갈암은 끝으로 程子의 말을 인용하여 中은 공부가 아니며, 中을 가져오는 공부가 敬이라고 덧붙임으로써 자신의 비판을 보강하였다.

결국 마음의 '주재'는 마음의 몸에 대한 주재를 의미하는 것으로서, 마음의 공능, 더 자세하게 말하면 인간의 지각 활동에 의지한 마음의 기능 혹은 능력을 표현한 개념이기 때문에 窮理나 居敬 등과 같은 공부 방법이 될 수 없고, 또한 그러한 공부의 결과로서 도달되는 마음의 경지로서의 중화와 혼동되어서도 안 된다. 그런데 서애는 '주재'를 단지 마음의 기능일 뿐 아니라 공부와 공효로 제시함으로써, '주재'의 원래 의미를 애매모호하게 만드는 오류를 범했다는 것이다.

III. 葛庵의 비판에 대한 음미

1. '主宰'의 의미

갈암은 서애의 '주재'가 마음의 功能(기능)인 동시에, 몸을 적절하게 제어하고 본성을 충만하게 실현하는 工夫의 기초이자 핵심이요, 또한 그 결과로서의 聖人의 최종의 경지 곧 功效를 포괄적으로 의미하고 있다는 것을 분명하게 파악하고 그러한 포괄적 사용이 함축하고 있는 문제를 공격한 것이다.

'주재'는 원래 신유학 전통에서 '知覺'과 함께 心 곧 마음의 본질을 나타내는 주요한 개념이다. '지각'은 외부세계와의 관계 속에서 우리의 의식 속에서 일어나는 일체의 인지적 내용을 포괄한 것으로, 주자는 그것을 우리 내부의 인지적 조건에 따라 人心과 道心 두 가지로 나누어 파악한 바 있다. 즉, 인심이 개별적 신체의 形氣에서 발생하는 것으로써 일반적인 감각적 지식과 그에 근거한 신체적인 욕구를 의미한다면 도심은 우리 마음속의 보편적 性命에 기원하는 것으로써 공동체를 지향하는 도덕적 지식과 그에 기초한 도덕적 욕구와 감성을 가리킨다는 것이다. '주재'는 바로 그러한 지각 활동과 관련해서는, 신체적 욕구 즉 인심을 도덕적 지식과 욕구에 복종시키는 우리 마음의 '의지'적 활동을 의미한다.

갈암의 '주재'에 대한 이해는 주로 그러한 전통적 이해에 기초하는 것으로 보인다. 그런 점에서 '주재'는 지각과 마찬가지로 마음의 능력이자 활동으로서 마음 자체라고 할 수 있으며, 당연히 공부 및 그에 따른 공효를 가리키는 개념이 될 수는 없는 것이다. 갈암이

功能(존재, 조건)−工夫(규범, 수양)−功效(존재, 결과)의 구분의 입장에서 그러한 통합성에 대해 의문을 제시한 것은 분석적 엄밀성에서는 정확하였다고 할 수 있겠다. 사실 그렇게 '공능−공부−공효'를 명확하게 구분하여 이해하는 용법은 퇴계가 강조한 바이기도 하였다.[9]

그러나 '주재'에 대한 서애의 통합적 이해는 단지 오류일 뿐일까? 거기에 무언가 서애가 自得한 어떤 것이 있다고 해야 하지 않을까? '주재'라는 개념을 그렇게 부각하고 싶은 서애의 어떤 의도를 읽어야 하지 않을까? 일반적으로 볼 때, 마음의 '주재'는 공능과 공부, 공효의 세 가지 측면을 모두 함축할 수 있는 개념이라고 할 수 있다.[10] 주재는 우리 마음이 가지고 있는 능력이며 조건이자 발휘해야 할 대상으로서, 실천적으로 지향해야 할 공부의 항목 혹은 방법이며, 또한 그러한 공부의 결과로 도달하는 어떤 이상적 상태로 이해될 수 있다는 것이다.

또한 사실 '주재'는 분명 자연을 지배하는 인간 마음의 특징적 활동을 간명하고 단순하게 보여주는 용어라고 할 수 있다. 유교 윤리의 관점에서 본다고 할 때에도, 기본적으로 자연의 이법에 조화하고 순응하는 측면이 배제될 수 없다고 하겠지만 또 한편으로는 자연과 사회를 지배하고 개혁하는 인간의 有爲的 실천을 강조하는 것이 유교 윤리의 주요한 관점 중의 하나임도 부인할 수 없다.[11]

---

9) 이에 대해서는 문석윤, 「『退溪集』 所載 栗谷 李珥 問目 자료에 관하여」, 『退溪學報』 122, 2007을 참조.

10) 아래 한주 이진상의 서애 변호에서 그러한 측면을 읽을 수 있다.

11) "人能弘道, 非道弘人."(『論語』, 「衛靈公」)이라는 孔子의 말이 단적으로 그것을 보여준다.

'주재'는 인간 혹은 인간 마음의 그러한 특징을 잘 포착해 주는 개념이다. 혹 서애가 주목한 것은 바로 거기에 있었던 것은 아닐까? 즉, 서애가 '주재'를 강조한 것은 자연과 사회 현실에 대한 인간 자아, 혹은 주체의 능동적 참여와 역할, 곧 마음의 '의지'를 강조하는 것이라고 해석할 수 있다는 것이다.[12] 이는 극심한 국난의 상황 속에서 사직과 인민의 보존을 위해 정치적 실천에 매진하였고, 조선의 현실을 근본적으로 개혁하고자 노력한 그의 삶과 잘 부합하

---

12) 이와 관련하여 서애의 글 「記梅」는 그러한 문제의식을 잘 보여주는 흥미로운 내용을 담고 있다. 그 전문을 소개하면 다음과 같다. "나는 창가에 두 그루의 매화나무를 심었다. 싹이 나서 어른 키만큼 자랄 때까지 애틋한 마음으로 마치 어린아이가 크는 것을 바라보는 것처럼 하여 3년이 지났다. 금년 봄에 서울에서 돌아오면서 속으로 이미 꽃을 피웠으리라 생각하고 문에 들어서자마자 급히 찾아 가 보니 뿌리에서 몇 마디 위로 껍질이 벗겨져 속이 드러나 있고 가지들은 모두 마르고 시들어 다시 生意가 없었다. 나는 놀라고 탄식하면서 그 이유를 따져 물으니, 童子가 대답하여 말하기를 '주인님이 멀리 출타하신 때문입니다. 매화에게 주인이 없어지니 이웃의 羊이 와서 밟은 것입니다. 어찌 시들지 않을 수 있겠습니까?' 나는 그 때문에 눈물을 흘리면서 처음에는 양의 성질이 고약하여 生物을 해친 것을 미워하다가 중간에는 향기로운 꽃나무가 액운을 만난 것을 슬퍼하였으며 끝내는 내가 매화를 가졌는데 보존하지 못한 것이 웃음거리가 될 만하다고 생각하였다. 이에 나의 잘못을 꾸짖으며 기록하여 둔다." (余於窓邊種梅兩株, 自萌蘗至尋丈, 悶悶如嬰兒之望長, 蓋三年矣. 今春歸自京, 意已有花, 入門趣尋, 則根數寸以上, 皮剝見骨, 枝柯盡枯瘁, 無復生意. 余驚嘆詰其由, 有童子對曰 : "以君之遠遊也, 梅之無主也, 隣羊之踐踏也. 夫安得不萎耶?" 余爲之泫然, 始惡羊之性根害物, 中哀孤芳之遭厄, 終念余之有梅而不能保, 爲可嘆也. 讀志余過.『西厓全書』권2, 139쪽) 흥미롭게도 '매화'는 퇴계가 만년의 詩作에서 자주 자신의 도덕적 인격을 투사하여 자신과 동일시하였던 소재였다.(이에 대해서는 유호진, 「退溪 詩의 이미지 연구 - 상승의 이미지, 물의 이미지, 매화의 이미지를 중심으로」,『退溪學報』116, 2004 참조) 동일한 매화에 대한 서애와 퇴계의 태도의 차이는 두 분 사이의 정신적 지향의 차이, 즉 도덕적 주체에 대한 이해와 그 정립 방식의 차이를 어느 정도 드러내 보여 주는 것이라고 할 수 있지 않을까?

는 정신적 지향이라고 할 수 있다.[13]

2. 葛庵의 숨겨진 우려 : '자아'의 강조와 그 문제점

그런데 이는 결국 불가피하게 '자아'를 강조하는 데서 오는 문제를 발생시킨다. 갈암이 서애의 「주재설」을 비판한 것은 단순히 용어 혹은 개념 사용에 있어서의 오류를 지적하는 데 그치는 것이 아니라, 그 이면에 바로 그러한 문제가 있었던 것이라고 할 수 있다. 갈암의 아들이자 제자인 密菴 李栽(1657~1730)는 갈암에게 배운 내용을 기록한 「錦水記聞」 첫머리에서 "先君子께서는 일찍이 '理를 주인으로 삼으면 마음이 넓어지고 뜻이 公的이게 되지만, 나我를 주인으로 삼으면 마음이 좁아지고 뜻이 私的이게 된다.'라는 말씀을 하셨다." 라고 술회하고 학문의 요체가 자아를 극복하고 理를 주인으로 삼는 데 있다고 역설한 바 있다.[14] 즉, 자아를 주인으로 삼지 말고 理를 주인으로 삼아야 한다는 것이다. 서애의 주재설이 보여주는, 마음의 주재에의 집중은 곧 자아를 강조하는 것으로 이해할 수 있다는 점에서 갈암의 문제의식이 작동한 것일 수 있는 것이다.

따라서 갈암은 실제로는 서애의 「주재설」이 그 실천(공부)론에서, 理의 주재를 지향한다는 맥락에서의 窮理의 약화를 초래할 것을 우려한 것이었다고 할 수 있다. 理가 우리 마음을 주재할 것을

---

13) 서애 개혁론에 대해서는 이헌창, 「서애 류성룡의 경제정책론」, 이성무 외, 『류성룡의 학술과 경륜』, 태학사, 2008을 참조.

14) "先君子嘗言'以理爲主則心廣而意公, 以我爲主則心狹而意私'", 『密菴集』 권 10, 1b. 이와 관련된 밀암 성리설의 특징에 대해서는 문석윤, 「밀암 이재의 성리설」, 『창구객일 연구』, 서울대학교 출판문화원, 2014를 참조.

강조하는 경우, 그것이 양명학에서와 같이 본체적 자연성과 자발성을 의미하는 것이 아니라면, 결국 객관적이고 절대적인 理의 탐색으로서의 궁리를 학문의 기초로 삼지 않을 수 없는 것이다. 『대학』에 대한 해석에서 朱子가 格物致知를 誠意와 正心을 위한 선결조건으로 해석했던 것처럼, 窮理야말로 마음의 주재, 구체적으로는 도심에 의한 인심의 주재를 가능하게 하는 기초라고 할 수 있겠기 때문이다. 반면, 주재를 그대로 공부의 방법과 그의 공효로 제시하는 서애의 「주재설」은 주재의 그러한 측면 곧, 결국 마음에 대한 理의 주재의 측면이 배제되거나 적어도 분명하게 강조되지 않을 수 있다는 문제가 있는 것이다. 갈암은 '의지'에 앞서 '인식'이 중요하며, '의지'를 적절하게 인도하는 문제가 더욱 중요하다고 보았다고 할 수 있다.

3. 西厓와 陽明學 : '의지'의 문제

갈암의 「주재설」 비판은 결국 서애에게 두어진 양명학적 혐의와도 관련성이 있을 수 있다. 갈암이 마음의 주관적 능동성보다는 객관적이고 절대적인 理에 學을 정초하고자 한 것이었다면 서애는 우리 마음의 주관적 능동성과 의지를 무엇보다 강조한 것이요, 그 의지의 순수성과 선함과 역량에 학문의 기초를 둔 것이라고 볼 수 있다. 그것은 곧 양명학적 혐의를 둘 수 있는 요소가 된다. 그러나 그간의 여러 연구에서 누차 강조되었듯이 서애는 양명학에 관심을 기울이기는 했지만 최종적으로 수용하지는 않았다.[15]

---

15) 이러한 관점의 대표적인 연구로서 宋兢燮,「西厓先生의 陽明學 批判」, 西厓先生記念事業會 編,『西厓 柳成龍의 經世思想과 救國政策』(上), 2005

그가 강조한 의지는 양명학에서와 같이 어떤 본체적 의식에 기초하여 자연스럽게 발출되는 것[16]이라고 할 수 없다. 서애는 마음을 氣로 보았으며, 따라서 마음을 理로 본 양명과 대립한다.[17] 그에게서 '주재'는 본체적 性의 각성과 그것의 현실에서의 자연스러운 발휘로서의 의지를 의미하기보다는, 窮理的 학문 활동과 사회적 실천이 그 본래적 의미 즉 善을 실현한다고 하는 그 실천 지향성에서 이탈하지 않도록 마음 바탕을 확고하게 한다는 의미에서의 意志 혹은 有爲的 노력이라고 할 수 있다. 그렇기 때문에 그것은 공부의 대상 혹은 방법이 될 수 있는 것이다. 그런 의미에서 주재, 혹은 의지의 강화는 외적 지식을 배제하지 않는다. 오히려, 지식이 참된 지식[18]이

; 금장태, 「西厓 柳成龍의 哲學思想」, 『韓國의 哲學』 23, 1995 ; 김용재, 「西厓 柳成龍의 陽明學 理解와 批判에 관한 考察」, 『陽明學』 23, 2009 ; 권오영, 『조선 성리학의 의미와 양상』, 일지사, 2011, 'Ⅳ. 유성룡의 경학사상의 심학적 경향' 부분 등을 참조.
한편 서애에서의 양명학적 요소에 대해 좀 더 적극적으로 평가하는 입장도 있다. 李樹建, 「류성룡의 학문과 학맥」, 『한국의 철학』 23, 1995 ; 安泳翔, 「西厓 柳成龍의 陽明學觀에 대한 再檢討」, 『儒教思想研究』 38, 2009 등을 참조. 안영상은 서애가 양명학과 주자학을 모두 지양하려 했다고 보고 그러한 문제의식이 한 세대 뒤의 중국유학자인 明의 劉宗周(蕺山 : 1578~1645)와 통하는 점이 있을 수 있다고 보았다.

16) 이규성, 『내재의 철학 : 황종희』, 이화여자대학교 출판부, 1994, 'Ⅳ. 의지의 형이상학' 부분 참조.

17) 서애는 陽明의 致良知說을 비판하면서 마음은 어디까지나 氣라고 말한다. 『西厓集』 권15, 「王陽明以良知爲學」, 총간52 : 294c~d. 참조. 이 부분은 권오영, 위의 책, 330쪽에서 강조된 바 있다. 그러나 그것을 양명과의 차이의 맥락에서 벗어나 퇴계가 마음을 理와 氣의 합으로 보는 것과 대비하여 의의를 부여하는 것은 좀 더 신중하게 접근할 필요가 있는 부분이다. 마음이 기라고 하는 것은 퇴계에 있어서도 맥락에 따라 얼마든지 주장될 수 있는 것이기 때문이다.

18) 참된 지식, 곧 眞知에 대한 서애의 강조에 대해서는 『西厓集』 권15, 「知行

되고 실천이 참된 실천이 되도록 해 주는 것이 바로 마음의 '주재'를 확립하는 것을 통해서 가능해진다고 할 수 있다.

결국, 서애의 '주재'는 성의 자기실현으로서의 본체적인 것이라기 보다는, 마음이 주체성을 확립하고 자연과 사물에 대항하여 인간적 유위를 확고히 하는 인간적 의지를 강화하는 것을 의미한다. 그것은 孔孟의 先秦儒學적 전통 위에 있으며, 그에 대한 형이상학적 정당화를 시도한 신유학의 이론적 취향과는 구별된다. 그와 관련하여 형식적으로, 갈암이 자신의 비판의 근거로 거듭 주자의 말을 인용하고 있음에 비해, 서애가 『대학』과 『중용』, 그리고 간접적으로 『주역』 과 『맹자』를 자신의 입론의 근거로 인용하고 있는 것은 흥미로운 지점이다. 물론 그것이 그대로 서애가 朱子로 대표되는 新儒學的 전통을 인정하지 않는다는 것을 의미하지는 않지만 그러한 대비를 통해 서애의 학문적 지향의 독자성 혹은 주체성이 어느 정도 부조되는 것도 사실이라고 할 것이다.[19]

IV. 寒州 李震相의 서애 변호

寒洲 李震相(1818~1886)은 「주재설」이 서애의 일생의 眞訣妙詮이라고 평가하면서 서애의 입장을 변호하였다.[20] 한주의 서애 변호는

說」, 총간52 : 289a~b 참조.

19) 서애 학문의 독자적이고 주체적인 면모에 대해서는 西厓先生記念事業會, 『西厓 柳成龍의 經世思想과 救國政策』(上), 책보출판사, 2005에 수록된 李佑成, 「西厓先生의 學問方法과 '新意'論」 참조.

20) 於乎, 此先生一生受用之眞訣妙詮也.(『寒洲集』 권30, 「書西厓柳先生主宰說

『**한주집**』 서울대학교 규장각한국학연구원 제공

또한 理의 주재를 강조하면서 그것을 心의 주재와 동일시하여 '心卽理'를 주장한 자신의 독특한 입장으로부터 나온 것으로, 자신의 입장에 대한 변호의 성격을 가지고 있는 것이었다.[21] 心의 주재와 그에 대비되는 性의 주재, 理의 주재의 문제는 19세기 조선성리학의 주요한 주제 중의 하나였다.[22]

한주는 먼저 서애의 '주재'가 곧 퇴계 문하의 主敬의 가르침을 이은 것으로 溪門(퇴계학파)의 핵심적 가르침이라 지적하고, 그가

後」, 총간318 : 114d)

21) 心爲一身之主宰, 而主宰底是理. 故所以有心卽理之說, 而認心爲氣者, 是以作用爲主宰故也.(『寒洲集』 권26, 「答李大衡」, 총간318 : 39c) 寒洲의 성리학적 입장과 '主宰' 문제에 대해서는 李相夏, 「寒洲 李震相 性理說의 입론 근거 연구」, 고려대학교 국어국문학과 박사학위논문, 2003 ; 이형성, 『寒洲 李震相의 哲學思想』, 심산, 2006 등을 참조.

22) 이종우, 『19·20세기 한국성리학의 심성논쟁』, 심산, 2005, '제4장 심설논쟁 3절 심의 주재(主宰)에 관한 논쟁' 부분 참조.

68

영남을 대표하는 학자로서 당시의 당쟁의 상황과 임진왜란이라는 국난을 맞아 그에 꺾이지 않고 도덕의 빛을 백세에 드러내고 사직에 큰 공을 세울 수 있었던 비결이 바로 다름 아니라 이 심의 '주재'를 확고히 한 데 있었다고 주장하였다.[23] 한주의 서애「주재설」변호에 대해 좀 더 자세하게 살펴보자.

1. 主宰는 工夫의 의미로 쓸 수 있다

한주는 주재는 마음의 공능이지 공부가 아니라고 하는 갈암의 비판을 염두에 두면서 다음과 같이 말한다.

> '主宰'에는 두 가지 뜻이 있다. 하나는 하늘이 정한 것이니 마음이 한 몸의 주재가 된다는 것이 그것이며, 하나는 사람이 정한 것이니 敬이 한 마음의 주재가 된다는 것이 그것이다. 여기에는 비록 하늘과 사람의 구별이 있으나, 하늘은 그것을 사람에게 주었고 사람은 그것으로 하늘을 온전히 하는 것이니 그 실상은 하나일 따름이다. 선생이 만년에 이 설을 지어 배우는 자들에게 보이시면서 첫머리에 '마음을 다스리고 본성을 기르는 묘법'이라고 하신 것은 敬으로써 말한 것이다. 고요함에 주인이 있어 온 몸이 명령에 따르고, 움직임에 주인이 있어 만사가 순조롭게 응하여, 마음에 物欲의 얽매임이 없이 본래의 性이 저절로 온전하게 되는 것은 敬의 공이다. … 이것이 선생이 '예로부터 학문을 논한 것은 이 한 마디에 지나지 않았다'라고 한

---

23) 蓋先生首登溪門, 親受主敬之旨而久視明道全體大用, 卓然爲吾嶺儒宗, 處黨伐角勝之世, 而不激不隨, 値患難顚敗之秋, 而不撓不沮, 卒之道德光於百世, 勳業著於社稷. 其道靡佗, 心有主宰而已.(『寒洲集』권30,「書西厓柳先生主宰說後」, 총간318 : 114d)

이유이다.[24]

'주재'는 마음의 기능을 말한 것이므로 공부·수양의 방법으로 볼 수 없다는 갈암의 비판에 대해, 한주는 그것이 하늘이 정한 마음의 기능을 의미하는 것인 동시에, 인간이 敬을 통해 그러한 기능을 제대로 수행하도록 하는 활동을 의미한다는 점에서 공부의 맥락에서도 사용할 수 있다고 변호한 것이다. 몸의 주재는 심의 공능으로 마음 자체에 주어진 천부적 능력이지만, 또한 인간의 입장에서는 그것은 실현해 내어야 할 목표요, 그를 위해 공부, 곧 경이 필요하다는 것이다. 경은 곧 마음을 주재하는, 혹은 마음이 제대로 주재활동을 할 수 있도록 하는 방법이기 때문이다. 서애가 말하는 주재는 곧 경이라는 것이다.

2. 主宰의 의미, 主와 宰의 분리의 의미에 대해

한주는 이어서 심의 주재에 대해 다음과 같이 말한다.

'대개' 이하의 말(「주재설」(2)에 해당)은 또한 근본을 미루어 말한 것으로서, 그로써 마음이 주재가 되는 묘리를 밝힌 것이다. 마음이 한 몸의 주재가 되는 이유는 그 性이 體가 되고 情이 用이 되기

---

24) 夫主宰有二義, 一是天定底, 心爲一身之主宰是已, 一是人立底, 敬爲一心之主宰是已. 此雖有天人之別, 而天以是界乎人, 人以是全其天, 其實則一而已. 先生晩年, 作此說以示學者, 首以爲治心養性之妙法者, 以敬言也. 靜而有主, 百體從令, 動而有主, 萬事順應, 心無物欲之累而本性自全, 敬之功也. … 此先生所以斷然以爲'自古論學, 不過此一語'者也.(『寒洲集』권30,「書西厓柳先生主宰說後」, 총간318 : 114d~115a)

70

때문이다. 그것은 精·神·氣·魄의 昭昭靈靈한 것을 주재라고 말한
것이 아니다.25)

즉, 마음이 몸을 다스리는 주재가 된다고 하는 것은 氣로서의
마음의 활동을 가리키는 것이 아니라, 그 이면에 있는 理 혹은 性의
관점에서 말한 것이라 한주는 말하는 것이다. 이러한 해석은 주재는
오직 理의 것이라고 하는 자신의 견해에 따른 것이라고 볼 수 있겠지
만, 한주는 자신의 해석을 주와 재를 분리한 서애의 주장을 정당화하
는 것과 연결시켜 다음과 같이 말한다.

　　中은 性의 德으로, 마음이 그로써 萬理를 主하는 바이며, 和는
情의 德으로, 마음이 그로써 萬物을 宰하는 바이다. '主宰'를 專言하면
主가 곧 宰이며, 宰가 곧 主이다. 그러나 '主宰'를 分言하면 體가
靜에서 세워지는 것을 主라고 하니, 임금이 손을 내려뜨려 맞잡고
아무 하는 일이 없는 것 같은 것이 그것이며, 用이 動에서 행해지는
것을 宰라고 하니, 宰相이 여러 업무를 裁斷하는 것 같은 것이 그것이
다. 그러므로 선생은 처음에는 합해서 말하였고, 끝에는 나누어
말하였다. '거기에 주인(노릇 하는 것)이 있어서'라고 한 것은 主와
宰를 합하여 主라고 말한 것이며, '靜에서는 主하고 動에서는 宰한다'
라고 한 것은 主와 宰를 나누어 사용한 것이다.26)

---

25) '蓋'字以下, 又推本而言之, 以明心爲主宰之妙. 心之所以爲一身之主宰者, 以
　　其性爲之體而情爲之用故也. 此非以精神氣魄之昭昭靈靈者謂之主宰也.(『寒
　　洲集』 권30, 「書西厓柳先生主宰說後」, 문총318 : 115b)

26) 中者性之德, 心之所以主萬理也 ; 和者情之德, 心之所以宰萬物也. 專言主宰,
　　則主便是宰, 宰便是主, 而分言主宰, 則體立於靜者, 謂之主, 如人主之垂拱無
　　爲, 是也 ; 用行乎動者, 謂之宰, 如宰相之裁斷庶務, 是也. 故先生始也合言之,
　　終焉分言之. '於此有主焉'者, 合主宰而謂之主也 ; '靜爲主·動爲宰'者, 分主

主宰는 합해서 구분 없이 말할 수도 있고 主와 宰를 나누어 말할 수도 있는데, 나누어 말할 경우에는 主는 마음이 고요한 가운데 體의 상태에서 無爲의 주재를 말하는 것이라면, 宰는 마음이 움직이는 가운데 用의 상태에서 有爲의 주재를 말하는 것으로 볼 수 있다는 것이다.

3. 主宰는 功效의 의미로 쓸 수 있다

그와 관련하여 한주는 갈암이, '致中和'는 공효이며 따라서 주재와 동일시 할 수 없다고 비판한 것에 대해 다음과 같이 변호한다.

> 그리고 '中을 이룬다'의 '이룬다'에는 또한 자체에 敬의 의미를 가지고 있다. 그 中을 이루는 것은 경이 그로써 靜에서 主하는 것이며, 그 和를 이루는 것은 경이 그로써 動에서 宰하는 것이다. 경은 이 마음의 경이니, 공부를 하는 곳은 원래 도리의 地頭에 있고 따로 구하기를 기다리지 않는다. 선생이 서로 연관지어 설을 짓고 분별을 더하지 않은 것은 장구에 얽매인 유학자들이 비교하여 자잘하게 분석하는 논과 같지 않다. 그런데 南嶽(갈암)이 분변한 것은 혹 과실이 없는 데서 과실을 구하고 하나를 잡고 둘을 폐하는 것을 면치 못한다. (갈암은) 마음의 知覺으로써 萬變에 酬酌하는 것으로 주재라는 말을 명명한 뜻으로 삼았으니, 敬이 한 마음의 주재가 된다는 점을 장차 어떻게 처리(안배)할 것인가? 주재는 본래 심이며, 마음을 보존하는 데에는 반드시 경을 써야 한다. 만약 경을 쓰지

宰而作使用也.(『寒洲集』 권30, 「書西厓柳先生主宰說後」, 총간318 : 115a~b)

않는다면 마음은 또한 주재를 잃을 것이니 의지하여 믿을만하지 못하다. 내 마음이 본래 가지고 있는 준칙으로 내 마음을 보존하여 기르는 방법으로 삼는 것, 그것이 곧 聖學의 眞詮이다. 이미 주재를, 공부하는 것으로 삼아 말하였으니 또한 마음을 주재로 삼아 말하는 것이 과연 무슨 잘못이 있겠는가? 중화는 공부하는 곳을 말하는 것이 아니지만 중화를 이루는 것은 공부하는 곳이라 말하지 않을 수 없다. 戒懼와 謹獨은 과연 마음을 다스리고 본성을 기르는 절도가 아닌가? 나는 그러므로 말한다. 학문의 極工(지극한 공부)과 聖人의 能事(능한 일)는 또한 '마음에 주재가 있다'는 말에서 벗어나지 않으니, 또한 다만 '敬'한 글자일 따름이다.[27]

한주는 致中和 즉 중화를 이루는 것은 경이 마음의 동과 정의 상태에서 주재를 발휘하는 것을 의미한다고 한다. 중화는 공부가 아니고 공효이지만 중화를 실현하는 활동은 경이요, 공부에 해당한다고 할 수 있다. 그러한 공부의 결과, 즉 주재의 결과가 중화라고 한다면, 그것은 바로 주재가 목적으로 하는 바요, 주재의 성공이라고 할 수 있다. 그것은 중화의 상태가 곧 주재의 상태, 경의 상태라는 것을 의미한다. 주재는 중화를 이루는 방법이지만 마음의 어떤

---

27) 且'致中'之'致', 亦自有敬底意思. 致夫中者, 敬之所以主乎靜也 ; 致夫和者, 敬之所以宰乎動也. 敬是此心之敬, 則工夫做處, 元在於道理地頭, 不待佗求矣. 先生之相因爲說, 不加分別者, 非若章句拘儒考較離析之論, 而南嶽所辨, 或不免求過於無過, 執一而廢二也. 以心之知覺酬酢萬變, 爲主宰字命名之義, 則敬之爲一心之主宰者, 將何以區處也? 主宰固是心, 而存心須用敬, 苟不用敬則心亦失其主宰而不足倚恃. 以吾心本有之則, 爲吾心存養之法, 斯乃聖學之眞詮. 旣以主宰作做工夫說, 又以心做主宰說, 果何妨乎? 中和固不是說做工夫處, 而致中和則不得不謂之做工夫處. 戒懼謹獨, 果非治心養性之節度乎? 愚故曰, 學問之極工, 聖人之能事, 亦不外於心有主宰四字, 又只是一敬字而已.(『寒洲集』 권30, 「書西厓柳先生主宰說後」, 총간318 : 115b~c)

상태로서 바로 중화 자체라고 할 수 있다는 것이다.

경, 곧 주재는 마음이 마음 자신 혹은 마음의 본체로서의 性을 준칙으로 삼아 靜에서는 그 본체를 세우고 動에서는 그것을 실현하는 주체적 활동이다. 그런 점에서 그것은 마음의 본체를 동과 정에 일관되게 실현하는 방법 곧 공부이며 또한 마음 자체로서, 마음의 공능이자 그 공능의 충만한 실현태로서의 성인의 경지인 이상적 상태이다. 서애의 「주재설」은 마음의 그러한 복합적 측면을 분별하지 않고 말한 것으로서, 갈암이 그에 분석의 칼날을 댄 것은 잘못이 없는데서 잘못을 구하는 것과 같다.

결국 '주재'는 하늘로부터 우리에게 주어진 것으로서 마음의 고유한 기능이요 능력이지만, 그것은 또한 인간의 관점에서 말한다면 우리가 有爲的으로 실천하여야 할 당위로서 하나의 경지이자 우리가 그것을 준칙으로 삼아 거기에 이르는 공부의 방법이 된다. 한주의 변호는 서애가 말하는 '주재'가 곧 敬을 의미한다고 하는 자신의 해석에 기초하고 있다.

V. 寒州의 변호에 대한 음미

한주는 서애의 주재설이 朱子學과 退溪學의 主敬의 입장에서 벗어난 것이 아니라고 역설하였다. 그의 변호를 통해 갈암이 비판한 서애의 '주재'의 복합적 성격이 적극적으로 변호된 것이라고 볼 수 있다. 그러나 한편으로 한주의 서애 변호가 19세기 조선성리학의 맥락에서 자신의 독자적 견해를 변호하는 성격을 가지고 있었다는 점에서 그의 변호가 과연 서애의 주재설에 대한 적절한 변호라고 할 수 있는가에 대해서는 반문해 볼 필요가 있다.

1. 서애에서 '主宰'는 敬인가?

먼저, 한주는 서애의 '주재'가 곧 敬이라고 이해하였다. 그러나 그것은 바른 이해일까? 사실 주자학적 전통에서 "몸의 주재는 마음이며, 마음의 주재는 경이다."라고 하는 것은 기본 명제라고 할 수 있으며 퇴계에서도 그것은 마찬가지였다.[28] 갈암이 자신의 비판 말미에서 敬을 언급한 것도 역시 그것을 염두에 둔 것일 수 있다. 마음의 주재는 결국 경을 통해 리의 주재를 의미하는 것으로 내려갈 수 있으며, 그렇게 내려가야 한다는 것이다.

이러한 지점은 서애 학맥에서는 명확하게 인식되었으며, 따라서 그들은 주재의 문제와 관련하여 敬의 맥락을 분명하게 강조하고 있다.[29] 그러나 서애 자신은 「주재설」에서 敬에 대해 언급하고 있지 않으며, 다른 글에서도 특별히 敬에 특별한 강조를 실어 언급하

---

28) 예를 들어 퇴계는 『聖學十圖』제7도 「心學圖」에 대한 說에서 林隱 程復心의 다음과 같은 말을 인용하고 있다. "蓋心者, 一身之主宰, 而敬又一心之主宰也." 이는 곧 주자의 다음과 같은 말과 통한다. "心固是主宰底意, 然所謂主宰者, 卽是理也, 不是心外別有箇理, 理外別有箇心."(『朱子語類』1 : 17) ; "敬, 只是此心自做主宰處."(『朱子語類』12 : 92)

29) 서애의 제자 愚伏 鄭經世는 "敬則心自不放, 不能主敬而欲心之存, 則只此欲字, 乃是大病."(『愚伏集』권12, 「答李器哉〈元圭 朱書疑問〉」, 총간68 : 225b ~c)이라 하였고, 서애의 長孫인 拙齋 柳元之는 「收放心圖」를 그리면서 '敬'을 그 중심에 두었으며 그 說에서는 "愚謂心者一身之主宰, 而敬又一心之主宰也."(『拙齋集』권11, 「收放心圖〈幷說〉」, 총간속28 : 163b)라고 명확하게 말하였다.

고 있는 것 같지 않다. 이는 퇴계가 敬을 매우 강조한 태도와 대비된다. 설혹 서애의 주재는 그 내용 상 곧 경에 해당하는 것이라고 하더라도, 서애가 굳이 경 대신에 주재라는 용어를 사용한 것은 어떤 의도가 있었던 것이라고 해야 하지 않을까? 따라서 서애에 대한 한주의 이해와 변명이 서애의 정신을 잘 드러내어 주는 것인지, 제대로 된 이해와 변명이라고 할 수 있는지에 대해서는 의심해 볼 여지가 충분히 있다. 무엇보다도 서애가 굳이 敬이라는 용어를 즐겨 사용하지 않은 것에 대해서 진지하게 생각해 보아야 할 것 같다.

2. 理의 主宰 문제

또한 서애가 한주처럼 理의 주재와 능동성 문제에 대해 적극적으로 생각한 것 같지는 않다. 서애는 앞에서 지적한 바와 같이 마음에 대해 기본적으로 氣로 이해하는 입장을 취하고 있었다. 서애는 사단칠정논변과 관련해서는 자신의 의견을 적극적으로 표명한 적이 없다. 물론 그것은 아직 율곡학파 쪽에서 理의 능동성 문제와 관련하여 퇴계에 대한 적극적인 비판이 제기되고 그에 대한 적절한 대응이 필요하게 된 시기 이전에 그가 살았던 때문이기도 하겠다.

갈암이 굳이 서애의 「주재설」을 비판했던 것은 갈암이 바로 그러한 대응의 시대를 살았던 데에 기인한 것일 수 있다. 즉, 마음의 역할보다는 리의 주재의 측면, 리의 능동성 측면에 대한 강조가 필요하였던 시대에 갈암이 살았고 그의 시대적 문제의식이 바로 거기에 있었기 때문일 수 있다. 갈암의 관점에서 서애의 「주재설」은 마음의 능동적 역할을 강조하는 것으로서, 栗谷的 '理無爲, 氣有爲'의 관점과 통할 수도 있었던 것이다.

어쨌든 서애에게서 중요한 것은 마음의 주재이며, 물론 한주의
의도 또한 결과적으로는 마음의 능동적 역할을 강조한 것일 수는
있겠지만,[30] 한주가 리의 주재를 강조하고 마음의 능동성을 리의
관점에서 정당화하는 것과는 구별해야 한다. 서애에게서 '주재'는
곧 氣로서의 마음의 주재라고 보는 것이 적절하기 때문이다. 그것은
곧 마음을 수렴하여 잡아 보존하며 본성을 충만하게 하여 발휘하는
마음의 능동적 활동으로서의 주재가 진리를 인식하고 실천하는
데 있어 기초적인 중요성을 가지고 있다는 통찰인 것이다. 그가
굳이 敬과 관련하여 그것을 설명하지 않은 것은 그것이 그러한
마음의 능동적 의지적 활동을 넘어서서 理의 주재와 관련된 형이상
학적 이론을 통해 접근되는 것을 방지하고자 하는 의도가 있었을지
도 모르겠다.

VI. 맺음말

앞에서 인용한 바 있는, 1574년경 月川 趙穆에게 보낸 것으로
추정되는 편지에서 서애는 다음과 같이 말한다.

저는 품부 받은 것이 어둡고 약하여 이미 남과 같지 못한데다가
수십 년간 마음과 본성을 상실하여 외물의 유혹에 마음이 빼앗긴

---

30) 그것은 心의 주재와 구별되는 性의 주재를 강조하는 관점과의 대비에서는
그렇게 포착될 수도 있겠다.

것도 많아서, 쌓여 마음의 병이 되었습니다. 부친상을 당한 이후부터는 더욱 (마음을) 주관하여 잡을[主持] 수 없어, 날마다 반복하여 고질이 되었으니, 그 모양을 형용할 수 없습니다. 요즈음 별다른 일이 없어 조금 한가하면 문득 눈을 감고 우두커니 앉아 마음을 조금 안정시키려고 애를 쓰지만 온갖 생각들이 떠오를 뿐만 아니라 기타 아무 상관도 없는 자질구레한 잡념이 얽히고설켜 나타났다가 사라지고 어슴푸레 왔다가 흘러가니, 도무지 어떻게 할 방법이 없습니다. 이러면서 능히 입을 벌리고 다시 '中和'니 '體用'이니 하는 미묘한 것을 논할 수 있겠습니까? 그래서 조용히 생각해 보면 평생토록 한 푼 한 치만큼도 實用은 없고, 쓸데없이 혀만 나불거려 세상을 속이고 사람을 기만하여 죄의 무더기 속에 파묻혀 다시 (道學을) 강론할 생각마저 없어진 것이 자연히 서러울 뿐입니다.[31]

이것은 30대 초반의 서애의 학문적 문제의식을 보여주는 것으로서, 초년의 양명학에 대한 관심과 일정한 공감, 그리고 그의 극복 과정에서의 다양한 학문적 모색의 과정, 그리고 그를 통해 도달한 어떤 깨달음과 성찰이 노정되고 있는 부분이라고 하겠다. 서애는 '도의를 강론하여 의혹을 제거하는 것은 유학자의 일상사'라 하여 성리학적 이론에 대해 궁구하고 구명하는 것의 필요성과 당위성을 인정하지만 자신의 지금 상황으로서는 흐트러진 마음을 수습하는

---

31) 成龍稟賦昏弱, 旣不似人, 數十年間, 又喪失心性, 而誘奪於外物者亦多, 積成心疾. 自遭大故以後, 尤不能主持, 日復沉痼, 無可形狀. 以此日間無他別事, 得暇則輒閉目兀坐, 求以小息其心, 而百念騰起, 其他不關細碎之慮, 纏繞出沒, 熒熒流注, 無可如何. 如此而其能開口更論中和體用之妙乎? 仍竊自悼平生無分寸實用, 簸弄口舌, 欺世欺人, 自陷於罪辜叢中, 無復有講論之思矣. (『西厓集』 권10, 「答趙士敬」, 총간52 : 200c~d)

것이 급선무라고 말하고 있다. 그것은 분명 단지 서애 자신에게만 해당되는 것이라고 본 것은 아니었고 공부하는 이들 모두에게 일반적으로 적용될 수 있는 것이라고 할 수 있다. 이는 서애가 자신의 주변에 대해 늘 강조하는 것이었다. 『西厓先生年譜』는 다음과 전한다.

선생은 젊었을 때부터 세상에서 배우는 자들이 문장 뜻의 말단에만 얽매여 本源 공부를 빠뜨리는 것을 염려하여, 항상 '배우는 자에게 가장 귀한 것은 그 心地를 안정함으로써 사려를 청명하게 하는 것이니 그런 다음에야 궁리 격물의 공부를 비로소 할 수 있다. 만약 마음 바탕에서 배양하고 함축하는 힘이 없다면 이른바 배우고 물으며 생각하고 분변[學·問·思·辨]하고 성찰하고 克治하는 공부를 또한 어디에 의지하여 할 수 있겠는가?'라고 하였다. 그가 사람들과 더불어 학문을 논할 때는 반드시 放心을 수습하는 것을 맨 처음 해야 할 일로 삼았다.[32]

서애의 「주재설」은 바로 이러한 자신의 문제의식을 만년에 이르기까지 꾸준히 전개하여 操存과 涵養, 求放心을 기본 내용으로 하는 '주재'를 학문의 기초요 방법이며 최종적인 공효로서 명확하게 제시한 것이라고 할 수 있다. 그것은 곧 『맹자』적 관점에서 마음을 수렴하고 마음을 제어하는 것을 모든 공부와 학문의 기초로서 제시

---

32) 先生自少時, 患世之學者繳繞於文義之末, 而欠却本源工夫, 常以爲所貴乎學者, 以其心志安定, 思慮淸明, 然後竆格之功始有所措, 若於心地間, 無培養涵蓄之力, 則所謂學問思辨省察克治, 亦何所憑據哉? 其與人論學, 必以收於心爲第一件事.(『西厓集』「年譜」권2, '先生六十三歲條', 총간52 : 526b)

하는 것이다. 이것은 또한 퇴계가『聖學十圖』제8도「心學圖」의 說에서 程復心의 그림을 변호하면서, '求放心'에는 얕게 말한 경우가 있고 또 깊게 말한 경우가 있다고 하여, '求放心'을 단순히 공부의 착수처만 아니라 顔子의 경지 곧 공부의 최종적 경지로 제시한 것과 일맥상통한다.[33]

　서애는 분명 心學的 경향을 지니고 있었으며, 그것은 스승 퇴계의 心學을 계승한 측면이 있다.[34] 하지만 퇴계의 心學이 敬을 중심으로 한 주자학적 전통 위의 理學에 바탕을 둔 것이었던 반면, 서애에게서 그러한 理學的 성격은 잘 발견되지 않는다. 서애의 심학은 한편으로는 진리에 대한 주체적 체득, 곧 自得 혹은 본체의 자연스러운 실현을 강조하는, 陽明學에로 이어지는 그러한 明代 심학의 한 전통과도 구별된다. 自然 보다는 有爲가 서애의 정신이었다. 서애의 심학은 또한 元·明 시기의 四書 관련 주석들과『心經』혹은『心經附注』 등에서 보이는, 心에 대한 정치한 분석과 다양한 담론을 종합적으로 수용하였던 조선전기의 心學的 전통과도 다른 경향성을 보여 준다. 즉, 서애의 심학은 도덕 감성의 보편성이나 형이상학적 이념 혹은 이성적 궁리정신과 대비되는, 인간의 소박한 실천 '의지'와 주체적

---

33) 或疑旣云以大槩敍之, 求放心是用工初頭事, 不當在於心在之後. 臣竊以爲求放心, 淺言之則固爲第一下手著脚處, 就其深而極言之, 瞬息之頃, 一念少差亦是放. 顔子猶不能無違於三月之後, 只不能無違, 斯涉於放. 惟是顔子"纔差失, 便能知之, 纔知之, 便不復萌作", 亦爲求放心之類也. 故程圖之敍如此. 율곡은 이에 대해 반론을 제기하여 퇴계에게 問目을 보낸 바 있다.『栗谷全書』권9,「上退溪先生問目」, 총간44 : 183a~b 참조.

34) 홍원식은 이런 측면을 강조하였다.(홍원식,「서애 유성룡의 양명학에 대한 관심과 퇴계 심학의 전개」,『陽明學』31, 2012) 이는 김혁에 의해 더 본격적으로 주장되었다.(김혁,「西厓 柳成龍의 性理說에 관한 연구」, 계명대학교 철학과 석사학위논문, 2012)

책임의식을 강조한 것이라 해석할 수 있다. 그것은 孔子 이래의 유교의 본래적 실천 정신에 충실한 것이었다.

서애의 主意的 '主宰의 心學'은 시대를 구원하고자 하는 지식인의 주체적 책임 의식을 강조하는 것으로서, 극도에 이른 시대적 위기 속에서 국난극복의 시대적 요청에 그가 능동적으로 반응하는 과정에서 동시대의 학술적 상황에 대한 반성을 통해 형성한 것이라고 할 수 있을 것이다.

한편, 서애의 이러한 심학은 자신의 학맥을 통해 계승되었다.[35] 특히 三子 修巖 柳袗에서 長孫인 拙齋 柳元之, 그리고 謙庵 柳雲龍의 曾孫인 愚軒 柳世鳴에로 이어지는 서애의 家學 전통에서 '求放心'이 지속적으로 주요한 주제 중의 하나가 되고 있었던 것이 확인된다.[36] 이들의 그러한 계승이 과연 서애의 정신을 어떻게 충실하게 계승하였고, 그것이 조선 성리학에 어떤 독자적인 心學的 전통을 수립하는 데 이르렀는가? 그것이 동아시아 전통 心學 전통에서 차지하는 위상과 의의는 무엇인가? 하는 데에 대한 구명은 차후의 과제로 남길 수밖에 없다.

---

35) 홍원식은 서애가 마음공부를 강조하는 것은 尊德性을 중시하는 퇴계의 心學的 경향을 심화시킨 것이라고 평가하고, 西厓學派의 특징으로 務實的 학문태도를 지적하였다. 또한 바로 그 점에서, 율곡학파와 첨예한 이론적 대립을 펼쳤던 鶴峰學派와 구별된다고 주장하였다. 현재의 연구수준에서 '서애학파', '학봉학파'라는 용어를 과감하게 쓰는 것은 약간의 비약을 감행한 것이고, 그 대립구도 또한 지나치게 단순하게 설정한 혐의가 있지만, 흥미로운 주장이라고 평가할 수 있다.(홍원식, 「서애학파와 계당 유주목의 성리설」, 『退溪學과 韓國文化』 44, 2009)

36) 이와 관련된 정보는 이 논문을 준비하는 과정에서 김학수 박사의 사전발표의 도움을 받았다.

참고문헌

『葛庵集』, 韓國文集叢刊 127~128, 한국고전번역원, 1993.
『西厓集』, 韓國文集叢刊 52, 한국고전번역원
『西厓全書』 4책, 西厓先生記念事業會, 1990.
『月川先生文集』, 韓國國學振興院, 2004.
『寒洲集』, 韓國文集叢刊 317~318, 한국고전번역원, 2003.

권오영, 『조선 성리학의 의미와 양상』, 일지사, 2011.
김호종, 『서애 유성룡의 생각과 삶』, 한국국학진흥원, 2006.
西厓先生記念事業會編, 『西厓 柳成龍의 經世思想과 救國政策』(上)·(下), 책보출
　　　판사, 2005.
이규성, 『내재의 철학 : 황종희』, 이화여자대학교 출판부, 1994.
이성무 외, 『류성룡의 학술과 경륜』, 태학사, 2008.
이종우, 『19·20세기 한국성리학의 심성논쟁』, 심산, 2005.
이형성, 『寒洲 李震相의 哲學思想』, 심산, 2006.

금장태, 「西厓 柳成龍의 哲學思想」, 『韓國의 哲學』 23, 1995.
김용재, 「西厓 柳成龍의 陽明學 理解와 批判에 관한 考察」, 『陽明學』 23, 2009.
김혁, 「西厓 柳成龍의 性理說에 관한 연구」, 계명대학교 철학과 석사학위논문,
　　　2012.
문석윤, 「『退溪集』 所載 栗谷 李珥 問目 자료에 관하여」, 『退溪學報』 122, 2007.
문석윤, 「밀암 이재의 성리설」, 『창구객일 연구』, 서울대학교 출판문화원, 2014.
宋兢燮, 「西厓先生의 陽明學 批判」, 西厓先生記念事業會 編, 『西厓 柳成龍의
　　　經世思想과 救國政策』(上), 2005.
安泳翔, 「西厓 柳成龍의 陽明學觀에 대한 再檢討」, 『儒敎思想研究』 38, 2009.
유호진, 「退溪 詩의 이미지 연구 - 상승의 이미지, 물의 이미지, 매화의 이미지를
　　　중심으로」, 『退溪學報』 116, 2004.
李相夏, 「寒洲 李震相 性理說의 입론 근거 연구」, 고려대학교 국어국문학과
　　　박사학위논문, 2003.
李樹健, 「西厓 柳成龍의 學問과 學脈」, 『韓國의 哲學』 23, 1995.

李佑成,「西厓先生의 學問方法과 '新意'論」, 西厓先生記念事業會 編,『西厓 柳成龍 의 經世思想과 救國政策』(上), 2005.

이헌창,「서애 류성룡의 경제정책론」, 이성무 외,『류성룡의 학술과 경륜』, 2008.

홍원식,「서애학파와 계당 유주목의 성리설」,『退溪學과 韓國文化』 44, 2009.

홍원식,「서애 유성룡의 양명학에 대한 관심과 퇴계 심학의 전개」,『陽明學』 31, 2012.

계승범

조선전기 明人 호칭의 변화 추세와 그 의미

『조선왕조실록』과 『서애전서』를 중심으로

I. 머리말

16세기 말은 조선왕조 건국(1392) 이래 200년가량 안정적으로 유지되던 明秩序가 일본 도요토미 히데요시(豊臣秀吉, 1536~1598)의 조선 침공을 통해 심각한 도전을 받은 시기였다. 역경 끝에 이 도전을 물리침에 따라 명질서는 계속 유지되었으나, 임진왜란(1592~1598)이 끝난 지 30년도 채 안 되어 시작된 누르하치(Nurhaci, 1559~1626)의 도전을 극복하지 못하고 끝내 붕괴되었다. 따라서 1590년대야말로 향후 약 반세기(1598~1644)에 걸쳐 진행될 명질서의 와해 과정을 예시적으로 보여준 시발점이라 할 수 있다. 이때 이런 격동의 전쟁터가 된 곳이 바로 명과 일본 사이에 위치한 조선이었다.

16세기 막바지에 7년에 걸쳐 지속된 왜란 동안 조선의 정승으로서 국가의 주요 정책 결정 과정에 깊이 개입한 대표적 인물은 柳成龍(1542~1607)이다. 이렇게 최고 위치에 있던 주요 인물의 국제정세와 전황 인식의 실체를 고찰하는 일은 매우 중요하다. 그의 인식이 바로 정책 결정을 좌우할 주요인으로 작용했을 것이기 때문이자, 그의 인식과 정책대안은 당시 양반엘리트들의 중론과 불가분의 관계에 있었을 것이기 때문이다. 특히 류성룡 같은 주요 인물이 명과 조선의 관계를 어떻게 이해하고 수용했는지, 그것이 전란을 계기로 어떤 변화를 겪었는지 등을 살피는 일은 더 중요하다. 왜냐하면 이는 류성룡 개인의 범주를 넘어, 명질서 속에서 국가의 안녕을 유지한 조선왕조의 특성과 직결되는 사안이기 때문이다. 더 나아가, 이른바 명·청 교체라는 동아시아 국제질서의 격동기를 맞아 조선 조정(지배엘리트)이 어떤 태도를 취할 것이지를 예시해주는 좋은 지표가 될 수 있기 때문이다.

류성룡에 대한 종합적 고찰 성격의 저서는 지금까지 4종이 확인되는데,[1] 학자 개인의 학문적 문제의식에 따른 연구서는 김호종과 송복의 책 2종뿐이고, 다른 2종은 여러 명의 학자들이 소주제별로 章을 분담해 집필한 논문 모음집이다. 개별 연구논문으로는 경학·사상·학맥 관련, 국방이나 국난극복 관련, 사회신분이나 경제 관련, 전란 중의 인맥,『징비록』관련 등의 연구가 분야별로 적게는 서너 편에서 많게는 스무 편쯤 쌓여있다.[2] 이 장에서 다루려는 류성룡의 대외인식 관련 연구논문은 너덧 편으로,[3] 그가 전쟁 7년간 재상으로

---

1) 김호종,『서애 류성룡 연구』, 새누리, 1994 ; 이재호 외,『서애 류성룡의 경세사상과 구국정책』상·하, 책보출판사, 2005 ; 송복,『위대한 만남 : 서애 류성룡』, 지식마당, 2007 ; 이성무 외,『류성룡의 학술과 경륜』, 태학사, 2008.
2) 이 책에는 류성룡에 대한 연구사 검토가 별도의 장으로 들어있으므로, 여기서는 이 장에서 다루는 주제와 직접 관련이 없는 기존 연구들의 소개와 검토는 생략한다.
3) 이재호,「임란시 유서애의 대명외교의 실상」,『서애 류성룡의 경세사상과 구국정책』상, 책보출판사, 2005 ; 김호종,「서애 류성룡의 일본에 대한 인식과 그 대응책」,『대구사학』78, 2005 ; 방기철,「1592년 일본의 조선 침략에 대한 류성룡의 시각과 대응」,『군사』69, 2008 ; 한명기,「임진왜란 시기 류성룡의 외교활동」,『류성룡의 학술과 경륜』, 태학사, 2008 등.

활약했고 또한 나랏일의 주요 정책결정 과정에서 주도적 역할을 수행한 점을 감안하면 적은 편이다.

이런 점을 염두에 두고, 이 글에서는 류성룡이 인식한 동아시아 국제질서를 명과 조선의 관계 설정에 중점을 두어 파악하되, 조선의 지배엘리트들이 명나라를 어떻게 인식하고 대했는지 살피고자 한다. 기존 연구들과 다른 새로운 방법론으로는『서애전서』,『선조실록』,『선조수정실록』등의 자료를 이용하되, 조선 건국 이래 200년이 넘도록 명나라 사람을 지칭할 때 어떤 호칭들을 주로 사용했는지, 그런 호칭들이 왜란과 명나라의 참전을 계기로 어떻게 변했는지, 그런 변화가 보여주는 의미는 무엇인지,『조선왕조실록』에 보이는 호칭의 변화 추세 및 사용 빈도는『서애전서』에 보이는 빈도와 어떤 상관성을 갖는지, 이런 호칭들에 대한 분석 결과는 조선왕조의 전체 역사에서 어떤 특성과 의미를 갖는지 등을 고찰할 것이다. 또한 동시대 조정 신료들의 일반적인 명나라 인식을 고려할 때, 류성룡의 인식이 비교적 독특한 편에 속했는지 아니면 다수의 의견을 대표하는 성격이었는지에 대해서도 알아볼 것이다.

류성룡이 당시의 국제질서 구조를 직접 거론한 글이 거의 전해오지 않는 현실에서, 조선의 지배엘리트들이 명나라 사람들을 부른 호칭의 변화를 통시적으로 분석하는 일은 유익한 연구 방법일 수 있다. 이런 새로운 접근을 통해, 왜란 당시 조선 조정의 국제 감각 및 그런 감각을 가능케 한 당시 관료사회와 지식인사회의 분위기를 역사적 맥락에서 좀 더 면밀하게 파악할 수 있기를 기대한다.

II. 15~16세기 조선 지배엘리트의 국제질서 인식

　동서고금의 역사에서 보면, 한 국가는 대개 어떤 국제질서에 속한
다. 역사에 남은 숱한 전쟁은 거의 다 어떤 국가가 어떤 국제질서에
속할 것이지를 놓고 발생했다고 할 수 있다. 한국사만 놓고 보아도,
한반도를 침공한 국가는 예외 없이 한반도를 자신이 주도하는 국제
질서 하에 묶어두거나 새롭게 편입시키려는 의도를 갖고 있었다.
그렇다면 임진왜란도 假道入明이나 下三道 할양 또는 구국이니 국난
극복이니 하는 단순한 설명 차원을 넘어 이런 시각에서 새롭게
조망할 필요가 있다. 이를 염두에 두고, 이 소절에서는 조선 건국
(1392) 이후 15세기와 16세기 약 200년에 걸쳐 조선이 추진한 대명사
대정책의 추이를 국제질서라는 맥락에서 먼저 고찰하고자 한다.
근 200년에 달하는 기간 동안 조선사회에 켜켜이 쌓인 역사적 경험이
야말로 임진왜란 시기 류성룡을 비롯해 조선의 지배엘리트들이
내린 거의 모든 주요 결정에 중요한 근거로 작동했을 것이라는
추론이 가능하기 때문이다.

　15세기에는 명의 대외정책이 다분히 위압적이었다. 몽골을 상대
로 대규모 원정에 나섰다가 오히려 참패하고 황제가 사로잡히는
土木의 변(1449)을 겪기도 했으나, 대체로 명은 100만에 가까운
병력을 보유하고 있었다. 국가 차원에서 상당한 수준의 고립주의
정책을 시행했지만, 그것은 군사력이 뒷받침 된 강력한 정책이었다.
이에 대한 조선의 태도 또한 아직 주자학적 春秋義理와는 거리가
먼 실리적 사대정책을 추구했다. 다른 말로, 명나라를 대상으로
한 춘추의리 차원의 事大를 원론적으로 강조하기는 했으나, 전쟁이

나 파병과 같은 중대사에 대해서만큼은 夷狄이 아무리 제국을 건설할지라도 100년 정도 지나면 연이어 쇠락하고 몰락했듯이 명나라도 언제라도 망할 수 있다는 인식이 워낙 강했다. 그러했기에, 의리에 기초한 사대보다는 현실적 계산에 따른 사대를 정책으로 채택한 면이 강했다.[4)]

16세기에 들어서고도 명질서는 그대로 유지되었다. 명나라를 중심으로 볼 때 北虜南倭라는 구도는 여전했고 실제로 그들로 인해 변경의 소요가 끊일 날이 별로 없었지만, 명나라를 중심으로 한 국제질서 구도 또한 본질적으로 바뀌지는 않았다. 북로와 남왜가 국경(경계) 일대에서 수시로 변란을 일으키기는 했어도, 그것은 말 그대로 虜와 倭가 변경에서 일으킨 '소요'였을 뿐, 명질서라는 거시적이고도 상위에 존재한 기존 국제질서의 틀이 그런 정도의 소요로 흔들릴 상황은 전혀 아니었다. 이런 국제정세는 조선국 지배엘리트들의 명나라 인식에도 영향을 주어, 삼대－한－당－송으로 이어진 중화문명을 담지한 漢族이 세운 중화국으로서의 명나라에 물리적으로나 정신적으로 의존하는 경향이 나타났다.[5)]

이런 흐름은 유교적 가치에 보다 충실하고자 한 이른바 士林이[6)] 정치무대에 전면적으로 등장해 명나라와 조선의 관계를 이념적으로 재정립하면서 돌이킬 수 없는 추세로 발전했다. 먼저, 명나라와 조선국의 관계를 설명하는 이론에 큰 변화가 발생했다. 예를 들어,

---

4) 계승범, 「파병 논의를 통해 본 조선전기 대명관의 변화」, 『대동문화연구』 53, 2006.

5) 계승범, 『중종의 시대 : 조선의 유교화와 사림운동』, 역사비평사, 2014, 111~147쪽.

6) 사림의 성격에 대해서는 계승범, 위의 책, 149~195쪽에 상세하다.

기존에는 군신관계일 뿐이었는데, 16세기가 무르익어 갈수록 부자관계가 더해지는 경향이 나타났다. 이른바 군부·신자관계로 강화된 것이다. 군신관계(忠)나 부자관계(孝) 모두 유교에서 가장 강조하는 양대 가치였지만, 군신관계가 상황에 따라 가변적이고 조건적인 데 비해, 부자관계는 어떤 상황논리로도 변명이나 조정이 불가능한 절대불변의 가치 곧 천륜이라는 점에서 이 둘은 결정적 차이를 갖는다. 군주가 왕도를 저버리고 천명을 잃으면 신하가 그 군주를 부정하고 떠날 수 있지만, 부모는 아무리 문제가 많을지라도 자식으로서 부모를 저버릴 수 없기 때문이다.[7]

이렇듯 명나라와 조선의 관계가 절대적 가치로 이념화된 현상은 이미 왜란 발발 이전 16세기 후반의 조선 지배엘리트 사이에 편만해 있었다. 한 예로, 당시 지식인사회의 양대 축이라 할 수 있는 李滉(1501~1570)과 李珥(1536~1584)의 명나라 인식은 단적인 증거이다. 이황은 일본에 보내는 예조의 국서를 작성하면서

"… 하늘에는 두 개의 해가 없고, 백성에게는 두 임금이 없소. 춘추의 대일통(大一統)이라는 것은 곧 천지의 상법이고, 고금에 통하는 의리요. 대명이 천하의 종주국이 되니, 바다 한 구석 해 뜨는 곳[조선]에서는 신복하지 않은 적이 없소. 이를 능히 행하는 것, 오로지 우리나라가 중국에 사대하는 이것이다. …"[8]

---

7) 계승범, 『조선시대 해외파병과 한중관계』, 푸른역사, 2009, 215~219쪽.
8) 『退溪全書』 8, 「禮曹答日本國左武衛將軍源義淸」, "… 天無二日 民無二王 春秋大一統者 乃天地之常經 古今之通義也 大明爲天下宗主 海隅出日 罔不臣 服 能行此者 惟我國家之事中朝是也. …"

라고 하여, 조선이 지켜야 할 의리의 최종 대상이 명나라 황제 곧 천자임과 동시에 그런 관계가 고금을 관통하는 常法, 곧 불변의 가치임을 분명히 했다. 이이도 조공 문제를 논하는 중에

> "… 신이 듣건대, 아랫사람이 윗사람을 섬길 때 편안하고 위험함에 [따라] 마음을 바꿔서는 안 되고, 성하고 쇠함에 [따라] 예를 폐해서도 안 됩니다. 이런 [원칙을] 실행함은 우리나라가 중조에 사대함이 바로 그것입니다. … 지금 [중국과는] 이소사대로써 군신의 분수가 이미 정해졌으므로, 시세의 곤란함과 용이함을 헤아리거나 이해관계에 거리낌이 없이 정성을 다하는 데 힘쓸 뿐입니다.…"[9]

라고 하여, 조선이 (보편적) 중화국인 명나라에 대해 갖추는 사대의 예를 상황을 초월해 지켜야 할 절대적 의리로 규정했다. 이황과 이이의 이런 설명에 반대할 이는 당시 조선에 사실상 없었다고 할 수 있다. 퇴계학파에 속하는 류성룡의 인식도 이와 같았을 것임을 어렵지 않게 짐작할 수 있다.

요컨대, 왜란 이전 16세기부터 이미 조선의 지배엘리트들은 명나라를 천하의 유일한 천자국이고 중화국이자 실질적인 上國으로 믿었고, 명나라 황제를 유일한 천자로 보았다. 또한 그에 기초한 천하관을 신봉했으며, 그 명질서에 적극적으로 들어가 국가의 안녕을 누렸던 것이다. 이를 국제질서 차원에서 부연설명하자면, 하늘 아래 천자가 있고 그 밑에 천자의 책봉을 받은 왕들이 다양한 층위에

---

9) 『栗谷全書』 拾遺 4, 「貢路策」, "… 臣聞下之事上 不以夷險而易其心 不以盛衰 而廢其禮 … 今夫以小事大 君臣之分已定 則不度時之艱易 不揣勢之利害 務 盡其誠而已. …"

포진해 천자를 중심으로 원뿔형의 질서를 구축한 천하질서를 당연하게 받아들이고, 조선 국왕의 위상을 그런 틀에서 규정했다는 것이다. 조선 건국 후에 제정된 각종 국가 제례에서 조선을 제후국으로 보고 그 기준에 맞게 각종 의례를 정한 점이나, 『조선왕조실록』 도처에서 조선 국왕이 스스로 자신을 천자의 제후로 칭한 사례가 적지 않게 나오는 점 등은 모두 이런 천하관의 산물이라 할 수 있다. 따라서 華夷之辨이니 春秋義理니 하는 말들은 단지 조선 국내의 사안만이 아니라 조선이 속한 천하질서와 관련해서도 그대로 적용되었으며, 현실의 국제무대에서 실제로 그대로 작동했던 것이다.[10]

조선 건국과 동시에 조정에서 스스로 圜丘壇의 天祭를 폐지하고 그 후에도 천제를 참람하다 하여 일절 재개하지 않은 점이나,[11] 후금을 치기 위한 명의 파병 요청을 거부하려는 광해군(r. 1608~1623)에게 비변사 당상관들이

"전하에게 득죄할지언정 천조에는 득죄할 수 없습니다."[12]

라는 말을 '감히' 할 수 있었던 것도 바로 조선의 군왕이 북경의 天朝를 중심으로 구축된 중화질서에서 천자의 하위에 속한다는

---

10) 계승범, 「의병의 개념과 임진의병」, 『서강인문논총』 33, 2012.
11) 계승범, 『정지된 시간 : 조선의 대보단과 근대의 문턱』, 서강대학교출판부, 2011, 225~230쪽. 세조 때 예외적인 경우가 있었지만, 전체적으로 볼 때 조선 건국과 함께 환구단의 제천례 기능은 사실상 소멸되었다.
12) 『광해군일기』 중초본 129권, 10년 6월 20일 정축, "… 與其得罪於天朝寧得罪於聖明. …"

유교적 천하의식으로 인해 가능했다. 그런가 하면, 조선의 양반엘리트들이 명나라의 한족 황제를 상대로는 자신을 陪臣으로 자랑스럽게 칭했지만, 청나라의 만주족 황제(칸)를 상대로는 자기를 배신으로 칭하지 않은 극명한 사례들도[13] 이런 천하의식에 따른 자연스러운 현상이었다.

이렇듯 명질서 하에서 조선왕조의 '레종데트르'는 명에 사대함으로써 중화질서를 따르고 보편적 중화문명인 유교의 가치를 수용하고 따르는 데 있었다. 건국과 함께 강조한 사대와 유교는 조선의 사대가 이미 유교적 이념과 불가분의 관계로 묶여 있었음을 잘 보여준다.

그런데 조선이 이렇게 극진하게 명나라에 밀착한 16세기 후반 당시에 다른 주변국들은 명질서에 대해 대대적인 도전을 준비하고 있었다. 이른바 '北虜'와 '南倭'가 각기 오랜 분열을 끝내고 통일세력으로 거듭나던 시기가 바로 16세기 후반 내지는 말기였던 것이다. 명질서에 대한 전면적인 도전은 먼저 남쪽에서 다가왔는데, 도요토미 히데요시가 주도한 임진왜란(1592~1598)이 바로 그것이다. 이 도전을 물리친 지 얼마 안 되어 북쪽에서도 거센 도전이 발생했는데, 누르하치가 만주 일대의 여러 여진 부족을 통일하고 후금을 세우면서 명에 선전포고를 한 일이 그 시작이었다.[14]

이런 상황에서 한반도에 위치한 조선국으로서는 명나라에 더

---

13) 계승범, 「조선후기 중화론의 이면과 그 유산 : 명·청 관련 호칭의 변화를 중심으로」, 『한국사학사학보』 19, 2009, 59~61쪽.
14) 계승범, 「임진왜란과 누르하치」, 『임진왜란 : 동아시아 삼국전쟁』, 휴머니스트, 2007, 357~384쪽 ; 계승범, 「조선 특사의 후금 방문과 명질서의 균열」, 『한중관계 2000년 : 동행과 공유의 역사』, 소나무, 2008, 212~243쪽.

밀착해 기존의 명질서를 유지하려는 노선을 취할 수밖에 없었고, 이런 노선은 필연적으로 명나라보다 먼저 대규모 외침을 당하는 결과로 나타났다. 또한 외침으로 야기된 누란지세의 국가 위기를 맞아 조선은 더욱 더 명나라에 의존하는 모습을 반복해 보였다. 임진왜란 7년 동안은 이를 나위도 없고, 이후 명나라와 후금 사이에서 조선이 취한 정책의 본질도 결국은 명나라와 후금 사이에서 이중외교를 취하며 사실상 친후금 노선을 견지한 광해군이 명나라를 배신했다는 구실로 정변을 통해 강제로 폐위당한 사실에서[15] 극명하게 드러나며, 끝내 병자호란을 초래한 데서도 여실히 알 수 있다.

류성룡이 인식한 국제질서의 본질도 이런 일반적 정서와 다르지 않았다. 오히려 류성룡은 조선의 이런 주류 정치·지성사회를 대표하는 위치에 있었다. 이에 대해서는 소절을 바꿔, 류성룡과 동시대인들이 명나라를 어떻게 인식하고 있었는지 살피되, 명나라 사람 관련 다양한 호칭이 임진왜란을 계기로 어떤 변화 추세를 보이는지 분석하고자 한다. 한 외국에 대한 인식의 변화는 필연적으로 그 나라 사람들 관련 호칭 문제와 상호 불가분의 관련이 있을 것이기 때문이다. 특히 명나라와 같이 조선국에게 결정적으로 중요한 외국일 경우에는 그런 상관성이 더욱 두드러질 것이다.

검토 대상 자료는 선조 대까지의 『조선왕조실록』(국사편찬위원회 온라인자료)과 『西厓全書』로 잡았다.[16] 실록은 류성룡이 살던

---

15) 계승범, 「계해정변(인조반정)의 명분과 그 인식의 변화」, 『남명학연구』 26, 2008.
16) 다양한 호칭의 기초 검색은 고전번역원에서 온라인으로 제공하는 문집

시대를 가능케 한 역사적 배경과 추이를 파악하기 위함이고, 『서애
전서』는 그런 상황과 분위기에서 일국의 정승을 지내며 동분서주한
류성룡의 국제질서 인식이 역사적 맥락에서 어떤 대표성과 보편성
을 갖는지 파악하기 위함이다. 또한 명나라 사람은 크게 명나라
군대, 명나라 장수, 명나라 관리, 그리고 명나라 사람 일반에 대한
호칭으로 구분해 살필 것이다.

Ⅲ. 명나라 군대의 호칭 사례 : 唐兵, 漢兵, 天兵

조선 건국 이후 명나라 군대를 부른 호칭은 대개 당병, 한병,
천병, 大兵 등이었다. 그런데 이 가운데 대병은 명나라 군대를 가리키
더라도 '명나라' 군대를 특정해 가리키기보다는 大軍이라는 의미가
강한 보통명사에 가까우므로, 여기서는 분석 대상에서 제외했다.
'당병'이 쓰인 『조선왕조실록』의 기사 수는 왜란 발발 이전 시기에
는 모두 7건이 나온다. 이 가운데 당나라의 고구려 원정 관련으로
사용된 2건은[17] 그 지칭 대상이 실제로 당나라의 군대이다. 이
둘을 제외한 5건은[18] 명나라 군대를 직접 가리키는 표현으로 사용되

형태의 『서애집』을, 상세한 분석은 류성룡의 모든 저술을 망라해 서애선
생 기념사업회에서 2009년에 출간한 『국역 서애전서』 7권을 참조하였다.
17) 『예종실록』 5권, 1년 5월 9일 임진 ; 『중종실록』 72권, 27년 11월 3월
1일 경술.
18) 『세조실록』 44권, 13년 10월 14일 병오 ; 『성종실록』 109권, 10년 10월
29일 신해 ; 110권, 10년 윤10월 12일 갑자 ; 『연산군일기』 50권, 9년 7월
3일 정묘 ; 『중종실록』 67권, 25년 3월 10일 경자.

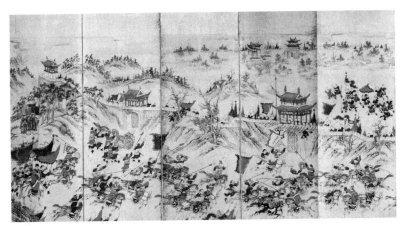

명나라 군대 「평양성 탈환도」 진주박물관 소장

었다. 그 내용을 보면 建州衛를 원정한 명나라 군대, 요동에서 조선
사신을 호위하는 명나라 군대, 월경 문제를 직접 다루는 요동의
명나라 군대 등을 가리켜 당병이라는 용어를 사용했다.

이에 비해 왜란 발발 이후의 『선조실록』에는 137건이, 『선조수정
실록』에는 4건 등 모두 141건이 있어 좋은 대조를 보인다.[19] 왜란
발발을 전후하여 보이는 사례 수의 현격한 차이는 왜란 때 명나라가
참전함에 따라 명나라 군대를 언급하는 기사의 수가 폭증했기 때문
이므로 전혀 이상할 것이 없다. 다만, 왜란 발발 전이나 후에도
조선에서는 명나라 군대를 가리켜 흔히 당병이라 불렀음을 쉽게
알 수 있다.

'한병'은 왜란 발발 이전 시기에는 모두 3건이 나오는데,[20] 모두

---

19) 『선조수정실록』의 사례 중에는 『선조실록』의 사례와 기사가 중복되는
　　경우도 있으나, 이 글에서는 모두 포함한다. 두어 건의 중복을 감안해도
　　통계를 통한 전체 그림에는 별다른 영향을 주지 않을 것이기 때문이다.
20) 『세조실록』 31권, 9년 10월 2일 정해 ; 『세조실록』 36권, 11년 5월 14일

실제로 한나라의 군대를 이르는 호칭으로 쓰였다. 명나라 군대를 가리켜 한병이라 칭한 사례는 하나도 없다. 그렇지만 이것이 조선 사람들이 명나라 군대를 한병으로 부르지 않았음을 의미하지는 않는다. 왜냐하면 왜란 발발 이후에 명나라 군대를 가리켜 한병이라 칭한 사례가 『선조실록』에 1건,[21] 『선조수정실록』에 4건[22] 등 모두 5건이 보이기 때문이다. 이로써 보면, 당병의 용례와 마찬가지로 한병이라는 명칭도 왜란 발발과 상관없이 조선에서 명나라 군대를 가리켜 사용했음을 미루어 짐작할 수 있다. 왜란 발발 이전에 한병 사례가 없는 것은 그런 호칭을 사용하지 않았기 때문이 아니라, 굳이 명나라 군대를 언급할 사안이 별로 없었기 때문으로 이해하는 편이 사실에 더 가까울 것이다.

이에 비해 명나라 군대를 '천병'으로 호칭한 사례는 왜란 발발을 전후해서 극명한 대조를 보인다. 왜란 발발 이전 시기의 사례는 1468년(세조 13)에 명과 조선이 공동으로 建州衛 원정을 감행한 것과 관련해 『세조실록』에 6건, 『예종실록』에 1건이 보이는데, 모두 칙서 안에 들어있거나 칙사의 대화 속에 보인다는 공통점이 있다. 이는 명나라 군대를 천병으로 부른 사례가 비록 세조 때 나타나기는 하지만, 그것은 어디까지나 명나라 사람에 의해 불렸을 뿐이지 조선인이 스스로 그렇게 부르지는 않았을 가능성을 시사해준다. 이에 비해, 1479년(성종 10)에 재차 단행한 건주위 원정과 관련해서는 『성종실록』에 모두 9건의 사례가 나오는데, 칙서나 칙사와는

경신 ; 『연산군일기』 33권, 5년 6월 7일 을미.
21) 『선조실록』 108권, 32년 1월 21일 임인.
22) 『선조수정실록』 26권, 25년 5월 1일 경신 ; 6월 1일 임진 ; 7월 1일 무오.

관계없이 모두 조정 논의에서 조선의 군신이 스스로 명나라 군대를 천병으로 부른 공통점을 보여 세조 때 사례와 좋은 대조를 보인다. 이 밖에도『연산군일기』에 2건,『중종실록』에 3건이 나온다. 그런가 하면, 여진 정벌 및 국내의 역모나 반란 진압 등과 관련해 조선군을 천병으로 칭한 사례도 3건이[23] 있어 눈길을 끈다. 이는 당시만 해도 천병이라는 표현이 반드시 명나라 군대를 가리킨다기보다는 夷狄이나 반란을 진압하기 위한 征伐의 사명을 수행하는 군대라면 국적에 관계없이 사용되었음을 강력하게 시사해준다.

이로써 보면, 비록 사례 수가 많지는 않지만, 조선 건국(1392) 이후 왜란 발발(1592) 전까지 약 200년 동안 조선에서 명나라 군대를 지칭할 필요가 있을 때는 당병이나 천병으로 불렀음을 알 수 있다. 다만, 그 용례는 시기적으로 일정한 차이가 있었다. 15세기에는 거의 다 당병이 쓰이다가, 16세기에 접어들면서 당병의 사용이 여전한 가운데 천병이라는 표현이 서서히 증가했음을 알 수 있다. 정황으로 보면, 15세기에는 주로 칙서나 명나라 사신의 말 속에 주로 쓰인, 곧 명나라 사람 스스로 명나라 군대를 천병으로 부른 사례가 대부분인 데 비해, 16세기에는 조선의 군신들도 스스로 명나라 군대를 천병으로 부르는 경향이 나타났음을 간파할 수 있다.

이런 추세는 16세기 전반 중종 때 천병이라는 용어의 사용을 놓고 벌어진 조정 논의의 내용을 검토하면 분명하게 확인할 수 있다. 중종은 조선의 역대 어느 국왕보다도 명나라 황제와 친밀한 관계를 유지하려 거의 병적으로 집착했는데,[24] 조선국의 각종 의전

---

23)『단종실록』11권, 2년 7월 30일 기묘 ;『세조실록』4권, 13년 11월 2일 갑자 ;『중종실록』88권, 33년 8월 19일 기미.

을 제후에 맞도록 격식을 바꾸고 명칭까지 바꿀 정도로 꼼꼼하고 세심했다. 천병이라는 용어의 사용과 관련해서는

"대저 아랫사람은 윗사람의 예의를 범할 수는 수 없는 법이다. [우리] 조정이 상국의 일와 名號를 범하지 않은 연후에야 아랫사람이 윗사람의 예를 범하는 것을 마땅히 금할 수 있다. 우리나라는 [상국의] 명호를 범하는 일이 많다. 그래서 天使가 올 때 [임시로] 變稱하는 것이 매우 많다. 내 생각을 말하자면, 평상시에도 상국을 범하지 않는다면 中朝 사람을 보아도 [굳이] 변칭할 필요가 없다. … 옛날에 禁府를 詔獄이라고도 했는데, 이는 비록 존칭의 뜻이지만, 下國에서 詔라는 글자를 쓰는 것은 옳지 않다. … 남의 신하된 자는 당연히 사용하지 말아야 할 바이다. … 내가 예전에 병조판서인 한치형에게 물었다. 마침 [우리 조정에서] 胡奴에게 내리는 서신이 있었는데 거기에 天兵이 장차 이를 것이라는 말이 들어있었다. 한치형이 농담 삼아 이르기를 '이 天이란 글자는 위의 한 획을 없애고 싶다. 이 서신을 만약 호노가 갖고 상국에 가서 中朝 사람들이 행여나 그 글을 보게 된다면, 천병이란 것은 바로 상국 군대를 이른다. [그러니] 한 획을 없애 大兵으로 하는 것이 좋겠다.'고 했다. 그때 한치형은 비록 문신은 아니었으나 이 말은 매우 사리가 있었다. 비록 한 글자의 僭用이라도 오히려 하지 않는 것이 귀하다.…"25)

---

24) 계승범,『중종의 시대 : 조선의 유교화와 사림운동』, 역사비평사, 2014, 67~108쪽.

25)『중종실록』88권, 33년(1538 무술/ 명 嘉靖 17년) 8월 19일(기미), "大抵下不得僭上之禮可也 朝廷不用僭上國之事 僭上國之名 然後 當禁下人僭上之禮也 我國僭名之事多 故天使來時 變稱者甚多 予意以爲 常時勿用僭上之名 則不必見中朝之人 而變稱也 … 古稱禁府以爲詔獄者, 此雖尊尊之意, 下國用詔字不可 … 爲人臣者 所不當用也 … 予往問韓致亨爲兵曹判書 適有下書於胡奴 而有天兵將至之言 致亨以戲言曰 此天字欲去上一畫也 此書胡奴若持行上國

라고 승정원에 전교를 내려, 사실상 앞으로 천병이라는 용어를 명나라 군대 곧 천자의 군대에 대해서만 사용하도록 조치했다. 조선군에 대해서는 천병이라는 표현을 쓰지 못하도록 조선 국왕이 스스로 조치한 것이다. 중종의 이 교지로 보자면 천병이라는 용어의 쓰임새와 관련해 16세기 전반이 조선역사에서 중요한 전환점이 되었을 가능성이 매우 높다.

그렇다면 왜란 발발 이후에는 천병의 사용이 어떠했을까? 왜란 발발을 계기로 이런 추세는 결정적으로 가속화되었다. 실제로, 전쟁 발발 이후에 명나라 군대를 가리켜 천병으로 표현한 사례는 『선조실록』에 1,100건, 『선조수정실록』에 32건 등 엄청난 숫자를 보인다.

이를 종합하면, 왜란 발발 이후에 『조선왕조실록』에서 명나라 군대를 호칭한 사례는 천병이 1,132건(89%)으로, 당병과 한병을 합친 146건(11%)에 비해 압도적이라 할 수 있다. 이는 조선전기 200년의 추이를 거시적으로 볼 때, 16세기 전반에 가시적으로 나타난 명나라 군대 관련 호칭에 대한 고민과 조정이 이후에도 계속 이어져 왜란 발발과 명군의 참전을 계기로 천병이라는 호칭으로 사실상 수렴되다시피 했음을 알 수 있다. 전통적 호칭인 당병이 여전히 사용되면서도, 거의 대개는 천병이라는 호칭으로 통일되다시피 했다는 것이다. 또한 이런 변화 추이는 이를 나위도 없이 명나라에 대한 조선의 의존도가 왜란 발발 이전 16세기부터 서서히 높아지다가 왜란을 계기로 극단적으로 높아졌음을 시사해준다.

그렇다면 류성룡의 다양한 글을 담고 있는 『서애집』에는 명나라

而中朝之人 幸見其書 則天兵者 乃上國之兵也 去一畫而爲大兵可也 其時致亨 雖非文臣 此言甚有理 雖一字之僭 猶貴其不用 …."

군대를 부르는 호칭들이 어느 정도 비율로 섞여서 나타날까?『서애
집』을 검색한 결과, 명나라 군대를 당병으로 부른 사례(문건 개수)는
13건, 한병은 3건, 천병은 66건을 찾을 수 있다. 물론 이 가운데는
年譜나 鄭經世(1563~1633)가 쓴 행장처럼 저자가 류성룡이 아닌
경우도 있다. 저자가 류성룡이 아닌 문건들을 제외한, 곧 류성룡이
작성한 글에 보이는 사례의 낱개 수를 보면, 당병이 14건, 한병이
4건, 천병이 118건이다.

이를 좀 더 자세히 살피면, 류성룡은 동시대 사람들과 마찬가지로
명나라 군대를 부르는 명칭을 복수로 사용했는데, 문건 수로 통계를
내면 당병이나 한병을 선택한 경우가 16건(20%)이고, 천병이라 적은
경우는 66건(80%)이다. 낱개 수로 보면, 도합 136건 중에서 당병이나
한병을 쓴 경우의 수가 18건(13%), 천병을 선택한 경우의 수가 118건
(77%)으로 나타난다. 문건 수로 보나 낱개 수로 보나 거의 유사한
비율로 나타난 것이다. 이런 비율은 수정실록을 포함해 왜란 발발
이후를 다룬『선조실록』이 보여주는 비율(11% : 89%)과 수치상으로
는 근소한 차이가 나지만, 사실상 거의 같다고 볼 수 있다. 명나라
군대에 대한 어떤 인물의 인식이 호칭을 통해 잘 드러남을 인정할
때, 조선국 재상 류성룡의 인식은 동시대 지배엘리트들의 그것과
달랐다기보다는 오히려 거의 같았으며, 더 나아가 대표성을 지녔다
고 해석해도 무리가 없을 것이다.

그런데 고전번역원에서 원문 텍스트를 제공하는『서애집』에는
류성룡이 명나라 관련 문제를 상대적으로 많이 언급한『辰巳錄』,
『芹曝集』,『懲毖錄』 등이 빠져 있다. 따라서 섣부른 해석을 잠시
보류하고,『서애전서』의 사례를 천착할 필요가 있다. 실제로, 문서

의 내용상 류성룡이 명나라 관련 용어로 어떤 것을 선택했는지 시기별 추이를 잘 보여주는 『辰巳錄』을 구체적으로 분석하면, 의미 있는 새로운 해석을 도출할 수 있다.

『진사록』에는 당장 용례의 낱개 수가 82건, 당병과 같은 의미인 唐軍이 2건이 보이며, 한병 사례는 전혀 없다. 그런가 하면, 천병은 모두 87건이 확인된다. 이로써 보면, 류성룡은 전쟁 초기 긴박한 상황에서 작성한 다양한 문서에서 명나라 군대를 칭하는 용어로 당병이나 당군을 84번(49%), 천병을 87번(51%) 선택했음을 알 수 있다. 이는 전쟁 당시 군무와 외교를 총괄하는 재상의 위치에 있으면서 류성룡은 당병과 천병을 거의 절반씩 사용했음을 뜻하며, 앞서 살핀 실록의 분석 결과와는 의미 있는 차이를 보인다. 즉 전쟁 초기만 해도 류성룡은 천병이라는 용어의 사용에서 동시대 사람들이나 『선조실록』 편찬자들에 비해 상대적으로 소극적이었음을 시사해준다.

이뿐 아니라, 같은 『진사록』을 시기별로 구분해서 분석하면 매우 흥미로운 점을 간파할 수 있다. 『진사록』은 그 제목에 명시되었듯이 대개 전쟁이 발발한 임진년(1592)과 다음 해인 계사년(1593)의 일들을 다루는데, 이를 임진년과 계사년 이후로 시기를 나누어 용례를 살피면 류성룡의 명나라 관련 인식이나 태도의 변화 추이를 읽을 수 있다.

『진사록』 중에서 임진년(1592)에 작성한 문건들에서 명나라 군대를 칭한 용어는 당병과 천병뿐인데, 당병의 낱개 수가 40건, 천병은 24건으로, 천병보다 당병을 훨씬 더 선호했음을 알 수 있다. 그런데 같은 책의 문건임에도 계사년(1593) 이후의 용례를 보면, 당군 2건을 합쳐 당병 44건, 천병 63건으로, 명나라 군대를 지칭할 필요가 있을 경우에 류성룡이 천병을 훨씬 더 많이 선택했음을 한눈에 알 수 있다. 이런 시기별 변화 추이는 아무래도 전쟁이 장기화되고 명나라 군대에 대한 조선의 의존도가 높아짐에 따라 명나라 군대를 대하는 류성룡의 인식이나 태도에 무시할 수 없는 변화가 있었음을 강하게 시사해준다. 왜란 종전 후에 집필한『징비록』에서 당군·당병·한병 등의 용례가 모두 합쳐 7건인데 비해 천병이 35건인 점도 명나라 군대를 부르는 호칭을 놓고 발생한 류성룡의 태도를 파악하는 데 큰 도움이 된다.

요컨대, 조선시대 지배엘리트들은 왜란 전에는 명나라 군대를 가리켜 대개 당병이라 칭하다가 16세기에는 천병으로 부르는 양상이 가시적으로 나타났고 왜란 발발 및 명나라의 참전을 계기로 사실상 천병으로 통일되다시피 했는데, 조선국의 재상 류성룡은 전쟁 발발 이후에도 되도록 전통적이고도 객관적인 표현인 당병을 선호하다가 전쟁이 길어지면서 천병을 더 선호했음을 알 수 있다.

IV. 명나라 장수의 호칭 사례 : 唐將, 漢將, 天將

이번에는 명나라 장수를 가리키는 용어를 살펴보자. 앞서 살핀 호칭의 용례가 명나라 군대라는 집단을 대상으로 한 것이므로, 그 군대에 속한 개개인에 대한 호칭을 함께 살핌으로써 앞의 분석을 더 튼튼하게 보강할 수 있을 것이다. 명나라 군대에 대한 호칭과 마찬가지로, 조선에서 명나라 장수를 부른 호칭으로는 당장, 한장,

천장 및 그 본딧말인 天朝將官 또는 天朝諸將 등이 있다.

'당장'을 포함한 기사 수는 왜란 발발 이전을 다룬『조선왕조실록』
에 모두 9건이 나온다.『세종실록』에 7건이 나오는데, 1건은 부교리
梁誠之(1415~1482)가 변방의 방어태세를 강조하면서 옛날 당나라
장수가 고구려와 백제를 평정한 일을 거론한 경우이므로,[26] 분석
대상이 아니다. 나머지 6건은 모두『세종실록지리지』에서 발견되는
데, 군현의 연혁을 설명하면서 당나라 장수가 고구려와 백제를
평정한 역사를 언급한 것이므로, 이들도 분석 대상에서 제외된다.
『세조실록』에 나오는 사례 또한 당나라 장수 薛仁貴(613~683)를
가리킨 표현이다.[27] 마지막 하나는『중종실록』에 나오는데,[28] 이것
이 명나라 장수를 칭한 유일한 사례이다.

반면에, 왜란 발발 이후를 다룬『선조실록』에는 154건의 기사
수가 보이고,『선조수정실록』에는 1건이 보이는데, 모두 왜란과
관련해 명나라 장수를 직접 가리켜 당장이라고 호칭한 사례이다.
이는 앞에서 다룬 당병의 경우와 마찬가지로, 조선 건국 이후에
조선에서는 명나라 장수를 가리켜 흔히 당장이라 불렀음을 알 수
있다. 사례 수가 왜란 발발을 전후해 현격한 차이를 보이는 이유
또한 앞의 경우와 마찬가지로 왜란 발발 이전에는 명나라 장수를
직접 언급할 만한 사안이 별로 없었기 때문으로 이해하는 편이
합리적일 것이다.

'한장'은 선조 대까지 도합 5건이 검색되지만, 명나라 장수를 가리

---

26)『세종실록』127권, 32년 1월 15일 신묘.
27)『세조실록』34권, 10년 9월 2일 임자.
28)『중종실록』104권, 39년 9월 21일 정사.

킨 사례는 하나도 없다. 앞에서 다룬 한병의 사례와 종합해 해석하자면, 조선시대에는 명나라 군대나 그 장수를 가리키는 호칭을 주로 당병이나 당장으로 사용했음을 알 수 있다. 한병과 한장도 사용했겠지만, 『조선왕조실록』에 극소수만 나오는 점으로 보아, 그 사용 빈도 면에서는 당병에 크게 못 미친 것으로 볼 수 있다.

그렇다면 '천장'의 용례는 어떠했을까? 단, 천장의 원문 검색은 주의를 요한다. 원문 검색에 걸려나오기는 하나, "하늘이 장차"[天將]라는 의미의 서술형으로 쓰인 경우가 적지 않을 뿐 아니라, 天將軍星과 같은 천문 관련 용어가 상당수 함께 검색되기 때문이다. 이런 사례들을 일일이 조사해 모두 제외하면, 왜란 발발 이전에 명나라 장수를 가리켜 천장으로 부른 사례는 하나도 없다.

반면, 왜란 발발 이후의 『선조실록』에는 727건, 『선조수정실록』에는 21건 등 모두 748건이 보여 극명한 대조를 이룬다. 물론 『선조실록』에 나오는 사례들 중에서도 송나라 장수를 가리키거나 천문과 관련되는 등 명나라 장수와는 무관한 사례가 거칠게 파악한 바로는 예닐곱 개 있다. 이들 사례는 분석 대상이 아니므로 제외하더라도, 명나라 장수를 가리켜 천장이라 표기한 사례는 왜란 발발 이후 선조 대에만 해도 740건 정도로 많다. 이로써 보면, 동시대 명나라 장수를 천장 곧 천조의 장수라는 의미로 칭한 사례는 조선왕조를 통시적으로 볼 때 사실상 임진왜란을 계기로 비로소 등장했고, 또한 그런 호칭이 비교적 짧은 시간에 매우 널리 퍼져 쓰였음을 짐작할 수 있다.

천장의 본딧말이라 할 수 있는 天朝將官의 용례 또한 왜란 발발 이전 시기에는 그 사례를 전혀 찾을 수 없다. 반면에, 전쟁 발발 이후의 『선조실록』에는 모두 87건이 나온다. 이 또한 바로 앞에서 다룬 천장 사례의 분포와 완벽하게 일치한다.

왜란 이전의 사례가 별로 없어 섣부른 추론은 위험할 수도 있지만, 그래도 명나라 장수를 비교적 객관적으로 호칭한 당장이라는 표현이 왜란 발발 이전의 『중종실록』에 1건이 보이는 데 비해, 천장은 사례가 전혀 없는 점에 주목할 필요가 있다. 왜란 발발 이후의 『선조실록』에 당장이라는 표현이 154건이나 보이는 점으로 미루어 볼 때, 왜란 발발 이전에도 명나라 장수를 가리켜 대개 당장이라고 불렀을 개연성이 높다. 단지, 명나라 장수를 직접 언급할 사안이 별로 없었기에 사례 수가 적을 뿐이다.

그런데 왜란 발발 이후 선조 대에는 천장과 천조장관을 합쳐 모두 827건으로 사례 수가 급증한다. 이 또한 전쟁으로 인해 명나라 장수를 직접 언급할 사안이 폭증한 데 따른 현상으로 볼 수 있다. 다만, 왜란 발발 이전에 명나라 장수를 가리켜 천장이라 부른 사례가 전혀 없는 점을 고려할 때, 왜란 발발 이후에 명나라 장수를 가리켜 당장으로 부른 사례 154건(16%)에 비해, 천장이나 천조장관이라 칭한 사례가 그 다섯 배가 넘는 827건(84%)에 달하는 사실은 왜란의 발발과 명나라의 참전을 계기로 명나라 장수를 부르는 조선인의 일반적인 호칭에 의미 있는 변화가 있었음을 보여준다. 즉 전통적인 호칭인 당장이 여전히 사용되면서도 천장이라는 새로운 호칭이 등장해 급속도로 널리 퍼졌음을 쉽게 알 수 있다는 것이다. 이런 변화 추세는 앞서 살핀 명나라 군대에 대한 호칭의 변화 추이와도 잘 부합한다.

그렇다면 동일한 호칭들이 『서애집』에서는 어떤 분포로 나타날까? 『서애집』을 검색하면, 기사의 숫자로 볼 때 당장이 16건, 한장이 2건, 천장(천조제장)이 27건으로 나타난다. 이를 『선조실록』의 사례 분포와 비교하기 위해 다시 정리하면, 당장이나 한장을 쓴 경우가 18건(40%)인데 비해, 천장을 사용한 사례는 27건(60%)으로 나타난다. 이런 사용 비율을 『선조실록』의 경우와 비교하면, 용어 선택의 비율에서 약간의 차이를 보인다. 왜란 발발 이후의 선조 대를 다룬 『조선왕조실록』에서는 당장이나 한장을 선택한 비율과 천장을 고른 비율이 11% 대 89%를 보여, 천장을 선호한 것이 두드러진다. 반면에, 『서애집』에서는 당장·한장과 천장이 40% 대 60%를 보여, 무시할 수 없는 차이를 보인다. 용례의 낱개 수로 보아도, 『서애집』에는 당장이 19건, 한장이 2건, 천장이 29건으로, 당장·한장과 천장의 비율이 42% 대 58%의 비를 보여 거의 유사하다. 그렇다면 이런 차이는 어떻게 설명할 수 있을까?

먼저, 류성룡은 동시대 지배엘리트들 내지는 관찬사서의 하나인 실록에 비해 명나라 장수 개인에 대해서는 객관적인 표현인 당장이라는 호칭을 명나라 장수를 극단적으로 높인 천장이라는 호칭보다 좀 더 적극적으로 사용했다고 풀이할 수 있다. 그런데 이런 사용 빈도는 앞서 살핀 명나라 군대를 집합적으로 칭하는 호칭들 가운데 당병·한병 대 천병의 비율이 20% 대 80%인 점과 비교해도 무시하기 어려운 차이를 보인다. 이점은 또 어떻게 해석할 수 있을까?

이런 차이는 『선조실록』 편찬에 관여한 조선 신료들에 비해 류성룡이 다소 다른 생각을 품었을 가능성을 시사해준다. 이를테면, 실록 편찬자들이 명나라 군대나 명나라 장수를 특별히 구분하지 않은 채 거의 일방적으로 그들의 호칭에 천(天)이라는 단어를 붙인

데 비해, 류성룡은 집단으로서의 군대를 부를 때와 장수 개인을 부를 때 그 호칭의 선택을 다소 달리했음을 유추할 수 있다. 즉 류성룡은 명나라 장수 개인을 지목해 부를 경우에는 웬만하면 되도록 당장이라는 객관적인 호칭을, 명나라 군대를 총칭할 때는 천병이라는 용어를 좀 더 적극적으로 사용한 것 같다.

이런 '미묘한' 차이는 전쟁 당시 조선국의 재상으로서 외교와 군무를 총지휘하는 위치에 있던 류성룡이기에 누란지세의 조선을 구해줄 명나라 군대 그 자체에 대해서는 비교적 우호적인 태도를 취한 반면에, 그 군대를 지휘하는 장수 개개인, 특히 오만하면서도 전투에 소극적인 태도로 일관한 명나라 장수 개개인에 대해서는 비교적 냉정하고도 차분한 입장을 견지했을 가능성이 높음을 시사해준다고 해석해도 큰 무리는 없을 것이다. 그렇지만 장수 개인에게도 천장을 쓴 비율이 60%를 넘으므로, 조선국 재상 류성룡의 생각이 동시대 지배엘리트들과 상당히 달랐다기보다는 유사했다고 풀이하는 편이 합당할 것이다. 전쟁 당시의 조선국 재상 류성룡은 한편으로는 조정 신료들의 생각을 수렴해 대표하면서도, 외교와 군무라는 실무를 담당하고 책임져야 하는 위치에 있던 재상으로서, 강경 목소리만 높이던 다른 신료들과는 달리 비교적 현실을 직시한 유연한 인식과 태도를 취한 것으로 풀이할 수 있다.

명나라 장수를 대하는 류성룡의 이런 태도는 『진사록』의 용례를 분석함으로써 시기별 변화가 있었음을 확인할 수 있다. 『진사록』에는 명나라 장수를 가리키는 용어로 당장과 천장을 섞어서 사용했는데, 당장이 37건(33%)이고 천장이 75건(67%)이다. 이것만 보면, 앞서의 해석과 별다른 차이를 알기 어렵다. 그런데 임진년(1592)과 계사년(1593) 이후로 시기를 나누어 분석하면 류성룡의 호칭 선택이 시기적으로 큰 변화를 겪었음을 간파할 수 있다. 즉 전쟁이 발발한 첫 해인 임진년에는 당장이 24건이며 천장을 사용한 사례는 하나도 없다. 이는 전쟁 발발 초기만 해도 류성룡은 명나라 장수를 전통적인 호칭인 당장으로만 불렀음을 의미한다. 그런데 계사년부터 그 이후에는 당장이 13건, 천장이 75건으로 드라마틱한 변화를 보인다. 이런 변화는 앞서 살핀 당나라 군대에 대한 호칭의 변화 추세와 정확히 일치한다.

요컨대, 명나라 장수를 부르는 호칭은 조선 건국 이후 전통적으로 당장이 거의 절대적이었는데, 왜란을 계기로 천장이라는 새로운 호칭이 등장해 급속도로 널리 퍼졌음을 알 수 있다. 조선국 재상 류성룡 또한 이런 추세에 따라, 전쟁 발발 직후에는 여전히 당장이라는 호칭을 사용했지만 전쟁이 장기화 될 조짐이 짙어진 1593년부터 천병이라는 호칭을 매우 선호했던 것이다.

V. 명나라 관리·사신의 호칭 사례 : 唐官, 漢官, 天使

명나라를 上國으로 보고 명나라가 담지한 유교적 중화문명을 인류문명의 절대 선으로 인식한 조선의 지배엘리트들은 무엇보다도 명나라 사신의 접대에 심혈을 기울였다. 그 연원을 정확히 알 수는 없으나 "칙사 대접하듯 한다."라는 말이 속담처럼 쓰인 점을 고려하면, 명나라 사신을 부르는 호칭에도 天자를 붙였음을 어렵지 않게 짐작할 수 있다. 실제로, 명나라의 일반 관원은 대개 唐官이나

漢官으로 부른 데 비해, 사신은 대개 天使로, 곧 천자의 사신이라는 의미로 불렀다.

'당관'의 용례(기사 수)는 왜란 발발 이전에『연산군일기』에 2건,『중종실록』에 42건,『명종실록』에 1건,『선조실록』에 4건 등 도합 51건이며, 모두 명나라 관원을 가리킨 호칭이다. 물론 이들 관원은 황제의 칙서나 조서를 갖고 온 사신이 아니라 대개 군사작전이나 越境 문제를 다루기 위해 특파된 관원을 칭한 경우이다. 중종 대(1506~1544)에 사례가 유독 몰려있는 이유는 당시 월경 문제가 두드러졌기 때문이다. 의주와 봉황성 사이에 존재하던 남북 80리 가량의 공백지가 점차 명나라의 영토로 편입되는 과정에서 월경과 주민 귀속 문제가 두드러진 시기가 바로 16세기 전반 중종 대였기 때문이다.

이런 '당관'의 사용례는 왜란 발발 이후에는『선조실록』에 109건,『선조수정실록』에 2건 등 모두 111건이 잡힌다. 그런데 이들 모두는 왜란과 관련해 조선 조정이 명나라 관원을 접촉하거나 북경 조정의 분위기에 대한 정보를 입수하는 과정에서 나타난다는 특징을 보인다. 또한 명나라 관원일지라도 조칙을 갖고 오는 정식 사신과 그렇지 않은 일반 관원인가에 따라 그 호칭에 큰 차이가 있다. 정식 사신은 주로 天使로 불렀기 때문인데, 이에 대해서는 바로 밑에서 천사를 다룰 때 상세히 설명할 것이다.

한편, 왜란 발발 이전에 명나라 관원을 漢官으로 칭한 사례도 있다. 원문 검색을 하면, 명나라 관료가 북경에서 조선 사신을 만나 직접 지어준 시구에 나오는 사례,[29] 원나라 조정에 등용된 한인 관리라는 의미로 쓰인 사례,[30] 세조 때의 건주위 원정 당시의 전황 파악을 위해 요동에 파견된 명나라 관리를 칭한 예[31] 등 모두 3건이다. 그런데 이들 모두는 조선인 스스로 명나라 관원을 칭한 사례가 아니기에 분석 대상이 아니다. 즉 왜란 발발 이전의『조선왕조실록』에는 명나라 관원을 가리켜 한관으로 칭한 사례가 없다. 그런데 왜란 발발 이후의 선조 대에는『선조실록』에 6건,『선조수정실록』에 3건 등 모두 9건이 나온다. 이 가운데『선조실록』에 보이는 3건은 명나라 측에서 조선에 보낸 자문에 나오거나 명나라 사신이 한 말 속에 보이므로 분석 대상이 아니다. 이 3건을 제외하면 조선인이 스스로 명나라 관원을 한관으로 칭한 사례는 전쟁 발발 이후 선조 대에 모두 6건이다.

이로써 보면, 앞서 살핀 명나라 군대나 장수에 대한 호칭 사례와 마찬가지로, 명나라 관원에 대한 호칭 또한 주로 唐자를 넣어 당관이라고 표현했음을 쉽게 파악할 수 있다. 또한 이런 추세는 왜란 발발 이후에도 여전했던 것으로 받아들일 수 있다. 다만, 당관의 사용 빈도에는 못 미칠지라도 한관이라는 호칭도 왜란 발발 전후를 관통해 꾸준히 사용되었을 것임을 미루어 짐작할 수 있다.

그런데 天使라는 용어는 왜란 발발 이전에도 널리 쓰인 것으로 보여, 앞서 살핀 천병이나 천장이 왜란 발발과 명나라의 참전을 계기로 급속히 퍼진 경우와는 다른 모습을 보인다. 우선 천사의 용례를 살피기 전에 天官이라는 표현의 용례를 짚어볼 필요가 있는데, 왜란 발발 이전에 명나라 관원을 가리켜 천관이라 칭한 사례는

---

29)『세종실록』64권, 16년 4월 2일 기유.

30)『세조실록』1권, 1년 7월 5일 무인.

31)『세조실록』44권, 13년 10월 24일 병진.

전혀 없다. 검색 결과는 적지 않게 나오지만, 모두 吏曹의 별칭으로 쓰였을 뿐이며, 명나라 관리나 사신을 칭하는 용어로는 전혀 쓰이지 않았다.

명나라 사신은 천관이 아니라 天使로 불렸는데, 이에 대한 사용례를 왕대별로 보면, 태조(1), 태종(48), 세종(44), 문종(3), 단종(2), 세조(11), 성종(530), 연산군(177), 중종(943), 인종(83), 명종(173), 선조(705), 선조수정(18) 등과 같다. 이를 왜란 발발 전후로 나누어 보면, 전쟁 발발 전까지는 명종 대까지의 2,015건과『선조실록』의 59건 및『선조수정실록』의 5건을 합쳐 모두 2,079건이다. 이는 왜란 발발과 무관하게 조선 건국 당시부터 조선에서는 명나라 사신을 천편일률적으로 천사로 불렀음을 의미한다.

이에 비해, 왜란 발발 이후 선조 대에는『선조실록』의 646건과 『선조수정실록』의 13건 등 모두 659건이다. 이런 빈도는 명나라 사신을 지칭하는 용어에 대해서만큼은 왜란 발발이 아무런 변화를 초래하지 않았음을 분명히 보여준다. 앞서 살핀 명나라 군대나 명나라 장수에 대한 호칭에서는 왜란 발발을 계기로 天자의 사용이 현격하게 증가한 데 비해, 조칙을 휴대한 명나라 사신에 대해서만큼은 건국 이후부터 줄곧 천자의 사신이라는 의미의 천사라는 호칭을 사용했음이 여실히 드러나기 때문이다. 이로써 보면, 명나라 사람에 대한 호칭이 왜란 발발 이전까지만 해도 조사나 칙사에 대해서만 天자를 붙인 데 비해, 왜란 발발 이후에는 그 대상 범위를 넓혀 명나라 군대나 일개 장수에 대해서도 天자를 붙였음을 간파할 수 있다. 이는 명나라에 대한 조선의 정치적·군사적·정신적 의존이 왜란을 계기로 그만큼 깊어졌음을 의미한다고 해석할 수 있다.

그렇다면 같은 용어가 『서애집』에서는 어떤 비율로 나타날까? 문건 수로 볼 때, 『서애집』에서는 당관이 1건, 한관이 1건, 천사가 16건 등 모두 18건을 확인할 수 있다. 사례의 낱개 수로 보면, 당관이 1건, 한관이 1건, 천사가 32건으로, 대동소이하다. 즉 정식 사신인 경우에는 예외 없이 천사로 호칭했던 것이다. 이런 전통이 국초부터 엄정했기에, 류성룡도 이를 충실히 따랐고, 그 결과가 저런 100%의 비율로 나타났다고 할 수 있다. 이는 『진사록』의 용례를 분석해도 마찬가지로 재확인할 수 있다. 조칙이나 칙서를 휴대하고 조선에 온 명나라 사신을 천사가 아닌 다른 용어로 부른 사례는 전혀 없다. 결국, 조선국의 재상으로서 류성룡이 취한, 그리고 취해야 했던 지극히 정상적인 태도를 명나라 사신에 대한 호칭인 천사를 통해 분명히 확인할 수 있다.

VI. 명나라 사람의 호칭 사례 : 唐人, 漢人, 天朝人

지금까지 명나라 사람을 직위별로 살폈다면, 이번에는 명나라 사람 전체를 일반적으로 칭한 용어를 살피고자 한다. 사신이건 장수이건 명나라를 대표해 조선에 온 사람들에 대한 호칭은 그들의 나라인 명나라 사람 전체에 대한 일반적인 호칭과 불가분의 관계에 있을 것임이 자명하기 때문이다. 이 관련 호칭으로는 唐人, 漢人, 天朝人 등을 꼽을 수 있다.

조선에서 명나라 사람을 일반적으로 부를 때 사용한 호칭으로 '당인'은 왜란 발발 이전 시기의 『선조실록』에 나오는 6건을 포함해 모두 875건이 있는데, 조선전기(15~16세기) 근 200년에 걸쳐 고르게 분포한다. 이 전체 검색 결과를 일일이 확인하지는 않았으나, 실제 당나라 사람을 가리키는 의미로 사용된 사례 몇몇을 제외하더라도, 명나라 사람을 당인으로 호칭한 기사 수는 아무리 적게 잡아도 800건을 훌쩍 상회한다. 이는 앞서 살핀 당병이나 당장의 사용례와 마찬가지로, 왜란 발발과 상관없이 조선 건국 시기부터 조선에서는 명나라 사람을 흔히 당인으로 불렀음을 분명하게 보여준다. 이런 추세는 왜란 발발 이후에도 그대로 이어져, 왜란 발발 이후 시기의 『선조실록』에서 248건이, 『선조수정실록』에서 1건을 찾을 수 있다.

'한인'의 경우, 왜란 발발 이전 시기의 사례는 『선조실록』의 1건과 『선조수정실록』의 2건을 포함해 모두 124건으로, 이 또한 15~16세기에 두루 걸쳐 비교적 고르게 분포한다. 왜란 발발 이후의 사례도 『선조실록』에 5건, 『선조수정실록』의 3건 등 모두 8건을 찾을 수 있다. 이로써 보면, 조선 건국 시기부터 조선에서는 명나라 사람을 흔히 당인이나 한인으로 부르되, 앞서 살핀 당병이나 당장의 경우와 비슷하게, 주로 당인으로 불렀음을 간파할 수 있다.

이에 비해 '천조인'의 사례 분포는 매우 달라, 좋은 대조를 보인다. 왜란 발발 이전 실록에서 명나라 사람을 천조인으로 부른 사례는 『중종실록』에서 국왕 중종이 사용한 사례[32] 1건뿐이며, 다른 사례는 없다. 반면에, 왜란 발발 이후를 다룬 『선조실록』에는 62건, 『선조수정실록』에는 1건이 있어, 사용 사례의 분포가 왜란 발발을 분기점으로 삼아 시기적으로 극명한 대조를 이룬다. 같은 의미의

---

32) 『중종실록』 86권, 32년 12월 12일 정사.

天朝之人도 같은 분포 추세를 보인다. 왜란 발발 이전에는 사례가 나오지 않으며, 발발 이후의 『선조실록』에서만 47건이나 검색된다.

이런 검색 결과를 놓고 볼 때, 국왕을 포함한 조선의 지배엘리트들은 건국 이래 중화국가 명나라에 대한 사대정책과 의존도를 계속 높이고는 있었지만, 그래도 왜란 발발 이전까지는 명나라 사람들을 비교적 객관적인 용어인 당인이나 한인으로 부르는 것이 절대적 대세였음을 알 수 있다. 그러던 것이 왜란 발발과 명나라의 참전을 분기점으로 해서 천조(지)인으로 칭하는 현상이 사실상 새롭게 등장했고, 그 사용 빈도에서도 기존의 당인을 압도했다고 이해할 수 있다. 이런 추이는 앞서 살핀 다른 호칭들이 왜란의 발발을 계기로 괄목할 만하게 변한 추이와 정확히 일치한다.

그런데 이들 호칭을 『서애집』에서 검색한 결과는 놀라우면서도 흥미롭다. 문건 수로 보면, 당인이 11건, 한인이 5건인데 비해, 천조인은 하나의 사례도 없기 때문이다. 낱개 수로 보아도, 당인이 13건이고 한인이 5건인 데 비해 천조인은 전혀 나타나지 않는다. 이를 더 정확히 분석하기 위해 『진사록』의 사례를 낱개 수로 보면, 당인이 26건이고 한인이 1건인 데 비해, 천조인은 역시 전혀 없다. 이런 사용례는 당병을 천병으로, 당장을 천장으로 특별히 높여 부르기 시작한 계사년(1593) 이후에도 류성룡은 일반적인 명나라 사람을 가리켜 천조인이라는 호칭을 전혀 사용하지 않았음을 의미한다.

천조인을 거의 사용하지 않은 류성룡의 태도는 어떻게 해석할 수 있을까? 류성룡은 명나라의 공식 직함을 갖고 조선의 상황에 직접 개입한 인물에 대해서는 비교적 天자를 붙여 부르는 데 별로 부정적이지 않았으나, 조선과 직접 관련이 약한 일반적인 명나라

116

사람에 대한 호칭에는 天자를 함부로 붙이지 않았던 것 같다. 누란지세의 위기에 처한 조선의 군무와 외교를 전담하다시피 한 재상 류성룡은 명나라 군대나 장수, 그리고 사신에 대해서는 나라를 대표해 최대한 예의를 표하고 높이 대우함으로써 그들의 마음을 사서 조선의 위기를 돌파하는 데 도움을 얻으려 한 반면에, 이런 국가 사안과 큰 관련이 없는 일반 명나라 사람에 대해서는 함부로 호칭을 높이지 않음으로써 조선국의 재상으로서 체통을 중시했다는 해석이 가능할 것이다.

VII. 맺음말

16세기 말 동아시아 국제정세는 기존의 명질서가 쇠퇴하면서 군웅할거의 조짐을 가시적으로 보이고 있었다. 비유하자면, 마치 춘추전국시대로 접어들 것 같은 조짐이 가시적으로 나타난 시기로, 단순한 할거의 상태를 넘어 북경을 중심으로 한 명질서에 정면 도전하여 자웅을 겨루려는 야심가들이 군사력을 강화하던 시기였다. 1590년에 발생한 임진왜란(1592~1598)이나 만주족의 중원 정복을 예시해준 17세기 전반의 '요동전쟁'(1618~1622),[33] 정묘호란(1627), 병자호란

---

33) '요동전쟁'이란 1618년부터 1622년까지 전개된 후금의 요동 장악 과정을 한 시기로 묶기 위해 필자가 만든 용어이다. 후금의 요동 장악은 동아시아 정세 변화에 결정적인 계기가 되지만, 아직까지 이 전쟁을 특별히 가리키는 용어가 없어 불편했다. 대개 '入關前'이라는 큰 시기에 포함시키거나, 또는 명·조선의 후금 원정이 참패로 끝나는 사르허 전투(1619)에만 주목했다. 그러나 요동을 둘러싼 전쟁이 5년간 지속된 점, 이 기간 중에 벌어진 숱한 전투들 가운데 하나인 사르허 전투가 이 5년간의 시기를 총괄하여

(1636~1637) 등은 그런 움직임이 대규모 군사작전을 통해 실제로 표출된 사건이라 할 수 있다.

이렇듯 국제질서 변동의 시발점을 기록한 왜란을 맞아, 국왕을 포함한 조선의 모든 지배엘리트들은 명나라의 도움에 전적으로 의지할 수밖에 없는 처지였고, 실제로 명나라와의 관계에 국운을 걸고 '올인'하였다. 이런 과정에서 필연적으로 명나라에 대한 의존도가 극단적으로 높아질 수밖에 없었고, 이는 명나라 사람들을 부르던 호칭의 변화에도 큰 영향을 끼쳤다. 왜란 발발 이전에는 명나라 관련 호칭에 唐이나 漢과 같이 비교적 객관적인 표현이 주로 쓰인 데 비해, 임진왜란이라는 누란지세의 국가 위기와 명나라의 참전을 계기로 명나라 관련 호칭에 天이라는 표현이 본격적으로 등장해 기존의 '당'이나 '한'을 급속도로 대체해버렸던 것이다. 이는 왜란의 발발과 명나라의 참전을 계기로 명나라를 極尊한 조선인의 태도를 잘 보여준다.

조선국 재상 류성룡도 이런 변화의 추세를 대체로 따름으로써 동시대 지배엘리트들의 일반적 태도를 수렴하는 대표성을 보였다. 다만, 그러면서도 다른 한편으로는 그런 변화의 추세를 직접 주도하기보다는 오히려 전통적 호칭을 새로운 호칭으로 바꾸는 데에 그다지 적극적이지는 않았다. 특히 류성룡은 조선국의 재상으로서 조선

대표할 수 없는 점, 1623년부터는 후금이 잠시 팽창을 멈춘 점, 이후의 전투는 대개 요서 지역에서 벌어진 점 등을 고려할 때, 17세기 전반 후금의 요동 장악이 갖는 지정학적 중요성을 부각시키기 위해 이 과정을 '요동전쟁'이라 불러도 무방하리라 생각한다. 조선 입장에서 보아도, 광해군 대를 수놓은 치열한 외교노선 논쟁 기간(1618~1622)은 바로 이 '요동전쟁' 기간과 정확히 일치한다.

의 체통에도 세심한 주의를 기울인 것으로 보이는데, 이는 조선의 사안에 깊이 개입한 명나라의 정식 관원에 대해서는 그 호칭에 天자를 붙여 최대한 존대하면서도, 그렇지 않은 일반적인 명나라 사람에 대한 호칭에는 天자를 전혀 붙이지 않은 채 전통적으로 부른 점에서 잘 알 수 있다. 이는 류성룡의 특별성이라 할 수 있다.

결국, 왜란 기간에 류성룡이 보인 명나라 사람들에 대한 인식과 태도는 그 호칭을 통해 상당 부분 드러났다고 할 수 있는데, 그는 동시대 조선 지배엘리트들의 인식을 대표하면서도 일반적인 추세에 단순히 휘둘리기보다는 재상으로서 나름대로 분명한 기준을 갖고 있었음을 미루어 짐작할 수 있다. 곧 명나라 사람들에 대한 호칭을 통해 드러난 류성룡의 명나라 인식은 시대적 대표성과 함께 특별성을 함께 갖는다고 할 수 있다.

참고문헌

『국역 서애전서』, 서애선생기념사업회, 2009.
『西厓集』, 한국고전번역원 온라인 자료.
『栗谷全書』, 성균관대학교 대동문화연구원, 1958.
『朝鮮王朝實錄』, 국사편찬위원회 온라인 자료.
『退溪全書』(증보), 성균관대학교 대동문화연구원, 1975.

계승범, 「파병 논의를 통해 본 조선전기 대명관의 변화」, 『대동문화연구』 53, 2006.
계승범, 「임진왜란과 누르하치」, 『임진왜란 : 동아시아 삼국전쟁』, 휴머니스트, 2007.

계승범,「조선 특사의 후금 방문과 명질서의 균열」, 서강대학교 동양사학연구실
　　편,『한중관계 2000년 : 동행과 공유의 역사』, 소나무, 2008.
계승범,「계해정변(인조반정)의 명분과 그 인식의 변화」,『남명학연구』26,
　　2008.
계승범,「조선후기 중화론의 이면과 그 유산 : 명·청 관련 호칭의 변화를 중심으
　　로」,『한국사학사학보』19, 2009.
계승범,『조선시대 해외파병과 한중관계』, 푸른역사, 2009.
계승범,『정지된 시간 : 조선의 대보단과 근대의 문턱』, 서강대학교출판부,
　　2011.
계승범,「조선시대 의병의 개념과 임진의병」,『서강인문논총』33, 2012.
계승범,『중종의 시대 : 조선의 유교화와 사림운동』, 역사비평사, 2014.
김호종,『서애 류성룡 연구』, 새누리, 1994.
김호종,「서애 류성룡의 일본에 대한 인식과 그 대응책」,『대구사학』78, 2005.
방기철,「1592년 일본의 조선 침략에 대한 류성룡의 시각과 대응」,『군사』
　　69, 국방부 군사편찬연구소, 2008.
송　복,『위대한 만남 : 서애 류성룡』, 지식마당, 2007.
이성무 외,『류성룡의 학술과 경륜』, 태학사, 2008.
이　욱,『조선시대 재난과 국가의례』, 창비, 2009.
이재호 외,『서애 류성룡의 경세사상과 구국정책』상·하, 책보출판사, 2005.
한명기,「임진왜란시기 류성룡의 외교활동」,『류성룡의 학술과 경륜』, 태학사,
　　2008.
한형주,『조선초기 국가제례 연구』, 일조각, 2002.

김학수

17세기 西厓 柳成龍가의 학풍과 그 계승 양상

Ⅰ. 머리말

이 글은 조선후기 영남 사림 및 학파에서 정치·사회·학문적으로 강력한 영향력을 행사했던 풍산 류씨 西厓 柳成龍 집안의 학풍과 그 계승 양상을 검토하는 데 목적이 있다. 지금까지 류성룡에 대해서는 정치·경제·사상·문학·군사 등 다방면에서 연구가 진행되어 상당한 성과를 거두었으며, 류성룡 집안의 사회·경제적 존재양상에 대해서도 일정한 연구가 이루어졌다.[1]

특히 사상사 영역에서는 류성룡과 퇴계학파의 관련성을 비롯하여 양명학, 불교 등과 관련된 지식 체계의 다양성 등이 정밀하게 검토됨으로써 류성룡의 사상사적 위치에 대한 이해의 폭이 한층 확장되었다.

본고는 일련의 선행연구 성과를 바탕으로 하여 연구의 초점을 류성룡이라는 '개인', 退溪學派라는 학문·사회적 '집단'보다는 '家學'에 맞추고자 한다. 즉, 학파적 틀 속에서 류성룡의 학문이 사회적으로 전파되고, 또 계승되었는가를 분석하는 것도 중요하지만 집안 내부에서 자손들에게 어떻게 전수되었고, 또 그것이 '家學' 또는

---

1) 가장 최근의 종합적 연구로는 이성무·이태진·정만조·이헌창, 『서애 류성룡의 학술과 경륜』, 태학사, 2007을 들 수 있다.

'家風'의 확립에 어떤 영향을 미쳤는가를 탐색하는 것이야말로 조선 시대 '가'의 학문·지성적 존재양상을 이해하는 요체라 생각한다. 이 점에서 본고는 가학연구의 필요성을 제기하는 시론적 연구라고 도 할 수 있을 것이다.

이른바 '西厓家學'은 류성룡을 정점으로 형성된 일문의 학풍을 뜻하지만, 이에 대한 보다 세밀한 이해를 위해서는 일문의 학문적 연원에 대한 분석이 필요하다는 판단에서 II장에서는 류성룡 선대 의 학문적 경향을 개관했다. III장에서는 서애가학의 골격을 이루는 류성룡의 학문 경향을 선행 연구에 바탕하여 정리하였으며, IV장에 서는 17세기 서애가학의 전개 양상을 계승과 변화의 관점에서 서술 하고자 한다.

II. 서애가학의 연원과 계통 :
『豊山柳氏家學淵源錄』을 중심으로

1.『풍산류씨가학연원록』의 성격

류성룡가의 가학(이하 서애가학으로 약칭)의 흐름과 계통을 파악 함에 있어 지침이 되는 문헌으로는 柳膺睦(1841~1921)이 1902년에 편찬한『豊山柳氏家學淵源錄』을 꼽을 수 있다. 이 문헌은 비록 公刊 되지는 못하고 필사본으로 전하고 있지만[2] 류성룡가의 학문연원과

---

2) 필자가 활용한 것은 풍산 출신의 柳成龍 門人 安聊壽 종가 소장본이며, 한국학중앙연구원에서 발간한『古文書集成』43 - 安東 葛田 順興安氏篇 -

그 가닥을 살핌에 있어 줄기가 되는 자료임에 분명하다.

『풍산류씨가학연원록』의 편찬자 류응목은 류성룡의 9세손으로 안동 하회 출신이다. 性理學·禮學을 비롯하여 역법 및 복식에도 조예가 깊은 학자였으며,[3] 을미사변 당시에는 열읍에 격문을 돌려 일제의 만행에 대응할 것을 촉구하는 등 행동하는 지식인으로서의 역동적인 면모를 보이기도 했다.

류응목이 『풍산류씨가학연원록』을 편찬한 배경은 무엇일까? 이에 대한 해답을 구하기 위해서는 이 문헌의 체제와 성격부터 살펴볼 필요가 있을 것 같다. 『풍산류씨가학연원록』은 「가학연원세계도」와 이 세계도에 실린 인물들의 '略傳'으로 구성되어 있다. 대상 인물은 柳仲郢·景深·贇·仲淹에서 19세기 활동한 류이좌까지 총 19명이며, 학문 세대로는 10세를 구성하고 있다. 류중영에서 류이좌까지가 정확하게 10세인데, 이는 이 연원록이 풍산 류씨의 면면한 가학 계승의 양상을 드러내는 데 주안점을 두고 편찬되었음을 의미한다. 즉 류응목은 풍산 류씨 일문을 '학문과 문장을 세세로 전하며 이를 가학화 해 온 학자집안'으로서의 위상을 제고하려는 의도에서 이 책을 편찬한 것으로 해석할 수 있다.

풍산 류씨 일문 중에서도 그가 주목한 것은 자신이 속한 류중영 계통이었고, 그 중에서도 류성룡 가계가 초점을 이루고 있었다. 비록 『풍산류씨가학연원록』은 류중영의 종제인 류경심·중엄, 재종제인 류빈을 포괄하고 있지만 류중영→ 류성룡으로 이어지는 계통의 가학 연원 및 갈래를 정리하는 데 궁극적인 목적이 있었음을

에 영인·수록되어 있다.

3) 柳膺睦, 『鶴山集』 참조.

뜻했다.4) 이처럼『풍산류씨가학연원록』은 류성룡~류이좌에 이르
는 '서애가학'을 골자로 하는데, 이를 도식화하면 다음과 같다.

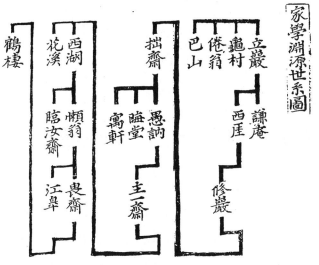

「가학연원세계도」 류응목,『풍산류씨가학연원록』

〈그림 1〉 서애가학의 계통도

---

4) 류중영의 장자 柳雲龍 계열에서『풍산류씨가학연원록』에 수록된 인물은
류운룡과 그 증손인 柳世哲·世鳴 형제 등 총 3인에 지나지 않는다.

柳後章(1650~1706)
🔱
柳聖和(1668~1748)
🔱
柳㴙(1701~1786)·柳潅(1730~1806)
🔱
柳宗春(1720~1795)·柳尋春(1762~1834)
🔱
柳台佐(1763~1837)

2. 조선초기 풍산류문의 학풍과 서애가학의 태동

서애가학은 사실상 퇴계학을 전제로 설정되어 있는데, 이는 이황이라는 학문적 深淵에서 자신들의 가학이 발원했음을 인식하고 있었음을 의미했다. 류성룡이 이황의 고제였음은 차치하고라도 퇴계문인이 아닌 류중영의 약전에 『주자서절요』의 간행 사실을 특서한 것과[5] 「家學淵源世系圖」에서 공자문하의 안자에 비견된 이황의 애제자 류중엄을 류중영과 병렬 배치한 것도 퇴계학과의 연관성을 강조하기 위함으로 해석된다.

『풍산류씨가학연원록』에 나타난 이러한 인식은 서애가학의 대체를 이해하는 데에는 무리가 없지만 퇴계학이라는 학문권력이 영남의 학계를 확고하게 장악한 조선후기의 상황을 대변한다는 점에서는 일정한 한계가 따른다. 이점에서 필자는 이른바 '서애가학' 속으로 유입된 학문적 물줄기를 좀 더 광범위하게 수렴할 필요가 있다고

---

5) 柳膺睦, 『豊山柳氏家學淵源錄』, 〈立巖(柳仲郢)〉, "持西海節 印朱子書節要 又莅定州時 捐廩鋟梓 以圖久遠 此書之有板本 實始於是矣."

본다.

예컨대, 류성룡의 5대조 류홍과 김종직과의 관계, 고조 류소와 권근과의 관계, 류온과 김계행과의 관계 등을 비롯하여 이연경·박영·이자·조식·노수신·정유길·정구·장현광 등 다양한 인물들과의 관계성 속에서 그 갈래를 추적해야 하는 것이다. 물론 이들과의 관계가 가학연원의 기축을 바꿀 만큼 영향을 미친 것은 아니라 할지라도 때로 주변에 대한 폭넓은 이해는 핵심을 더욱 도드라지게 할 수 있다고 본다.

아울러 서애가학의 양상을 분석함에 있어 유념할 것은 공간에 대한 이해이다. '서애가문=안동 하회'라는 등식구조는 조선후기에 적용될 수 있는 일반성이다. 류성룡이 수학기를 비롯하여 일생의 상당 기간을 서울에서 보냈음은 주지의 사실이며, 이런 경향은 선대 이래의 집안의 전통이기도 했다. 5대조 류홍, 증조 류자온, 조부 류공작이 서울에서 거주·수학한 사실은 서애가문의 학술문화적 전통과 관련하여 많은 것을 시사하고 있다. 여기서는 이런 문제의식을 바탕으로 조선초기 풍산류문의 학풍을 시간과 공간의 유기적 관계 속에서 진단함으로써 서애가학이 어떤 과정을 거치면서 結晶되어 갔는지를 살펴보기로 한다.

안동부 풍산현의 토성이었던 풍산 류씨가 과환 등을 통해 사회적 신장을 도모하기 시작한 것은 류성룡의 9대조 柳栢 대였다. 류백은 고려후기인 1290년(충렬왕 16)에 풍산 류씨 최초로 문과에 합격한 인물이었다.[6] 비록 환력은 자세하지 않지만 그의 등과는 풍산 류씨

---

6) 『古文書集成』 18 - 河回 豊山柳氏篇(Ⅳ), 「終天永慕錄草本」(柳成龍著)에 따르면, 류성룡은 자신의 질서 盧景任이 참판 柳希霖으로부터 입수한

의 사회적 시각이 풍산이라는 지역적 틀을 넘어 중앙의 관계를 향해 있었음을 간파하는 실마리가 된다는 점에서 그 의미가 특별했다. 특히 류백은 풍산 김씨 출신의 金盒을 사위로 맞았는데, 이 혼사는 양가의 혈연적 유대 강화를 넘어 학연으로 발전하게 된다.7)

한편 풍산 류씨는 류성룡의 6대조 柳從惠 대에 이르러 문호를 더욱 확충하게 된다. 우선 류종혜는 공조전서를 지냄으로써 일가의 환력을 크게 고양시켰고, 천혜의 길지 하회에 정거함으로써 서애가문의 터전을 확립하였다.8)

登科錄에 근거하여 류백의 급제 사실을 증명했고, 1290년(충렬왕 16) 당시의 榜目을 부록 형식으로 전재하여 기록의 객관성을 기했다.

7) 류백의 사위 金盒은 군수를 지냈으나 6세손 金陽鎭(文科 : 判書)과 5세손 金義貞(文科 : 修撰)대에 이르면 문호가 비약적으로 신장되었다. 김양진은 학식과 문장이 뛰어났을 뿐만 아니라 金胤宗(李德馨의 외증조)·李浚慶 등 학계 및 관계의 준재들을 사위로 맞아 가격을 더욱 확충했다. 李浚慶→ 盧守愼→ 柳成龍→ 李元翼→ 許穆→ 蔡濟恭으로 이어지는 계통인 조선중후기 남인계 재상의 계승구조도 이러한 직간접적인 인척 관계와 연관지어 살펴볼 필요가 있다.(김학수, 「李元翼의 학자·관료적 삶과 조선후기 南人學統에서의 위상」, 『退溪學報』 133, 退溪學硏究院, 2013, 이원익논고) 한편 풍산 김씨는 金揚震의 현손 대에 이르면 영남학파의 핵심 가문으로 도약하게 되는데, 류성룡의 고제로서 17세기 중반 西厓學派를 이끌었던 金應祖가 바로 그 대표적 존재이다. 결국 풍산 류씨와 풍산 김씨는 혼맥을 통해 세의를 맺었고, 류성룡 대에는 이를 학연으로 확대·발전시키면서 굳건한 유대를 지속하게 되는 것이다.(김학수, 「17세기 嶺南學派 연구」, 한국학중앙연구원 한국학대학원 박사학위논문, 2008)

8) 류종혜는 당초 풍산 縣內에 거주하다 중년 무렵에 하회로 이거했다. 이때 그는 전서를 지낸 친구 裵尙恭에게 토지와 집을 할양하여 하회에서 함께 거주함으로써 세인으로부터 '두 전서(二典書)'로 일컬어지기도 했다. 이 과정에서 하회는 裵尙恭·裵素 부자의 거주지가 되었고, 배소가 權雍을 사위로 맞음으로써 다시 권씨의 터전이 되었다가 류종혜의 손자 柳沼(류성룡의 고조)가 권옹의 사위가 되어 터전을 물려받으면서 다시 류씨의 세거지가 되어 지금에 이르고 있다. 참고로 풍산 현내에 있던 류종혜의 舊居는 손서 金三友에게 전계되어 안동 김씨 집안의 세거지가 되었다.(『古文

128

앞에서 언급한 바와 같이 류종혜의 현관직 수행과 하회 定居는 류씨 일문의 사회적 지위의 상승과 그에 따른 거주 공간의 확대라는 메리트를 수반했고, 그런 바탕 위에서 류종혜는 당대 유수의 명가들과 혼척을 맺으며 인적 연계망을 확대해갔다.

아들 柳洪과 선산 김씨(초취)·창녕 조씨(재취)와의 혼인은 그 단적인 예였다. 류홍은 군직인 좌군사정에 그쳤지만 선산 김씨 金琯의 사위가 됨으로써 15세기 영남사림파의 핵심 인물인 김숙자·종직 부자와 인척관계를 형성하게 된다. 즉, 류홍은 김숙자에게는 자형이 되고, 김종직에게는 고모부가 되었으므로 혼맥을 통해 사림파의 학풍을 접했을 가능성은 매우 크다. 사림파의 중진으로서 무오사화의 여파로 유배된 曺偉가 김종직의 처남이란 사실도 처가를 중심으로 구축되어 있었던 류홍의 교류망을 이해하는 데 참조가 된다. 물론 류홍은 선산 김씨와의 사이에서 1남 1녀(柳野居·金三友)를 두었고, 2남인 류소는 창녕 조씨 소생이었으므로 선산 김씨와 서애가문은 혈연적인 연관성은 없다. 그러나 혼맥에 기반한 류홍의 사회·학문적 교유관계가 류씨 일문의 가학적 전통에 상당한 영향을 미쳤을 가능성은 얼마든지 있다. 예컨대, 류진이 1631년 합천현감 재직시에 야로현 소재 김종직의 사당에 官田을 지급하는 조처를 내린 것은[9] 존현을 넘어 세의에 바탕한 일종의 연원의식의 소산으로 보는 것이 합당할 것 같다.

書集成』 18 - 河回 豊山柳氏篇(Ⅳ),「終天永慕錄草本」(柳成龍著)〈柳從惠條〉)
9) 柳袗,『修巖集』 권3,〈佔畢齋金先生廟前官田許給文〉.

<그림 2> 柳洪 혼척도 : 선산 김씨(초취)

金綰 ⇒ 金叔滋 ⇒ 金宗碩
⇒ 金宗直(佔畢齋)
⇒ 女 柳洪 ⇒ 柳野居

한편 류홍의 재취 창녕 조씨 집안 역시 당대의 문벌이었다. 처부 조상보는 별장 벼슬에 그쳤지만 고려말 문과 출신이었던 처조부 조신충은 李崇仁·李穡·河崙 등 엘리트 사대부들과 교유한 명사였고, 처증조 조익청은 공민왕조에 좌정승을 지내고 하성부원군에 봉해진 현달한 인물이었다.

<그림 3> 류홍 혼척도 : 창녕 조씨(재취)

曹益清 ─── 曹信忠 ─┬─ 曹尚輔 ─── 女 柳洪 ─── 柳沼
                   ├─ 曹尚治
                   └─ 曹尚明

이처럼 류종혜는 자신의 현달을 계기로 자녀들의 혼반을 격상시킬 수 있었고, 그 결과로서 조선초기 영남사림파의 핵심집안인 선산 김씨 강호-점필재가문, 재상가의 반열에 있던 창녕 조씨 조익청-신충가문과 통혼할 수 있었던 것이다.

류홍은 서반 하급직에 그쳐 관료로는 현달치 못했지만 어린 시절에 서울에서 생활하는 등 사회적 경험, 특히 都會文化에 대한 적응성이 높은 사람이었다. 이는 당시 풍산 류씨가 서울생활을 유지할 만큼 경제적 여건을 갖추고 있었음을 의미하며, 이런 전통은 류성룡에게까지 그대로 이어졌다. 즉, 풍산 류씨는 안동에 기반을 둔 사족이면서도 조선초기에 이미 서울을 중심으로 유통되는 지식 문화적 정보를 체험·습득하여 사대부 내지는 지식인으로서의 소양을 쌓아가는 전통을 만들어가고 있었다고 할 수 있다.

　다소 일화적이지만, 서울 생활을 하던 류홍은 벼슬하여 출세하면 명을 재촉한다는 점술가의 말에 따라 안동으로 낙향하게 된다. 거기서 그는 治山에 주력하여 집안의 경제력을 크게 확충하는 한편으로 효의 실천과 恭勤한 처신을 통해 주위의 인심 또한 얻었다고 한다.[10] 그가 확충한 가산의 규모를 구체적으로 확인할 길은 없지만 아래의 기사는 그 대략을 짐작하기에 부족함이 없다.

　　대현 밖에 따로이 農舍를 지었으며 林亭이 큰 들에 임해 있어 10여리를 내다 볼 수 있었다. 공은 봄여름과 가을의 대부분을 정자 위에서 농사짓는 것을 내려다보았고, 술과 음식을 마련하여 그 앞을 지나는 이가 있으면 반드시 맞이하여 배불리 먹고 마시게 해서 보내는 것을 일상으로 삼았다.[11]

　류홍 대에 마련된 탄탄한 경제적 기반은 자손들의 사회학문적 성향에 밑거름이 되기에 충분했다. 아들 류소는 권옹의 사위가 되어 조부 류종혜가 터를 잡은 하회로 환거함으로써 풍산 류씨의

---

10)『古文書集成』18 - 河回 豊山柳氏篇(Ⅳ),「終天永慕錄草本」(柳成龍著)〈柳洪條〉,"居家力於稼穡 見人無少長貴賤 待之恭勤 … 晚年家業甚饒 … 年八十六終 人以爲積善之報云."

11)『古文書集成』18 - 河回 豊山柳氏篇(Ⅳ),「終天永慕錄草本」(柳成龍著)〈柳洪條〉,"別構農舍於大峴外 有林亭臨大野 通望十餘里 公於春夏秋 多在亭上 觀稼 設酒食 人有過其前者 必邀致 使醉飽而去 日以爲常."

'하회살이'가 실질화되는 계기를 마련했다. 특히 그는 봉제사에 각근한 정성을 들임은 물론 부모를 섬기는 데에도 열성을 다함으로써 효의 가치를 가풍화하는 전통을 수립하게 된다. 후술하겠지만 이런 전통은 후손들에게 착실히 계승되었는데, 류성룡이 임종시에 자손들에게 내린 핵심 지결이 바로 '忠孝'였던 것도[12] 이런 전통 속에서 이해할 필요가 있는 것이다.

류소는 문벌이 혁혁했던 안동 권씨 權雍의 딸과 혼인하였는데, 처부 권옹은 고려말에 정승을 지낸 권희의 손자이자 관찰사를 지낸 權和의 아들이었다.[13] 특히 권옹은 조선초기 학계 및 관계의 상징적 존재였던 權近의 조카였다. 권근 집안의 가학이 權溥→ 李齊賢→ 李穀·李仁復·白文寶→ 李穡→ 權近[14]으로 이어지고 권옹이 숙부 권근을 통해 이 학풍을 수용했음은 의심의 여지가 없다. 이런 측면에서 볼 때, 柳沼가 처부 권옹을 매개로 권근으로 상징되는 양촌가문의 가학적 분위기에 영향을 받았을 여지는 매우 컸다.

한편 류소는 자형·자온 두 아들과 모두 일곱 손자를 두었다. 특히 차자 류자온은 점필재 계열과의 교유를 통해 일문의 학문적

---

12) 柳成龍, 『西厓先生年譜』 권2, 〈有詩一首示子弟〉, "林間一鳥啼不息 門外丁丁聞伐木 一氣聚散亦偶然 只恨平生多愧怍 勉爾子孫須愼旃 忠孝之外無事業."

13) 류소의 장모 흥해배씨가 우의정을 지낸 權軫의 외손녀라는 점에서 류소는 처가뿐만 아니라 처외가의 기반도 매우 견고했다고 할 수 있다. 아울러 이 혼인을 통해 류소는 李種善(5촌친)·權擥·徐居正·韓明澮·柳允謙(이상 6촌친) 등 조선초기 정계·학계 그리고 문단을 주도하던 엘리트들과도 척분을 가지게 되었다. 류성룡이 「終天永慕錄草本」(柳成龍著) 〈柳沼條〉 말미에 권옹 집안의 가계인 〈權平昌世系圖〉를 특별히 첨부한 것에서도 이 혼사의 중요성을 파악할 수 있다.

14) 강문식, 『權近의 經學思想 硏究』, 일지사, 2008, 31쪽.

분위기를 보다 숙성시켰고, 그 손자 대인 16세기 초중반에 이르면 류빈·류중영·류경심·류중엄 등 우뚝한 학자·관료를 배출하며 학자 집안으로서의 형체를 드러내게 된다.

류소의 차자 柳子溫은 어려서부터 서울에 유학하여 비록 소과지만 풍산 류씨 최초의 과거 합격자가 되었고, 문학과 행의로서 향리의 추중을 받았다.[15] 류자온의 서울 유학과 문학을 통한 발신은 조부 류홍이 다져놓은 경제력과 혼맥을 통해 구축되어 있었던 인적 연계망이 이뤄낸 결실이었다.[16]

이런 토대 위에서 류자온은 명사들과의 사귐을 통해 사우관계를 확대해나가는데, 그의 사우관계의 특징은 김종직과 관련된 인물이 많다는 것이다. 우선 성종조 안동지역 사대부를 대표하던 존재로서 류자온의 학문적 행보에도 영향을 미쳤던 처부 김계행은 김종직의 절친한 벗이었고, 낙향 이후 그가 도의지교를 맺은[17] 지우 이종준 (점필재 문인)과 권우(갑자사화 때 사사) 역시 김종직 계열의 사림파였다.

---

15) 『古文書集成』18 - 河回 豊山柳氏篇(Ⅳ), 「終天永慕錄草本」(柳成龍著) 〈柳子溫條〉, "以文行見推於儕輩."

16) 류자온의 서울 유학을 주선한 사람은 柳沼의 처 안동 권씨의 외사촌이었던 安彭命이었다. 그는 공무로 남행하였다가 류자온의 기이한 자질을 발견하고는 서울로 데리고 와서 학업을 가르쳐 진사시에 입격하게 했다. 어쩌면 이는 친계는 물론 외계 및 처계를 중시했던 조선초기의 인척관계에서는 자연스러운 양상이기도 했다.(『古文書集成』18 - 河回 豊山柳氏篇(Ⅳ), 「終天永慕錄草本」(柳成龍著) 〈柳子溫條〉, "公自少時穎秀 安司諫彭命 乃裵正郎素外孫 與護軍府君夫人爲外從兄弟 奉使南來 見公奇之 因携入京城 敎以學業 十六中漢城府進士初試 甲午進士.")

17) 『古文書集成』18 - 河回 豊山柳氏篇(Ⅳ), 「終天永慕錄草本」(柳成龍著) 〈柳子溫條〉, "如權參贊柱 李慵齋宗準 皆其知己之友."

〈그림 4〉 풍산 류씨 가계도

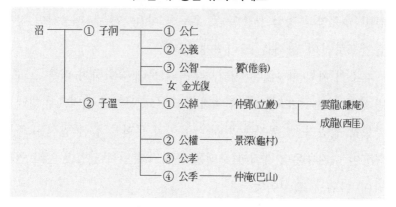

그 아들 류공작은 집안의 전통에 따라 서울에서 유학하였고, 이 과정에서 영의정 정광필의 추천을 받아 벼슬길에 나아갈 수 있었다. 정광필과의 깊은 인연은 아들 류중영이 鄭惟吉(鄭光弼의 손자)에게 「河回圖」의 서문을 촉탁하는 관계로 발전하게 된다.

이상에서 살펴본 바와 같이 류성룡의 선대는 풍산의 토성으로서 고려중후기에 문과를 통해 환로를 개척한 이래 중하급직이나마 벼슬을 유지하며 사환전통을 유지해 왔다. 이 과정에서 류종혜의 전서직 수행은 혼반의 격상을 수반하여 일문의 사회적 지위가 현격하게 상승하는 계기가 되었다. 선산 김씨 김숙자―종직가문, 안동 권씨 권근가문과의 척연은 풍산 류씨가 이른바 사림파와 관학파로 대별되는 조선초기의 양대 세력과 두루 연계하여 집안의 격을 상승시켜 나갔음을 보여주는 근거가 된다. 여기에 김계행·이종준·권주 등 김종직 계열의 사림파 학자·관료들과의 척연 및 교유관계는 풍산 류씨 가문이 15~16세기 조선의 사림사회에서 주류로 발돋움하는 확실한 디딤돌이 되었다. 여기에 넉넉한 경제적 환경에 바탕한 서울생활 또는 서울유학의 전통은 이들의 지식문화적 성향이 영남이라는 지역에 한정되지 않는 개방성의 단초가 되었다는 점에서도 특기할 만했다. 이러한 일문의 정치·사회·학술문화적 전통을 착실하게 계승하여 화려한 꽃을 피운 사람이 바로 류성룡이었던 것이다.

3. 16세기 사림시대의 개막과 풍산 류씨의 학문적 성장

풍산 류씨가 일군의 학자·관료를 배출하며 조선의 관계 및 학계의 주목을 받기 시작한 것은 柳沼의 증손 柳仲郢(1515~1573)·柳景深(1516~1571)·柳贇(1520~1591)·柳仲淹(1538~1571) 대였다. 4~6촌 형제간이었던 이들은 사림정치의 개막, 學派의 형성이라는 16세기의 시대적 분위기 속에서 자신들의 역할을 만들어갔다. 물론 이들 중에는 류중영·류경심처럼 학자보다는 관료적 성격이 짙은 인물도 포함되어 있지만 사우 및 교유관계, 정치적 성향 등을 고려할 때, 주자학의 이론적 심화가 이루어지던 16세기의 전형적인 학자·관료라는 점에서는 이론의 여지가 없다. 더구나 류성룡이 학자·관료 두 측면에서 굴기한 인물임을 염두에 둔다면 이들 4인이 풍산 류씨의 가학연원으로 설정된 것은 매우 자연스런 현상으로 평가할 수 있다.

여기서는 위와 같은 인식에 바탕하여 류중영·류경심·류빈·류중엄의 관료·학자적 위치를 검토하고, 그것이 풍산 류씨의 가학 형성에 어떤 영향을 미쳤는지를 진단해보기로 한다.

1) 柳仲郢 : 퇴계학과 서애가학 접목의 階梯

류중영은 25세 때인 1539년(중종 34)에 문과에 합격하여 1573년 59세로 사망할 때까지 30여년을 벼슬살이를 한 정통관료였다. 따라서 그는 성리학적 담론보다는 實事에서 經綸의 적용과 실현에 주력했고, 그의 이러한 행적은 아들 류성룡이 탁월한 경세가로 성장하는 데 일정한 자양분이 되었다.

비록 류중영은 일생 관료로 살았지만 그 삶의 궤적은 16세기 사림계 학자들과 매우 닮아 있었다. 이 점에서 그의 관료적 삶은 영남학파에서 일가의 학문적 비중과 영향력을 확대하는 과정으로 해석할 수 있었다.

우선 그는 1515년 군위에 소재한 외가[외조 李亨禮]에서 출생하였는데, 이를 계기로 1586년(선조 19) 류성룡은 진외가가 있던 이곳 군위에 南溪書堂을 건립하여[18] 휴식 및 강학의 공간으로 활용하게 된다. 이 과정에서 류성룡은 군위지역으로까지 학문적 영향력을 확대할 수 있었고, 이형례의 증손 李軫·李輔 형제는 군위지역을 대표하는 서애문인으로 존재하게 된다.[19]

한편 류중영은 13세 되던 1527년(중종 22) 함창에 살던 박홍린 형제에게 수학하면서 비로소 外傅를 접하게 된다.[20] 참판을 지낸

---

18) 『西厓年譜』,〈丙戌〉(1586). 남계서당은 柳仲郢이 이곳에 齋室을 지으려던 뜻을 계승하여 건립한 것인데, 霜露堂·永慕齋玩心齋·鳶魚軒·三靜齋·愛蓮堂·養魚池·招隱臺·咏歸臺·歡逝·倚筇 등의 건물과 경관을 갖춘 구조였다. 남계정사에 대한 류성룡의 애착은 '南溪12詠'을 비롯한 시문에 잘 나타나 있다.

19) 김호종,「西厓 柳成龍과 安東·尙州地域의 退溪學脈」,『韓國의 哲學』28, 2000 ; 김학수,「17세기 嶺南學派 연구」, 한국학중앙연구원 한국학대학원 박사학위논문, 2008.

박홍린은 김계행의 외증손이었으므로 류중영과는 6촌의 척분을 지닌 이성 형제간이었다. 류중영은 박홍린과의 사승관계를 통해 학문의 깊이를 더하는 한편 士友 관계의 외연을 확대하게 되는데, 이 무렵 그에게 영향을 미친 대표적 벗은 채무일과 김범이었다.

이 중에서도 김범은 이연경 계열의 盧守愼·康惟善, 조광조 계열의 金顒·金沖 계열, 퇴계·남명학파와 두루 소통했던 金彦健 등과 함께 16세기 중반 상주지역의 학풍을 주도한 인물이었다. 특히 김범은 교유관계 및 학문성향에 있어 화담·남명학파와 가까웠으며,[21] 이론적 탐구보다 철저히 자아를 완성하려는 실천적 성향을 강하게 표방한 전형적인 처사형 학자였다.[22] 사승관계는 분명치 않으나[23] 일찍이 김안국으로부터 문재와 덕성을 인정받았던 그는 1566년 성운·임훈·한수·이항·남언경 등과 함께 경명행수로 천거된 바 있었고, 옥과 현감에 부임할 때는 조식과 함께 사은숙배한 인연도 있었다. 이런 정황을 고려할 때 류중영→ 류성룡으로 이어지는 서애가학을 반드시 퇴계학의 범주 속에서만 논의하는 것은 매우 위험한 발상이라 할 수 있다. 더구나 류중영은 김범과의 학연을 계기로 그 아들 金弘微를 손서(장자 류운룡의 사위)로 맞았다는 것은 당시 사림들의 연대의식을 학파의 논리로 구획할 수 없음을 알게 한다.

---

20) 『古文書集成』18 - 河回 豊山柳氏篇(IV), 「終天永慕錄草本」(柳成龍著)〈先考行年記〉丁亥(1527).

21) 姜貞和, 「后溪 金範의 學問性向과 士意識」, 『南冥學硏究』10, 2000, 239~265쪽 참조.

22) 姜貞和, 「后溪 金範의 學問性向과 士意識」, 『南冥學硏究』10, 2000.

23) 『東國文獻錄』, 「門生篇」, 〈洪恥齋[南冥私淑]從遊〉에 韓脩·韓明胤·林薰·林藝·兪好仁 등과 함께 이름이 올라 있고, 또 학문 성향을 고려할 때 김범을 花潭·南冥 계열로 보아도 무리는 아닐 것 같다.

류중영은 1531년(중종 26) 의성 사촌에 기반을 두고 있던 김광수의 딸과 혼인하면서 한동안 처가에서 학업에 전념하게 된다. 이 때 류중영의 글읽는 소리를 들은 김광수는 자신의 사위가 李耔와 같은 석학이 되었으면 하는 바람을 가졌다고 한다.[24] 이는 이때까지도 류중영과 그 주변 사람들이 선망하던 인물상이 이황이나 조식이 아니었음을 뜻했다.

문과 급제 이후 류중영은 1546년 경부터는 가족과 서울서 벼슬살이를 했고,[25] 우언겸(퇴계문인 우성전의 아버지)·이해(이황의 형)·노수신 등과 교유하며 친분을 쌓게 된다. 특히 동갑이었던 노수신과는 어려서부터 서울에서 교유하여 친교가 막역했던 나머지 1553년(명종 8) 노수신의 진도 유배시에는 적소를 직접 방문하여 위로하기도 했다.[26] 후술하겠지만 두 사람의 관계는 아들 류성룡에게 대물림되었고,[27] 후일 노수신은 '류중영신도비명'을 지어 우의에 답하게

---

24) 『古文書集成』18 - 河回 豊山柳氏篇(Ⅳ), 「終天永慕錄草本」(柳成龍著)〈先考行年記〉辛卯(1531), "進士公 每從窓外竊聽之 語人曰 柳郎舉止非凡 讀書聲似三宰李耔 後必爲大相 汝輩識之 盖李公當時名卿 德望傾世 故進士公云然."

25) 그가 가족을 데리고 서울로 가서 처음 우거한 곳은 외증조 김계행의 고택이었다. 척연에 따른 끈끈한 관계망의 실상을 엿볼 수 있다.(『古文書集成』18 - 河回 豊山柳氏篇(Ⅳ), 「終天永慕錄草本」(柳成龍著)〈先考行年記〉丙午(1546), "自山陰挈家如京 二月初四日到京 寓居樂善坊大司諫金府君故宅.")

26) 『古文書集成』18 - 河回 豊山柳氏篇(Ⅳ), 「終天永慕錄草本」(柳成龍著)〈先考行年記〉癸丑(1553).

27) 노수신은 이연경의 사위이자 문인이었으므로 기본적으로 탄수연원에 속하는 학자이다. 동시에 그는 이황의 문인록에도 이름이 올라 있어 퇴계문인으로도 일컬어지지만 이황이 그의 양명학적 성향을 비판한 것을 고려한다면 학문적 성향에 있어서는 이황과 상당한 차이가 있었다. 영조 연간 『陶山及門諸賢錄』을 抄定하는 단계에서 노수신의 퇴계문인 여부에

된다.

뿐만 아니라 류중영은 조사수(아들 류성룡의 처부), 남명문인 이희안 등과도 교계가 깊었다. 특히 그가 국방 및 대외관에 있어 조식의 강한 신임을 얻은 사실은 매우 주목된다. 1555년(명종 10) 을묘왜변 당시 류중영은 경상도순찰사 조광원의 종사관으로 활동한 바 있었다. 왜변과 관련하여 대마도의 기만술에 분개했던 조식은 해군을 동원하여 대마도를 정벌함으로써 국위를 떨쳐야 한다는 생각을 갖고 있었고, 자신의 뜻을 인편을 통해 류중영에게 전달한 바 있었다.

> 제가 듣기로 이번 순찰사 일행에는 오직 이 사람만이 큰 일을 감당할 수 있는 까닭에 일러드리는 것일 따름입니다.[28]

즉, 조식은 자신의 의분을 전달할 수 있을 만큼 군국의 기무와 관련하여 류중영의 應變 및 處事의 능력에 대해 깊은 신뢰감을 갖고 있었던 것이다. 물론 조식의 수문 정인홍과 류중영의 아들 류성룡은 당쟁의 소용돌이 속에서 정적이 되었지만 류중영 당대만

대한 논란이 일었던 것도 이런 인식에 기초한다.(「星湖 李瀷의 學問淵源 - 家學의 淵源과 師友關係를 중심으로」, 『星湖學報』1, 2005) 오히려 노수신은 이언적에게 執贄하여 제자의 예를 갖추었고, 『心經附註』를 질문하는 등 활발한 問學이 이루어졌다는 점에서 그를 이언적의 적통으로 보고 그 학통을 류성룡이 이어받았다는 주장도 있는데(권오영, 「서애 류성룡 경학사상의 심학적 성향」, 『서애 류성룡의 학술과 경륜』, 태학사, 2007), 매우 주목할 만한 견해라 생각된다.

28) 『古文書集成』18 - 河回 豊山柳氏篇(Ⅳ), 「終天永慕錄草本」(柳成龍著) 〈先考行年記〉乙卯(1555), "託友人傳告公 此日吾聞此行 惟此人可當大事 故相告耳."

하더라도 남명학파와의 관계는 매우 원만했다고 할 수 있다.

한편 류중영은 지방관으로 재직하는 동안 문교진흥에도 진력하였는데, 그런 자취는 향교의 건립 및 서원의 건립에서 찾아볼 수 있다. 흥학은 수령7사의 하나라는 점에서 지방관의 본문이자 의무로 규정할 수도 있지만 류중영의 애착과 관심은 자못 특별했다. 향교의 경우는 1557년(명종 12) 의주향교의 중수를 시작으로 1567년에는 정주향교까지 중수함으로써 관학의 정비에 박차를 가했다. 그 결과로서 의주부윤 해임시에는 교생들이 교전에 흥학비를 건립하여 그 치적을 기리게 된다.

류중영의 흥학사업은 관학인 향교에 국한하지 않고 사학인 서원으로까지 확대되었다. 정주목사 재직시에는 향교 옆에 北山書院을 건립하여 유생들의 강학지소로 활용하였는데, 鄕吏 중에도 배움을 청하는 자가 있으면 휴가를 주어 학업을 허락할 정도로 입현무방의 취지를 잘 살렸다.[29] 무엇보다 그는 유생들의 교육을 몸소 전담하는 열성을 보였는데, 이는 그가 행정관료를 넘어 학자로서도 상당한 소양을 갖추었음을 말해준다.

류중영의 서원 건립은 단순히 흥학을 넘어 이황의 서원보급운동과 궤를 같이하는 것으로 파악된다.[30] 비록 그는 퇴계문인은 아니었지만 이황과의 학문적 관계를 유지하고 있었는데, 두 아들 운룡과 성룡을 퇴계 문하에 보내 수학케 하고, 1564년 황해감사 재임시에 이황의 저술 『주자서절요』를 간행한 것이 그 단적인 근거가 된다.

---

29) 『古文書集成』 18 - 河回 豊山柳氏篇(Ⅳ), 「終天永慕錄草本」(柳成龍著) 〈先考行年記〉 丁卯(1567).
30) 정만조, 『조선시대 서원연구』, 집문당, 1997.

이보다 앞서 1560년 아버지 류공작의 묘갈명을 이황에게 청하고, 1568년 이황에게 「河隈畵屛」[31]의 서문을 부탁할 수 있었던 것도 사제에 준하는 인적 관계망에서 바탕하는 것으로 보는 것이 옳을 것 같다. 그리고 1569년 청주목사 재임시 이황 및 성운과 친분이 있던 처사 이령을 방문하여 이황의 시를 차운해서 증정한 것도 이황에 대한 경모심의 일단으로 해석할 수 있다.

이런 맥락에서 류중영은 1571년 기묘명현인 김정과 송인수 등을 제향하는 서원 건립을 추진하였는데, 有定書院이 바로 그것이다. 당시 류중영은 청주사림의 교학 중심으로서 서원의 필요성을 절감했고, 이 소식을 들은 이황은 그의 주선과 일처리를 매우 높이 평가했다고 한다.[32] 이 점에서 유정서원의 건립은 이황의 서원보급

---

31) 〈河隈畵屛〉은 류중영이 사환시에 고향에 대한 그리움을 달래려는 목적에서 화가를 시켜 제작한 것으로 陶山, 安東府治, 石門亭, 壽洞, 輞川, 河隈, 九潭, 知保 등 河隈(河回) 상하류의 경승 8곳의 그림이 담겨 있다. 사신 영접 등 공무차 의주에 왔다가 정주목사 류중영으로부터 이 그림을 회람한 鄭惟吉·朴淳·辛應時 등은 제영을 통해 감상의 기쁨을 표현했고, 류중영의 간곡한 부탁을 받은 이황은 기꺼이 서문을 붙여 도화 제작을 기념해 주었다.(李滉, 『退溪集』 권5, 續內集 〈題柳彦遇河隈畵屛幷序〉, "豊山柳彦遇 在定州日 作一屛 令畵河隈上下洛江一帶圖 河隈公田園所在 以寓其遠臣思歸之意 于時 詔使成翰林憲王給事璽將至 東萊柳林塘吉元以迎慰使 中原朴思庵和叔以遠接使 永嘉金駱谷雲甫以觀察使 全城李大仲寧城辛君望 俱以從事 往候于龍灣 見是屛 皆爲之玩賞題詠 實一時之盛 難遇之幸也 是年冬 彦遇去任 來京師 席未暖而出牧淸州 臨行 示余以是屛 求續題良勤 余固惜彦遇之去 無計以留之 且余薄業 亦在河隈上流 一出未歸 歲且向晏 展畵指點 益興慨嘆 因追敍別意幷所感 吟成近體二章 錄寄淸州 仍題屛上 以付淸州之仲胤檢閱郎君云.")

32) 『古文書集成』 18 - 河回 豊山柳氏篇(Ⅳ), 「終天永慕錄草本」(柳成龍著) 〈先考行年記〉, "辛未 築有定書院 … 欲以祀鄕中名賢金冲庵宋圭庵諸公 … 退溪先生聞之 欣然曰有是哉 斯人之善作事也."

운동과 동일 맥락임을 알 수 있고, 이황과 류중영이 사제에 준하는 관계를 유지하고 있었음을 감지할 수 있다. 유정서원은 1660년(현종 1) 莘巷書院으로 사액되었고, 문헌서원, 돈암서원, 화양동서원 등과 함께 호서 기호학파권의 수원의 하나로 그 위상을 확고하게 다지게 된다.[33]

이상의 서술에 따르면, 류중영은 정통관료로서 일생을 살았지만 그의 교유관계는 16세기 사림사회를 대표하던 명사들을 망라했다. 우선 그는 김범·노수신 등 이연경이나 조식·서경덕 계열의 학자들과 학문적 교유를 가짐으로써 다양한 갈래의 지식과 문견을 취용할 수 있었다. 특히 을묘왜변의 와중에서 이루어진 조식과의 교감은 류성룡과 정인홍의 관계가 만들어 낸 史像과는 사뭇 다른 것이었다.

사회적 교유망의 다양성에도 불구하고 류중영은 중년 이후로 갈수록 이황과의 친연성이 깊어졌다. 두 아들의 퇴계문하 수학, 1564년 『朱子書節要』의 간행,[34] 1571년 신항서원의 건립은 그 단적

---

33) 당초 신항서원은 慶延·朴薰·金淨·宋麟壽의 제향처로 출범하였고, 그 뒤에 韓忠·宋象賢·李穡·李珥·李得胤을 추배함으로써 호서지역 기호학파의 거점으로 기능하게 된다. 특히 李穡과 李珥의 추향은 宋浚吉·宋時烈 등 김장생 문인들의 기획 하에 이루어졌다.(宋浚吉, 『同春堂集』 권11, 〈與宋英甫(丙申)〉.) 신항서원의 위상은 禮式 및 重修 관련 문자를 찬술한 인물의 성격에서도 충분히 확인할 수 있다. 金淨의 봉안문은 李珥, 韓忠의 봉안문은 李廷龜, 宋麟壽의 봉안문은 李得胤이 지었으며, 〈莘巷書院廟庭碑〉와 〈莘巷書院重修記〉는 宋時烈이 지었다. 청주지역 노론 기호학파 거점으로서의 중요성은 兩宋의 후학들에게 그대로 이어져 18세기 이후에는 李縡·蔡之洪·尹鳳九 등의 거물급 인사들이 서원의 운영을 주관하게 된다.

34) 『古文書集成』 18 - 河回 豊山柳氏篇(Ⅳ), 「終天永慕錄草本」(柳成龍著) 〈先考行年記〉, "丁卯 … 退溪李先生抄節朱子書 以便學者 府君在黃海時 以活字印出 猶患其未廣也 至是令州吏文漢福 淨寫一本 鋟于梓"; 柳膺睦, 『豊山柳氏家學淵源錄』, 〈立巖(柳仲郢)〉, "持西海節 印朱子書節要 又莅定州時 捐廩

142

인 근거가 된다. 특히『주자서절요』의 간행과 보급은 이황에 대한 학문적 계승을 내포하고 있고, 서원 건립은 이황과 사회적 행보를 함께하는 의미를 가졌다. 이런 맥락에서 류중영은 퇴계문인에 준하는 존재로 인식되는 가운데 두 아들 운룡과 성룡이 퇴계문하의 핵심으로 성장함으로써 풍산 류씨 '류중영-운룡·성룡 집안'은 퇴계학파의 근간으로 자리하게 되는 것이다. 결국 류중영은 류운룡·성룡 형제가 퇴계학을 계승하는 징검다리 역할을 훌륭하게 수행했던 것인데, 바로 이런 점들로 인해 가학연원도의 핵심부에 위치하게 되었던 것이다.

2) 柳景深 : 문장과 경륜을 통한 가학적 요소의 확대

류중영이 퇴계학의 유입을 통해 서애가학 발원의 기반을 닦았다면 문장과 경륜으로써 풍산 류씨의 가격을 제고한 사람은 류중영의 종제 류경심(1516~1571)이었다. 일찍부터 과업에 종사한 류경심은 1537년(중종 32) 약관의 나이에 생원·진사 양시에 입격하고, 1544년에는 문과에도 합격하여 관계에 발을 디디게 되었다.[35] 특히 1546년(명종 1)에는 문과 중시에 장원함으로써 대책의 일인자로서 문명을 크게 떨치기도 했다.[36] 승정원에 근무할 때는 조박·안명세와 더불어 '乙巳三注書'로 일컬어질 만큼 문장과 업무 처리에 밝고 사림을 調護한 공이 있어 동향의 선배 權橃로부터 그 자질을 인정받았다.[37]

錄梓 以圖久遠 此書之有板本 實始於是矣."

35) 柳景深,『龜村集』, 〈故嘉善大夫司憲府大司憲柳公行狀〉(柳仲郢撰), "公自幼時 已穎脫不凡 稍長治擧業 不勞而成 丁酉中生員進士 才名藉甚."

36)『明宗實錄』권4, 明宗 1年 10月 17日(辛丑) ; 柳景深,『龜村集』, 〈故嘉善大夫司憲府大司憲柳公行狀〉(柳仲郢撰), "丙午重試文臣 公對策爲第一."

그는 권력의 실세 李芑 등의 미움을 받아 외직으로 좌천되는 일이 잦았지만 여기에 굴하지 않았고, 유신현감 재직시에는 향음주례와 향사례의 보급에도 크게 이바지하는 등 사림정신에 바탕한 향풍교화에 앞장섰다.[38] 이외에도 그는 회인·광주·종성·의주·회녕 등의 고을을 맡아 토호를 제어하는 등 민폐개선에 있어 탁월한 치적을 쌓음으로써 회인과 회녕에는 선정비가 세워졌고, 평안도관찰사 재임시에도 치성이 높았다.

무엇보다 그는 이도의 근본을 국리민복에 두었고, 뛰어난 식견과 응변의 능력이 있어 관료사회의 주목을 받았다. 1547년 경연에서 지방관의 방자한 행동을 지적하며 이도쇄신의 중요성을 강조한 것과 1563년(명종 18) 의주목사 재직시 재정상의 흑자를 활용하여 4문의 옹성을 축조한 것이라든지,[39] 1567년 명종의 승하 시에는 빈전도감 제조로서 비록 국상 중이지만 국가의 체모를 고려하여 명나라 사신을 길복으로 맞이하자는 의견을 낸 것은[40] 투철한 관료의식과 탁월한

---

37) 金應祖, 『鶴沙集』 권9, 〈龜村先生大司憲柳公神道碑銘〉, "乙巳 薦授藝文檢閱 卽拜承政院注書 是時 權奸搆獄 案牘塡委 公筆翰如流 且有調護士林之功 權忠定公檢歎曰 柳某有子"; 卷5, 〈柳龜村文集識〉, "有若龜村柳相公 以年少新進爲堂后 案牘雲委而能左酬右應 筆翰如流 同列皆聾服 其時院相忠定公權先生 嘖嘖稱奇西厓柳先生 亦嘗稱其有調護士類之功焉."

38) 柳景深, 『龜村集』, 〈故嘉善大夫司憲府大司憲柳公行狀〉(柳仲郢撰), "日未昃 與賓客飲射爲樂 一邑盡驚 以爲古未有也 由是政聲日著 世之以吏事自負者 聞公之名 皆以爲不可及也."

39) 柳成龍, 『西厓集』 권19, 〈大司憲柳公碣銘〉, "癸亥 再爲定州 尋移義州 發倉庫之剩 築四門甕城."

40) 柳景深, 『龜村集』, 〈故嘉善大夫司憲府大司憲柳公行狀〉(柳仲郢撰), "丁卯六月明宗昇遐 公兼殯殿都監提調 不動辭色 事皆立辦 時華使頒新皇帝登極詔 將入國 衆議迎詔時服色 皆曰我國方有大喪 不可着吉 公揭語禮官曰古事吾所不知 然以臆見料之則頒詔天下大慶 其可以下國之喪加之乎 必以吉服迎詔 其

식견의 소산이었다. 류중영이 그의 지략과 식견을 '明智達識'으로 평가한 이유도 바로 여기에 있었던 것이다.

이처럼 그는 비록 문과를 통해 발신한 정통관료였지만 학식을 인정받아 경연관으로 활동하는 한편 1556년에는 師儒로 선발되어 성균관 직강 등 학술보도직을 역임하여 경륜을 쌓아갔던 것이다. 이 과정에서 그는 사람됨이 豪爽·俊邁하고, 문학이 뛰어나고 六藝에 박통하며, 일의 핵심을 파악하여 정곡을 찌르는 업무 처리로 인해 관료적 능력에 있어서는 당대 일류로 인정을 받았다.[41] 결국 그는 김응조의 평가처럼 儒術에 바탕한 문장, 국익을 우선하는 경세가로서 일가를 이루었던 것이고,[42] 아래 류성룡의 언급은 경세가적 식견에 대한 존경 및 계승의식의 발로로 해석할 수 있다.

> 만약 공이 살아 계셨다면 반드시 능히 당시의 어려움을 구제했을 것이며, 나와 같은 무리들이 능히 대임을 감당할 수 있었겠는가?[43]

다만 그의 문장과 경륜이 뚜렷한 계승양상을 보이지 못했다는 아쉬움이 남는데, 이는 본손의 부진[44]과 일부 외손계열의 정치학문

接待詔使 亦當從權 不然恐爲華人所笑也 衆猶不遽信 考杜氏通典 與公言略同 於是議遂定."

41) 金應祖,『鶴沙集』권9,〈龜村先生大司憲柳公神道碑銘〉, "公爲人豪爽俊邁 濟之以文學 於藝皆通 尤長於理劇 世之以吏事自負者 皆以爲不可及."

42) 金應祖,『鶴沙集』권5,〈柳龜村文集識〉, "至於論迎詔則暗合禮典 議交隣而深得虜情 聲望益著 聖心虛佇 內而三司兩曹 外而大州雄藩 投之所向 劃劇剸煩 卒澤於儒術翰墨 炳如也茲非所謂宏博通敏兼人之才而濟之以文學者歟."

43) 金應祖,『鶴沙集』권9,〈龜村先生大司憲柳公神道碑銘〉, "公歿後十八年而南亂作 西厓先生歎曰 若使公在世 必能濟時艱 如我輩其能當大任乎."

44) 류경심의 외아들 柳成龜는 단명했고, 드러난 행적도 없었다. 다만 퇴계문

적 전향, 즉 남인 영남학파에서의 이탈상과 관련이 있는 것으로
파악된다.[45)]

인 金宇宏의 사위라는 점은 그의 사회적 입지를 가늠하는데 참고가 된다.
그 아들 柳崟은 비록 벼슬은 없었지만 志行이 뛰어났으며 風流와 文雅함으
로써 향당의 聞人으로 일컬어졌다. 특히 그는 안동 일직에 睡隱書堂을
지어 藏修 및 講學의 공간으로 활용하였는데, 이 서당은 1676년 손자
柳世鳳에 의해 중창되어 일가의 교육공간으로 기능하게 된다. 그러나
그는 아들을 두지 못했고, 류운룡의 손자 柳元慶이 그의 사후 양자로
들어옴으로써 사실상 혈통은 단절된 측면이 있었다. 柳元慶→ 柳世鳳으로
이어지는 양자 계열은 柳景深에 대한 계승의식을 분명히 갖고 있으면서도
사회학문적 활동은 柳仲郢→ 柳雲龍으로 이어지는 생가 계열과 함께 한
측면이 없지 않았다(柳元之,『拙齋集』권14, 〈族叔父處士柳公墓誌銘〉, "隣
居耆老間 尙有能言祖考志行之懿者 鄭進士榮邦鄭公維藩 嘗語及祖考事 稱道
不置 公云以今思之 柳丈於吾祖 年歲不甚相遠 而長者待之 言論風采 與川諸
公爲輩流 一時人物 哉盛哉云云"; 柳世鳴,『寓軒集』권6, 〈睡隱書堂重修
記〉, "始處士公以名家冑 豊流文雅 偉然爲鄕之聞人 而堂爲藏修之所 公旣歿
而屋燬焉."

45) 류경심은 부인 성산 배씨와의 사이에서 1남 9녀를 두었다. 외손계열 가운
데 주목할 대상은 장녀서 全海, 7녀서 呂大老, 9녀서 李欁 계통이다. 문과
출신으로 정랑을 지낸 여대로는 정구 문인이라는 점에서 영남학통을
착실히 계승한 경우였지만(김학수,「조선중기 寒岡學派의 등장과 전개 -
門人錄을 중심으로」,『한국학논집』40, 2010) 장녀서 옥천 전씨 전해 계열
과 9녀서 고성 이씨 이의 계열은 17세기 이후 영남지역 서인 기호학파의
핵심세력을 이루게 된다. 전해의 숙부 全應房이 이황과 교유가 있었고,
아들 成憲(서애교유), 土憲(한강문인), 時憲(서애문인)이 류성룡·정구와
사우 및 교유관계를 맺었다는 점에서 이 가계도 17세기 초반까지는 영남학
파 속에 존재했던 것은 분명하다. 그러나 전해의 손자 全有慶·有章 형제가
金長生의 문하를 출입하고, 그 아들과 조카들이 송시열의 문인이 되면서
서인 기호학파로 전향하게 된다. 이후 이들은 상주 출신의 정경세 문인
申碩蕃 등과 연대하여 牛栗從祀贊成論 등 영남내 서인 공론을 조율·지휘하
는 역할을 하게 된다. 한편 이의 계열은 그 사위 李尙逸을 계기로 서인화
되었는데, 이상일의 아들 李坡, 손자 李志奭·志完 형제는 송시열의 문인이
었다. 이런 맥락에서 이들은 전해 계열과 연대하여 송시열을 제향하는
성주 老江書院의 건원 및 운영주체로 활동하게 된다.(김학수,「17세기
嶺南學派의 정치적 분화」,『조선시대사학보』40, 2007.)

3) 柳贇柳仲淹 : 퇴계학의 수용과 순수 학자의 출현

류중영과 류경심이 관료적 바탕 위에서 퇴계학을 비롯한 16세기 학계의 지식을 수용하여 일문의 학문적 줄기를 세워갔다면 류빈과 류중엄은 일생 학인의 길을 걸음으로써 풍산 류씨가 '학자집안'으로 일컬어지는데 기여한 존재들이었다.

류빈은 예안 서촌에서 출생하여 9세에 『대학』을 공부하며 학업을 시작했다. 이후 그는 특별한 사승관계를 맺지 않고 독학으로 학문을 이루었으며, 특히 주역에 정통했다. 그가 왕성하게 활동하던 16세기 중엽의 안동·예안지역은 이황의 학문적 영향력이 확대되면서 퇴계학파가 형성되던 시점임을 고려할 때 류빈의 학자적 지향은 자못 특별한 점이 있었다.

이와 관련하여「행략」,「가장초기」등의 전기류에 따르면, 주변에서는 그에게 퇴계문하 입문을 권유했던 것 같다. 하지만 그는 집경수업이나 협책문난의 형식보다는 이황과의 종유를 통해 학자적 정신과 기품을 배우는 것을 학문의 본체로 인식했고, 그런 맥락에서 정식의 사제관계는 끝내 거부했던 것 같다.[46] 하지만 그는 기회가

<hr />

한편 전해 계열과 이상일 계열은 류경심에 대한 강한 同祖意識을 갖고 있었는데, 이런 정황은 이상일이 신도비의 건립 등 류경심의 현양사업을 주도하고, 전해의 손자 全有章이『龜村集』의 편찬을 주관한 데에서도 확인할 수 있다. 이점에서 현전하는『龜村集』은 서인계로 전향한 외손계열의 기획 속에 발간된 것이며, 이는 류경심 사후의 현양론이 남인이 아닌, 서인계에 의해 이루어졌음을 보여주는 근거가 된다.(金應祖,『鶴沙集』권9,〈龜村先生大司憲柳公神道碑銘〉,"李侯尙逸 刺安東之數月 命工治龜村先生柳公神道碑石 旣訖工 乃以敎豐山金應祖曰 龜村德烈宜銘 有西厓柳先生所撰行狀碣文及誌文在 不可以他求者也 子其湊合三篇爲一篇以來 ; 全有章,『定峯集』,「年譜」〈癸巳〉(1653), "編校外曾祖龜村柳先生遺集."）

46) 柳贇,『倦翁集』권2, 附錄〈墓誌銘〉(尹義貞撰), "退溪先生 退在溪上 人多就

있을 때마다 이황을 찾아가 경전의 뜻을 묻고 토론하였던 바, 포괄적인 의미에서는 퇴계문인에 준하는 범주에 있었다고 할 수 있다. 예컨대, 그가 조목·이완·김생명·박사의 등 퇴계문인들과 절친한 관계를 맺은 것에서도 퇴계학파와의 관련성을 충분히 짐작할 수 있다.

류빈의 학자적 생애와 의미를 가장 압축적으로 평가한 문헌으로는 조목이 지은 '묘지명'을 들 수 있다. 조목은 류빈을 부사의 가르침 없이도 학문을 이해하고 깨달았고, 글은 정절하면서도 이치를 갖추었으며, 자득으로써 역학에 정통한 학자로 묘사했다.[47] 여기에 더해 그는 퇴계문하의 동문 금응협의 표현을 빌어 류빈을 가슴 속의 재량이 뚜렷한 내명한 사람으로 칭송키도 했다.[48] 즉 조목에게 있어 류빈은 성정이 개결하고 학문에 진지했던 반듯한 사람 그 자체였던 것이다.

류빈은 『易圖』뿐만 아니라 『성리대전』 및 四書에서 학문에 요긴한 것을 초략한 『大全節要』 등의 저술을 남겼고, 토지제도에도 깊은 관심과 애착을 보여 균전제의 필요성을 강조하는[49] 등 민생 개선에

學 或勸之受業 公不答 良久 日性懶質魯 學無所成 有時往謁 其形容溫栗 言語和 厲 心醉歸來 必欲體之於身而未能也 何必挾冊問難然後 謂之學也.";柳贇, 『倦翁集』 附錄, 〈家狀抄記〉, "退溪李先生 設敎於溪山之間 士大夫從學者衆 公雖不能往從摳衣之列 數因便往來 間難經義 輒啓發微旨 後諸公 皆有聲稱 以次顯名於世 公獨沒沒焉."

47) 趙穆, 『月川集』 권6, 〈錄柳君美叔墓誌銘〉, "公幼開悟 始學 有不待父師指敎 而自能曉解者 爲文精切有理致 晚好易學 推圖考卦 多所自得 著圖說一卷藏于 家."

48) 趙穆, 『月川集』 권6, 〈錄柳君美叔墓誌銘〉, "平生於人 若無可否 而胸中涇渭 則甚明 故琴河陽應夾 嘗稱內明."

49) 柳贇, 『倦翁集』 권2, 附錄 〈家狀抄記〉, "公在畎畝之中 不忘國家之事 聞時政

초점을 둔 경세가적 식견도 겸비한 학자였다.

특히 이황에게도 인정을 받음은 물론 그에게 역학의 종주라는
예칭을 가져다준[50] 『역도』는 그의 대표작을 넘어 서애가학에 있어
서도 매우 중요한 의미를 가졌다. 저술 이후 가까운 벗들에게조차
공개하지 않았던[51] 『역도』는 류성룡·류원지·류세명에 의해 그 학
술적 의미와 가치가 줄기차게 부연 또는 보완되는 과정을 거치면서
理學에 바탕한 풍산 류씨 가학의 중요한 연원을 이루게 된다.[52]

한편 류중엄은 가학연원도의 최상단에 입록된 4인[류중영·류경
심·류빈·류중엄] 가운데 유일하게 퇴계문하에 정식으로 입문한 경
우였다. 그는 류중영·류경심의 종제였지만 연령상으로는 류운룡

關失 蹙然爲之不樂 嘗曰近來政令顚倒 聚斂之制日下 而人心漸不古 非國家之
福兆也 … 又嘗論近世豪右兼幷 貧富不均 故百弊俱興而萬目皆廢 所以善治卒
不可致 良由於此 孟子以經界爲王政之本 豈欺我哉 我國山川阻隘 地不平洋
井田之制 固難行也 惟有均田之法爲可行 均之如何 當以我朝六等結卜之數 依
孟子班爵祿卿大夫士庶人之制 參之周禮 酌以時宜 推而潤澤之 亦無難處 所病
君相之不爲耳 若上之人 斷然行之 則其擾民亦不過如量田一番而可行也 由此
而奴婢亦可均 由此而彌滿山澤之緇流 亦可使之盡爲良民也."

50) 柳贇, 『倦翁集』권2, 附錄〈行狀〉, "極究陰陽椽命之方而尤深於易學 著成易
圖五十二本 推明四聖三賢之遺旨 眞易學之宗也 … 國稱倦翁 以易學 見知於
陶山."

51) 柳贇, 『倦翁集』권2, 附錄〈家狀抄記〉, "丙子易圖成 未嘗與人言 … 自公有易
圖到 末年十五六歲 與尹丈多往來從游 亦未嘗言及之."; 류빈의 연보에 따
르면, 1582년 경부터는 일부 사우들과 강론한 기록도 있어 전면 공개하지
않았던 것은 아닌 것 같다.(柳贇, 『倦翁集』, 「年譜」〈壬午〉, "與朴默齋(士熹)
講易圖于孤山精舍.")

52) 柳贇, 『倦翁集』권2, 附錄〈行狀〉, "西厓先生跋其尾 曰原於羲文周孔邵朱之
說 類次而疏淪之 以便考覽 又曰象數之原 性命之奧 天地陰陽造化不測之機
若指諸掌 柳拙齋元之有註解 柳寓軒世鳴有記疑 皆闡明先生隱而不發者 一家
理學之盛 固不待後世之子雲堯夫.";〈墓碣銘〉, "且於拙齋柳公元之易圖註
解 及寓軒柳公世鳴易圖記疑 又可見家學淵源之有所傳授矣."

(1539~1601)·성룡(1542~1607)과 동년배였으므로 대부분의 학문활동을 이들 형제와 함께 했고,[53] 그 든든한 배경이 되어 준 사람은 종형 류중영이었다.[54]

류중엄이 퇴계문하에 입문한 시기는 자세하지 않지만 각기 1561년과 1562년에 입문한 류운룡·성룡 형제보다는 약간 선행하는 1538~1539년 경으로 짐작된다. 류중엄은 퇴계문하에서 위기지학에 전념하였고, 篤志·力學하여 이황의 큰 기대를 받았다. 무엇보다 그는 서신과 문목을 통해 이황과 끊임없이 학문 및 행신의 도를 토론하며 학자적 자세와 방향을 확립해갔다.

이 과정에서 그는 이황 및 그 문인 황준량의 주선으로 성주에서 오건과 함께 朱書를 강론하는 기회를 얻음은[55] 물론 鄭逑와 같은 우뚝한 학자들과 교유하는 계기를 만들게 된다.[56] 류중엄에 대한

---

53) 李光庭,『訥隱集』권13,〈巴山柳先生墓碣銘〉, "先生從父兄立巖龜村二公 立身王朝 爲名臣 先生生最少 與立巖公二子謙庵西厓先生同業 弱冠 與俱學于陶山門下."

54) 류중엄은 1564년과 1565년에 류운룡·성룡과 해주에 소재한 神光寺와 文憲書院에서 독서하였는데, 이 시기는 류중영의 황해도관찰사 재임기였다. 즉, 류중영은 두 아들은 물론 堂弟 류중엄까지도 자식처럼 보살피며 訓育했음을 말해준다. 1569년 청주목사에 재직하던 류중영이 아들 성룡의 聖節使行을 송별하기 위해 잠시 상경했을 때도 류중엄이 배행했다.(柳雲龍,『謙菴年譜』권1,〈甲子〉, "與巴山公·文忠公 讀書神光寺 寺在海州 共棲數月"; 柳雲龍,『謙菴年譜』권1,〈乙丑〉, "與巴山公·文忠公 讀書文憲書院 院在海州";『古文書集成』18 - 河回 豊山柳氏篇(Ⅳ),「終天永慕錄草本」(柳成龍著)〈先考行年記〉, "己巳 … 十月十六日 上京 留數日 乃還 … 堂弟柳仲淹及進士張遇等侍行.")

55) 柳元之,『拙齋集』권14,〈巴山先生柳公行蹟〉, "先生與黃仲擧書 亦曰柳景文志趣見識甚可嘉 尙今在門舘 又與吳子强相講磨 必大進益 又曰景文淳靜儘可喜 來留半月 歸僅數日耳."; 李光庭,『訥隱集』권13,〈巴山柳先生墓碣銘〉, "錦溪翁之牧星州 以書屬先生與吳德溪健 同講朱書."

이황의 신뢰와 기대감은 여러 문헌에서 확인이 되는데, 그 일부를 제시하면 다음과 같다.

① 선생이 柳仲淹에게 이르기를, '내 눈에는 벗들 중에 뚜렷이 진보한 사람이 보이지 않고, 또 이 일을 믿으려고도 하지 않으니, 어찌 내가 하는 일이 믿을 만한 것이 못 되는가. 매우 걱정스럽고 두려운 일이다.' 하였다.[57]

② 봄에 퇴계 이선생을 찾아가 인사드렸다. (세주) 이 선생이 柳希范에게 답한 편지에 말하기를, '鄭逑라는 자가 와서 하루를 머물러 있다가 갔는데, 매우 英敏하였네.' 하였다.[58]

③ 퇴계선생이 파산공에게 보낸 편지에, 그들 형제(류운룡·성룡)의 추향이 매우 가상하니 붕우의 경사라 하겠습니다.[59]

즉, 이황은 스승으로서 느끼는 마음 속 고뇌를 류중엄에게만은 터놓을 수 있었고, 후일 퇴계문하 4고제의 한 사람으로 꼽히게 되는 류성룡·정구의 존재에 대한 긴한 말을 한 대상도 그였던

56) 이황의 문인으로 1560(명종 15)~1563년(명종 18)까지 성주목사를 지낸 黃俊良은 교육 활동에 매진하여 지역의 문풍을 크게 진작시킨 공이 있었다. 이 과정에서 그는 鹿峯精舍를 건립하여 경내 선비들의 학업의 거점으로 활용하였는데, 柳仲淹이 吳健·鄭逑 등과 朱書를 강론한 곳도 이곳으로 짐작된다.(黃俊良, 『錦溪集』 권4, 〈與鹿峯精舍諸生書〉) 建甁山 아래 자리한 녹봉정사는 그 중요성에 비추어 이황으로부터도 비상한 주목을 받은 바 있었다.(李滉, 『退溪集』 권20, 〈答黃仲擧〉, "鹿峯精舍事 甚善甚善 彼中士人 乃發如此之願慕 將由使君與教官偕作之力耶 勝於此間之俗 遠矣.")

57) 『退溪言行錄』 권1, 「教育」 〈金誠一錄〉.

58) 鄭逑, 『寒岡年譜』 〈癸亥〉(1563).

59) 柳雲龍, 『謙菴年譜』 권1, 〈甲子〉(1564), "退溪先生與巴山公書曰 其人兄弟趨尚 甚可嘉尚 朋友之慶."

것이다.

이런 인식 위에서 그는 1564년 이문량·금난수·김부륜·류운룡·김사원·이안도·이덕홍·남치리 등 안동·예안권의 쟁쟁한 인사들과 함께 이황을 모시고 청량산행을 하는[60] 등 사우관계의 외연을 확대하며 퇴계문하에서의 위상도 강화할 수 있었다.

류중엄의 학자적 면모를 지근한 거리에서 살펴보고 그 학행을 가장 적실한 문자로 표현한 동문은 정구였다. 전술한 바와 같이 정구는 류중엄과 녹봉정사에서 동학한 바 있었고, 후일 그가 퇴계문하에 입문하면서부터는 동문의 연을 맺고 깊이 교유했다. 이 과정에서 그는 유희범의 학문과 행의에 깊이 감복했고,[61] 1607년 안동부사 재임시에는 묘소에 사람을 보내 치제하는 성의도 보였다. 전후 8개월에 지나지 않은 안동부사 재임시에 그가 치제 또는 예방한 인물이 權幸·金方慶·權橃·李滉·趙穆·金誠一 및 柳成龍 등에 지나지 않았음을 고려한다면[62] 류중엄에 대한 치제는 자못 특별한 의미를 지닌다. 무엇보다 정구는 류중엄에 대한 제문에서 정갈[淸修]한 행실과 차분한[虛靜] 자질을 거론하며 서로 畏友로 대했음을 토로할 만큼 학우로서의 깊은 신뢰를 보였던 것이다.

---

60) 鄭士信, 『梅軒集』, 「年譜」〈甲子〉(1564), "四月與同門諸友 陪退溪先生遊淸凉山 李筍軒文樑·金挹淸·琴惺齋蘭秀·金雪月富倫·李遠巖寯·權公景龍·柳巴山仲淹·柳謙菴雲龍·金晚翠士元·李蒙齋安道·李艮齋德弘·南賁趾致利皆往會焉 有唱酬詩."

61) 李光庭, 『訥隱集』권13,〈巴山柳先生墓碣銘〉, "鄭寒岡先生未冠 與先生同講朱書於星學 旣又與之同門 心常敬服 稱以畏友 而其祭先生 又謂平生期待不尋常 異日遠大之造 非某之所知."

62) 김학수, 「鄭逑(1543~1620)의 학자·관료적 삶과 안동부사 재임」, 『영남학』 17, 2010.

아, 공의 정갈한 행실이며 차분한 자질은 우리 벗들 중에서 가장 찾아보기 드문 것이었습니다. 그래서 나처럼 경박하고 내실이 없는 자질을 지닌 자에게는 더욱 마땅히 본보기로 삼아 가르침을 받아야겠기에 서로 어울려 절차탁마하며 실로 경외하는 벗으로 대하였습니다. 그러면서 평소 공에 대한 기대가 각별하여 내가 측량할 수 없을 정도로 장차 원대한 성취를 거두실 것이라 생각하였습니다. 그런데 어찌 하늘이 긴 수명을 허용하지 않아 우리 공으로 하여금 원대한 뜻을 가슴에 품은 채 일찍 세상을 떠나 세상에 남은 벗들에게 무궁한 슬픔을 안겨줄 줄을 알았겠습니까.[63]

정구의 표현대로 류중엄은 이황이 사망한 이듬해인 1571년 34세의 나이로 단명함으로써 학문적인 꽃을 피우지 못한 채 '孔門顔子'에 비견되는 예칭을 얻는데 그치고 만다.[64] 하지만 그가 좀 더 오래 살았더라면 퇴계학파의 의발[적통]을 이어받았을 것이라는 평가는[65] 당시 그가 지녔던 학문적 위상과 관련하여 시사하는 바가 매우 크다.

이상에서 살펴본 바와 같이 류빈·류중엄은 벼슬에 나아가지 않고 일생 초야에서 학문에만 전념한 류중영·류경심과는 사뭇 다른 형태의 삶을 추구한 경우였다. 하지만 류중엄의 학문활동에 미친 류중영의 보호와 후원을 고려한다면 사환과 학문은 대립이 아닌 상보적

---

63) 鄭逑, 『寒岡集』 別集 권2, 〈祭柳希范墓文〉.

64) 李光庭, 『訥隱集』 권13, 〈巴山柳先生墓碣銘〉, "先輩之評陶山諸弟 以先生與南賁趾天資問學 庶幾孔門之顔氏云."

65) 李光庭, 『訥隱集』 권13, 〈巴山柳先生墓碣銘〉, "又對先生 歎眼中朋友少向此事 豈吾所爲無足取信者 以警動先生 詳味其往復相與之者 若將以斯道之傳 屬之先生者 使先生有年 以卒承遺託 衣鉢之傳 有所歸矣 嗟呼其可惜也."

관점에서 바라볼 필요가 있을 것 같다.

류빈의 경우 퇴계학의 분위기를 수용하면서도 이황과는 일정한 거리를 두었다면 류중엄은 철저히 퇴계학의 틀 속에서 학문과 인격의 완성을 기했다고 할 수 있다. 그 경향이 어떻든 간에 이들 두 사람을 통해 풍산 류씨는 퇴계학과 더욱 밀착될 수 있었고, 또 그 바탕 위에서 순수 학자를 배출하게 됨으로써 사환[류중영·류경심]과 학문[류빈·류중엄]을 갖춘 집안으로 발돋움하게 되는 것이다. 이런 면모는 류성룡을 통해 더욱 확충·발양되었는데, 전자가 '西厓經世論'의 발판이 되었다면 후자는 '西厓家學'의 중요한 줄기로 발전하였다.

III. 류성룡의 학문 경향과 가학의 結晶

류중영과 그의 4촌 또는 6촌 형제간인 류경심·류빈·류중엄 등을 통해 망울을 맺은 풍산 류씨의 가학은 류중영의 두 아들 류운룡·성룡 형제를 통해 화려한 꽃을 피우게 된다.

류운룡·성룡은 각기 1561년과 1562년에 이황의 문하에 입문하여 학문과 행의로 두각을 드러냄으로써 일문의 학문적 입지를 더욱 공고히 했다. 이황과 류중영의 관계성, 당시 안동·예안 등 영남일원의 학문적 분위기를 고려할 때 이들 형제의 퇴계문하 입문은 매우 자연스런 귀결이었고, 이를 계기로 풍산 류씨는 한말에 이르기까지 퇴계학파와는 불가분의 관계를 가지게 되었다.[66]

류운룡의 경우 비록 많은 저술을 남기지는 않았지만 행의, 특히

謙德으로써 사림의 추중을 받았다.[67] 謙德에 바탕한 그의 학행은 조카 柳袗을 거쳐 從孫 柳元之에게로 전수되면서 서애가학의 형성에도 일정한 영향을 미쳤다고 할 수 있다.[68]

서애가학의 형성과 전개 양상을 파악함에 있어 본맥과 근원이 되는 인물은 역시 류성룡이다. 류성룡은 1562년 이황의 문하에 수개월간 머물면서『心經』·『近思錄』등을 수학했는데, 이황의 문인록인『陶山門賢錄』에는 류성룡의 입문 과정이 아래와 같이 서술되어 있다.

　　약관에 선생의 문하에 입문하자 선생께서 첫눈에 기이하게 여기고는 '이 아이는 하늘이 낸 사람이니 반드시 대유가 될 것이다'고 했다. 수개월을 머물면서『心經』·『近思錄』등의 서책을 읽었고, 이때부터 성리학에 潛心하게 되었다.[69]

이에 따르면, 류성룡은 탁월한 자질을 바탕으로 이황의 주목을 받으면서 성리학에 전념한 학자로 묘사되어 있지만 류성룡의 학문

---

66) 류성룡은 1620년 김성일과 함께 이황을 제향하는 廬江書院(虎溪書院의 전신)에 배향되었다. 여강서원은 안동지역 퇴계학파의 거점으로 예안의 陶山書院과 대등한 위상을 지녔다. 류성룡·김성일의 여강서원 배향은 조목의 도산서원 종향에 자극을 받은 측면도 있었지만 이로써 두 사람은 퇴계학파의 수문으로서 그 위상을 더욱 확고히 할 수 있었다.(김학수,「廬江書院과 嶺南學統 - 17세기 초반의 廟享論議를 중심으로」,『朝鮮時代의 社會와 思想』, 朝鮮社會研究會, 1998, 469~471쪽)

67) 柳元之,『拙齋集』권13,〈謙庵先生文集跋〉.

68) 柳元之,『拙齋集』권13,〈謙庵先生文集跋〉.

69) (增補)『退溪全書』4,「陶山門賢錄」권3,〈柳成龍〉. 이런 뉘앙스의 표현은 류성룡의 行狀이나 年譜에서도 일관되게 나타난다.(『西厓年譜』권3, 附錄〈行狀〉;『西厓年譜』권2,〈正宗甲寅〉)

적 기호와 성향은 그리 단순한 것이 아니었다.

선행연구에 따르면,[70] 류성룡은 청년기 이래 象山·陽明學 등 유학의 다양한 계통을 학습·수용하였는데, 이 점에서는 류운룡도 예외가 아니었던 것 같다. 예컨대, 퇴계문하의 동문 鄭琢·趙穆 등이 류운룡·성룡 형제를 陸九淵의 형제에 비유하고, 金宇顒이 류성룡의 학문을 禪學으로 경계한 것은 그의 학문 성향과 관련하여 많은 것을 시사하고 있다.[71] 아울러 류성룡은 상산·양명학 뿐만 아니라 道家·醫學·兵書 등에 대해서도 깊은 이해가 있었던 바, 제 학문을 수렴코자 했던 그의 학문적 편력은 생각보다 컸던 것 같다.

물론 21세 때 이루어진 이황과의 사승관계가 청년기의 이러한 학문적 편력에도 불구하고 그의 학문의 본체를 주자학의 범주 속에서 이해하는 바탕이 되었음도 부정할 수는 없지만 류성룡이 주자학적 가치를 독실하게 따르게 된 것이 이황의 사후이며 자신의 나이 30세를 전후한 때인 1571~1573년 경이란 점은 그의 학문 성향을 이해함에 있어 주목할만한 사실이다.[72]

---

70) 권오영, 「서애 류성룡 경학사상의 심학적 성향」, 『류성룡의 학술과 경륜』, 태학사, 2007, 33~36쪽.

71) 『西厓集』에는 승려들과 주고받던 다수의 시가 실려 있고, 거기에는 불교에 대한 호의적인 정서가 스며있는 것이 사실이다. 송재소는 류성룡의 친불 또는 호불적 정서를 불교에 대한 교리적 信從이 아니라 심신의 위로를 위한 탈출구로 해석하였다.(송재소, 「서애 류성룡의 시문학」, 『류성룡의 학술과 경륜』, 태학사, 2007, 82~91쪽)

72) 『朱子書節要』의 학습에 열중하던 1571년 작품인 〈記夢〉이란 시의 서문에서 송나라 理學의 대가 朱熹·張栻·林用中에 대한 그리움과 존경의 마음을 표현하고, 비슷한 시기의 작품인 〈秋思〉에서 程顥·程頤·張載 등 濂洛關閩의 학자들에 대한 강렬한 경모의 마음을 투영한 것은 30세를 전후하여 성리학에 깊이 천착한 단서로 규정할 수 있다.(송재소, 「서애 류성룡의 시문학」, 『류성룡의 학술과 경륜』, 태학사, 2007, 69~71쪽)

이런 정황을 놓고 볼 때, 류성룡은 상산학·양명학은 물론 도교·불교 등을 다양하게 섭렵하여 깊은 이해를 가진 상태에서 이황과의 사승, 특히 1573년 경에 학습한『大慧語錄』,『證道歌』등이 陸九淵의 설과 유사함을 깨달은 뒤로는 주자학으로 돌아왔다고 할 수 있다.

물론 류성룡은 상산학·양명학에 매몰된 것은 아니고, 비판적 수용을 했다고 하는 편이 적합할 수 있다. 하지만 자신에게 도움이 된다면 어떤 학문이든 비판적으로 연구·검토하여 수용하고자 했던 그의 학문적 자세나 성향 또한 그의 학문적 지향과 관련하여 눈여겨 볼 대목이다.

사실 류성룡은 정치가·경세가·사상가·군략가 등 매우 다층적인 면모를 지니고 있기 때문에 그의 학문과 삶을 한마디로 규정하기란 참으로 지난한 일이다. 앞에서 잠시 언급한 바와 같이 학문적인 경향에 있어서도 갈래와 계통, 기호와 취향이 워낙 포괄적이고 광범위하여 그 가닥을 잡기가 쉽지 않다. 따라서 이 장에서는 류성룡의 학문적 경향 가운데 가학의 결정과 계승에 중요한 영향을 미친 요소들을 중심으로 살펴보기로 한다.

류성룡의 학문 경향 및 서애가학의 계승과 관련하여 유념할 요소는 '忠孝淸白論',『大學』등 經學의 중시, 思索主義, 心學의 중시, 求放心과 尊德性의 강조, 善事論, 詩敎·書敎를 통한 권학, 深思熟讀의 독서론 등으로 요약된다. 다음 장에서는 이런 요소의 계승 및 발전성을 중심으로 서애가의 학풍, 즉 서애가학의 발전 및 변화의 양상들을 살펴보기로 한다.

IV. 17세기 류성룡가의 학풍 :
西厓家學의 계승과 정착을 중심으로

1. 西厓家學의 계승과 전수

류성룡에 의해 틀을 잡은 '西厓家學'은 집안 내부의 순환적 사승관
계를 통해 계승·발전되어 갔고, 때로는 상호 논변 또는 논쟁을
거치면서 보다 정련되어 갔다.

17세기 이후 여느 사대부가의 자제들과 마찬가지로 류성룡의
자손들도 영남학계의 석학들과 사승관계를 맺으며 학자적 성장을
기했다. 류성룡의 3자 류진이 장현광과 정경세의 문하를 출입한
것은 그 단적인 예가 된다. 특히 류진은 장현광의 고제그룹을 지칭하
는 '여문10현'의 한 사람으로서 그의 입문은 서애·여헌 두 문하
소통의 발판이 되었다는 점에서 주목할 만했다.[73]

류진의 장현광과 같은 外傅를 통한 학문활동의 전개는 당시 사림
사회의 관행과 흐름을 반영하는 것임에 반해 실질적인 학문은 철저
히 가학을 통해 전수된 측면이 컸다. 즉 그는 아버지 류성룡을
스승으로 삼아 학문적 방법론과 지향을 배웠으며, 이런 전통은
柳元之(손자)·柳世鳴(증손)·柳後章(현손) 대를 거치면서 가학의 전
수 및 계승의 중요한 맥락을 이루었다.

---

73) 김학수, 「17세기 嶺南學派 연구」, 한국학중앙연구원 한국학대학원 박사학
위논문, 2008.

〈그림 5〉 집안 내부의 사승 : 서애가학 계승의 고리

- 柳成龍 ⇔ 柳 袗 : 부자간
- 柳成龍 ⇔ 柳元之 : 조손간
- 柳 袗 ⇔ 柳元之 : 숙질간
- 柳元之 ⇔ 柳世鳴 : 숙질간[再從]
- 柳世鳴 ⇔ 柳後章 : 숙질간

한편 류진 대를 거치면서 서애가학은 주자학 중심의 학풍을 지향함으로써 心學이 강조되는 반면 육왕학적 요소는 잔재를 확인하기 어려울 만큼 탈색되었고, 出보다는 處를 중시하는 출처관이 자리를 잡아가게 된다. 이런 정황은 적어도 아들 류진과 손자 류천지가 遺逸로 천거되어 지평·장령 등 산림직을 수행하고,[74] 적어도 종통상으로, 류성룡 이후 최초의 문과 합격자가 8세손 류상조라는 사실에서도 방증이 된다.

아울러 류성룡 이후 서애가학의 중요한 변화의 하나는 경세론의 약화였다. 이것은 '學'의 심화와 '行'의 약화로 설명될 수 있으며, '處'를 중시했던 일문의 출처관과도 일맥상통하는 현상이었다.

물론 류성룡 이후 경세가를 지향한 인물이 전무했던 것은 아니다. 경제지재라는 측면에서 주목할 존재는 류성룡의 장자 柳袽였다. 선조~인조조의 경세관료였던 李元翼을 연상케 하는 면모를 지녔던 류여는 성리학을 비롯하여 天文·地理·陰陽·卜筮·醫藥·山水에도 해박했다.[75] 특히 그는 諸葛亮과 范仲淹을 모범으로 삼았을 만큼 경제

---

74) 禹仁秀, 『朝鮮後期 山林勢力研究』, 一潮閣, 1999, 24~28쪽.

75) 柳袗, 『修巖集』 권3, 〈伯仲兩兄遺事〉.

에 대한 포부가 컸지만[76] 28세로 단명함으로써 그 뜻을 펼치지는 못했다. 류여의 이러한 기질과 성향은 류성룡의 학자·관료로서의 두 가지 요소를 착실하게 계승한 측면이 있었지만 그 여맥이 이어지지는 못했다.

柳仲郢·景深을 거쳐 柳成龍 대에 이르러 만개했던 經世論의 약화는 서애가학의 커다란 변화로 지적할 수 있으며, 李徽逸·玄逸 형제가 『洪範衍義』를 저술하며 國家經營論을 적극적으로 모색했던 金誠一 계통의 虎派와도 매우 대조되는 현상임에 분명했다.[77]

한편 서애가학은 활발한 家內 논쟁을 통해 학문적 견해 또는 주장을 정립해 갔다. 후술하겠지만 류원지와 류세명의 '求放心圖論辨', 柳贇의 '易圖'에 대한 류세명의 疑義 제기, 류원지의 '倦翁易學圖說'에 대한 류후장의 질의·논변, 류세명과 류후장 사이의 주자 '赤心說' 등에 대한 논변 등이 그 좋은 예가 된다. 또한 풍산 류씨 일문의 학자들은 독론을 통해 선유 및 그들의 학설에 대한 비평을 가하는 학문 방식을 이어갔다. 류원지의 「讀花潭集」, 「讀栗谷集」, 「讀旅軒集」, 「讀愚伏集」과 류세명의 「讀拙齋集」이 바로 그것인데, 이런 경향 또한 서애가학의 주요한 특징의 하나로 자리매김할 수 있다.

---

76) 柳袗, 『修巖集』 권3, 〈伯仲兩兄遺事〉.
77) 김학수, 「葛庵 李玄逸 研究 - 經世論과 學統關係를 중심으로」, 한국정신문화연구원 한국학대학원 석사학위논문, 1996 ; 김성윤, 「『洪範衍義』의 정치론과 군제개혁론 : 葛庵 李玄逸을 중심으로 한 조선후기 영남남인의 실학적 경세론」, 『대구사학』 83, 2006 ; 김성윤, 「『洪範衍義』의 토지개혁론과 상업론 : 갈암 이현일의 경제사상과 그 성격」, 『퇴계학논집』 119, 2006.

1) 西厓家學의 계승 및 傳授의 階梯 : 柳袗(1582~1635)

서애가학의 계승이라는 측면에서 볼 때, 가장 주목할 인물은 류성룡의 3자 류진이었다. 후일 그가 병산서원에 종향된 사실을 감안한다면, 류진은 서애가학의 교량적 역할을 넘어 서애학파의 계승자로 인식되었음을 알 수 있다.

류성룡과 류진의 학문적 관계는 父師의 전형적인 양상으로 전개되었으며, 교육과 학습의 마디마디에 류성룡이 적극 관여하고 있었다. 류진은 10세 되던 1591년 金致仲에게 글을 배웠고,[78] 1597년에는 盧景任에게서 사서를 수학하면서부터[79] 본격적인 학업에 들어갔다. 김치중과 노경임은 둘 다 서애문인이라는 점에서 학통상의 동질성이 있었고, 특히 노경임은 류운룡의 사위였으므로 류진과는 4촌의 척분이 있었다.

류진의 노경임 문하 입문은 철저히 류성룡의 기획 하에 이루어졌다. 여기서 그는 평소 류성룡이 강조했던 경전, 특히 사서를 수학하며 학문의 근기를 강화하게 된다. 노경임은 서애문인이기에 앞서 장현광의 생질이자 문인이었고, 사서를 강조했던 여헌학의 정수를 잘 체득한 학자·관료였다.

> 景閔이『心經附註』의 의심스럽고 잘 모르는 부분을 가지고 선생에게 질문하니, 선생께서는 '蒙學의 선비는 읽기가 쉽지 않은데 세상의 학자들은 고원한 것을 좋아하여,『심경』과『近思錄』이 아니면 남에게 묻기를 부끄러워하여 오직 남의 耳目에 별다르게 보이려고만

---

78) 柳袗,『修巖年譜』권1, 〈辛卯〉.
79) 柳袗,『修巖年譜』권1, 〈丁酉〉.

한다. 그리하여 애당초 몸을 닦는 큰 방법과 德에 들어가는 규모가 四書와 『小學』에서 벗어나지 않음을 알지 못하니, 매우 한탄할 만하다. 배움은 간절하고 가까워야 하며 범범하고 먼 것을 귀중히 여기지 않으니, 너와 같은 晚學은 『論語』와 『孟子』를 익숙히 읽는 것이 좋다.' 하였다.[80]

즉, 류성룡은 경학의 길잡이로서 노경임을 擇師하여 아들의 학업을 지도하게 했고, 자신 또한 서간을 통해 사서의 중요성을 강조하며 精思·熟讀할 것을 당부했다.

四書는 학문하는 자의 府庫이다. 이러한 근본이 없으면 다른 책을 읽어도 보탬이 되지 않는다. 모름지기 盧校理(盧景任)를 스승으로 삼아 배우면서 정사·숙독하는 것이 좋겠다.[81]

위 인용문에 나오는 '四書', '精思·熟讀'은 서애가학의 키워드의 하나이고, 시와 서간을 통한 교육, 즉 詩敎·書敎 또한 류성룡에 있어 자제 교육의 중요한 방편으로 자리하게 된다.

사실 '서애가학' 내지는 '西厓家法'의 대체는 '충효' 두 글자에 녹아 있었다. 1607년 류성룡은 임종 직전에 다음과 같은 시를 통해 자제들에게 보내는 마지막 당부의 마음을 담았는데, 그 핵심이 바로 충효였던 것이다.

숲 속의 한 마리 새는 쉬지 않고 우는데

---

80) 張顯光, 『旅軒集』 續集 권9, 附錄 〈就正錄(門人趙任道撰)〉.
81) 柳袗, 『修巖集』 권1, 〈丁酉〉.

문밖에는 나무 베는 소리가 정정하누나
한 기운이 모였다 흩어지는 것도 우연이기에
평생 부끄러운 일 많이 한 것이 한스러울 뿐
권하노니 자손들아 이것을 꼭 삼가라
충효 이외의 다른 일은 없는 것이니라[82]

이후 충과 효는 서애집안의 가학 또는 가법의 중요한 원칙으로 정착되어 갔고, 학문과 행신의 기본정신 또한 여기에 그 근본을 두고 있었다. 류진이 '忠孝一事論'을 강조하고, 증손 柳宜河가 종가의 당호를 '忠孝堂'으로 삼은 것은 그러한 원칙과 정신의 투철한 계승이었다.[83] 류진의 '충효일사론'은 '世臣論'에 바탕한 논리였는데, 그 기저에는 류중영→류성룡을 통해 형성된 세신으로서의 공인의식이 강고하게 자리하고 있었다. 일찍이 세신론에 바탕하여 사소한 관직조차도 마다하지 않음으로써 이황으로부터 극찬을 받은 成守琛의 출처론을 모범으로 삼고,[84] 충과 효를 모두 보전하지 못한 초나라의 伍員(伍子胥)에 대해서는 극론을 가하며 경계로 삼은[85] 배경도 여기에 있었다. 이런 맥락에서 그는 기회가 있을 때마다 세신론을 강조하며 가법을 정립해 나갔던 것인데, 조카 류원지가 기록한 류진의 「언행록」에는 세신의식의 일단이 잘 표현되어 있다.

일찍이 나에게 '나는 世臣이므로 산림으로 자처하여 어영부영하

---

82) 柳成龍, 『西厓年譜』 권2, 〈有詩一首示子弟〉.
83) 李栽, 『密菴集』 권13, 〈忠孝堂記〉.
84) 柳袗, 『修巖集』 권2, 〈答金以志 丙辰〉.
85) 柳袗, 『修巖集』「年譜」 권2, 〈言行錄〉.

게 지낼 수는 없다. 너희들도 모름지기 이 뜻을 알아야 할 것이다.[86]

한편 류진은 퇴계학을 철저히 따르면서 자가의 가학적 전통을 세워나갔다. 이것은 류중영·성룡과 이황과의 학연에 더해 당시 영남사림이 추구했던 학문적 방향성과도 일치했다. 류진이 아버지 류성룡을 통해 퇴계학을 계승했음은 의심의 여지가 없고, 류성룡 또한 류진이 이황의 문하에서 수학하지 못했음을 한스럽게 여겼을 정도로 류진의 학문적 환경에서 이황이 차지하는 비중은 컸다. 이른바 '퇴계경모론'으로 요약되는 이황에 대한 계승의식은『수암집』의 곳곳에서 확인할 수 있지만 1611년에 지은 시(敬次退溪先生韻)에서는 퇴계학에 대한 강한 향념이 느껴졌고,[87] 1614년 9월 조카 류원지를 대동하고 도산서원에서 시작된 청량산 유람은 퇴계학의 자취를 찾아가는 순례의 과정으로 해석할 수 있었다. 특히 그는 도산서원에서 정학을 강명하여 예의의 문명을 일으킨 이황의 학문적 공로에 대해 무한한 경모의 마음을 표현함은 물론 1562년 당시 입문하여『심경』,『근사록』을 학습하는 한편으로 이황과 함께 단사협을 유람했던 아버지 류성룡의 모습을 회상하며 이황→ 류성룡으로 이어지는 학통의식을 우회적으로 표출키도 했다.[88] 위에서 언급한 시와 유람기가 이황에 대한 존경심의 표현이라면 지방관 재임 때마다 열정을 보인 예안향약의 보급은 퇴계학의 구체적 적용과 확산의 행위에 다름 아니었다. 예안향약의 보급활동은 1618년 상주

---

86) 柳袗,『修嚴集』「年譜」권2,〈言行錄〉.
87) 柳袗,『修嚴集』권2,〈敬次退溪先生韻三首(辛亥)〉.
88) 柳袗,『修嚴集』권4,〈遊淸凉山日記〉.

로 이거하면서부터 구체화 되었고,[89] 1623년 봉화현감 재직시와 1632년 합천현감 재직시에는 향풍 교화의 수단으로써 예안향약을 시행했던 것이다.[90] 특히 합천현감 재직 때에는 조식의 연원록인 『山海師友淵源錄』의 편찬자이자 17세기 중반 남명학파의 중견 학자였던 朴絪을 매개로 하여 향약을 시행하였는데, 이는 남명학파권을 대상으로 한 퇴계학의 적용이라는 점에서 그 의미가 자못 특별했다.[91]

서애가학의 계승이라는 측면에서 볼 때 가장 초점이 되는 것은 역시 류진이 류성룡으로부터 어떤 학문적 영향을 받았고, 또 그것이 어떻게 전수되어 갔는가에 있다.

김치중과 노경임에게서 수학하던 류진이 류성룡에게 직접 수업한 것은 18세 때인 1589년이었다. 이때 그는 『중용』을 비롯한 경전 공부에 열중하는 한편 류성룡으로부터 경전 해석에 있어 선유들의 오류까지도 세세한 가르침을 받았다.[92] 기록상 두 부자 사이의 직접적인 학문 수수관계는 사실상 이것이 전부이지만[93] 이후에도 류성룡은 시서를 통해 끊임없이 아들의 학업을 권면·독려했다. 그때마다 그가 강조한 것은 사서에 바탕한 근기의 배양과[94] 본원에 충실하는 학자적 자세였다.[95]

---

89) 柳袗, 『修巖集』 「年譜」 권2, 〈戊午〉.
90) 柳袗, 『修巖集』 「年譜」 권2, 〈癸亥〉 및 〈壬申〉.
91) 柳袗, 『修巖集』 권2, 〈與朴伯和絪〉.
92) 柳袗, 『修巖集』 「年譜」 권2, 〈己亥〉.
93) 류진은 1606년 류성룡이 퇴관하여 안동 西美洞에서 휴양할 때 중형 및 金延祖 등과 함께 일시 왕래하며 수업한 바 있다.(柳袗, 『修巖集』 「年譜」 권2, 〈丙午〉.)
94) 柳成龍, 『西厓集』 권12, 〈寄子袗〉.

경신년(1560, 명종 15) 겨울에 『孟子』한 질을 가지고 관악산에 들어가서 두어 달 동안 20여 차례 읽고 나서야 겨우 첫머리부터 끝까지 욀 수가 있었다. 산에서 내려와 서울로 오는 동안 말 위에서 다른 생각은 하지 않고 梁惠王章에서 盡心章까지 모두 기억할 수 있었다. 비록 그 정밀한 뜻을 깊이 알지 못했지만 군데군데 마음에 이해가 되는 곳이 있었다. 그 이듬해 하회에 와 있으면서 『春秋』를 30여 번을 읽고선 이때부터 조금씩 문장의 흐름을 이해하게 되어 다행히 급제하였다. 지금에 와서는 그때 좀 더 공부를 하여 사서를 백여 번 읽었더라면 하고 언제나 한이 된다. 만일 그렇게 하였더라면 얻은 바가 기필코 오늘같이 보잘 것 없지는 않았을 것이다. 그러므로 늘 너희들에게 사서를 읽으라고 말한다.[96]

이러한 詩敎 및 書敎는 사망하기 직전까지도 계속되었는데, 1607년 정월에는 마음잡는 操存工夫를 강조한 許衡의 시를 써주면서 일생토록 체념할 것을 당부했던 것이다.[97]

결국 류성룡은 사서를 정사·숙독하여 근본을 배양하고, 허위를 배격하여 마음잡는 공부에 전념하는 것을 학문의 요체로 삼았던 것이고, 류진은 그런 가르침과 당부를 착실히 계승함으로써 서애가학의 틀을 확립할 수 있었던 것이다.

류성룡 → 류진으로 이어지는 학문적 연속성은 류진이 경전 중에서도 『대학』을 중시하여 「格致說」을 저술한 것,[98] 『맹자』의 求放心을 학문의 요체로 삼아 자제를 교육한 것,[99] 마음잡는 일을 중시하여

---

95) 柳成龍, 『西厓集』 권2, 〈示兒輩讀書山寺二首〉.
96) 柳成龍, 『西厓集』 권12, 〈寄諸兒〉.
97) 柳袗, 『修巖集』 「年譜」 권2, 〈丁未〉.
98) 柳袗, 『修巖集』 권3, 〈格致說〉.

'하루 종일 조용히 앉아있는 것은 쉽지만 마음을 잡는 일은 일각도 어렵다네(晝靜坐終日易 操存一刻難)'라는 10자를 좌우명으로 삼은 것,[100] 名實의 조화를 강조한 것에서[101] 충분히 확인할 수 있다.

아울러 그가 아들 류천지에게 특별히 강조했던 淸心·靜慮 및 靜處勤讀의 학습관은[102] 류성룡의 靜思·熟讀과 일맥상통하는 것이 었으며, 또 류성룡이 자제 교육법으로 자주 활용했던 시교·서교 또한 그를 통해 착실히 계승되어 갔다.[103]

이런 흐름 속에서 류진은 서애가학의 계승자를 넘어 이황→ 류성룡으로 이어지는 학통의 적전으로 인식되었고,[104] 1662년(현종 3)에는 屛山書院에 종향되기에 이른다.[105] 그리고 그를 통해 기틀이 잡힌 서애가학은 조카 류원지에게 전수되어 학문적 깊이를 더해가게 된다.

2) 朱子學的 學風의 정착과 西厓家學의 발휘 : 柳元之(1598~1674)

류성룡→ 류진으로 이어지는 서애가학을 계승하여 17세기 중반 풍산 류씨의 학풍을 이끈 사람은 류원지(1598~1678)였다. 류성룡의 장손인 그는 8세에 아버지가 사망함으로써 성장기의 대부분을 숙부

---

99) 柳袗, 『修巖集』「年譜」 권2, 附錄 〈言行錄〉.
100) 柳袗, 『修巖集』「年譜」 권2, 附錄 〈言行錄〉.
101) 柳袗, 『修巖集』 권3, 〈雜錄〉.
102) 柳袗, 『修巖集』 권2, 〈答兒千之(甲戌)〉.
103) 柳袗, 『修巖集』 권2, 〈宗人冠禮時書贈〉.
104) 柳元之, 『拙齋集』, 〈拙齋集跋〉(柳宗春撰).
105) 洪汝河, 『木齋集』 권7, 〈屛山書院修巖奉安文〉.

류진의 보호 속에서 보냈다. 류원지 자신의 표현대로, 그는 숙부 류진을 시종하며 학문 및 행신의 방법과 '文忠古家'의 장손으로서 지녀야 할 법도와 규범을 익혔다.[106] 이런 과정 속에서 류원지는 자연스럽게 가학을 착실히 계승함은 물론 17세기 중반 영남학파를 대표하는 학자로 성장할 수 있었던 것이다.

류진과 류원지는 정리상 부자의 관계나 마찬가지였다. 1612년 류진이 옥사에 연루되었을 때 호곡하며 가장 먼저 달려간 것도 류원지였고,[107] 1614년 류진이 도산서원을 거쳐 청량산에 이르는 유람에 굳이 류원지를 대동한 것은[108] 퇴계학파 일원으로서의 유대감을 심어주기 위한 배려였다. 이런 맥락에서 류원지는 류진의 「행장」 및 「언행록」을 지어 숙부이자 스승의 학문과 행의를 기렸는데, 1662년(현종 3)에 이루어진 류진의 병산서원 종향도 사실상 류원지가 기획·추진한 것으로 보는 것이 옳을 것 같다.

류원지의 학문은 크게 퇴계학의 독실한 수용과 계승, 류성룡·류진을 통해 틀을 다진 서애가학의 확충으로 요약할 수 있다. 류원지에 있어 이황은 退讓을 미덕으로 삼아 성리학에 잠심하여 盛名을 이룬 존재였고, 거기에 비견될 수 있는 사람이 곧 류성룡이었다.[109] 출처의 엄정함이나[110] 학문의 순정함에 있어 이황은 立心의 표준으로 인식되어 있었고,[111] 이런 인식은 자제들의 훈육에 있어서도 필수적

---

106) 柳元之, 『拙齋集』 권13, 〈謙庵先生文集跋〉.
107) 柳袗, 『修巖集』 권4, 〈壬子日錄〉.
108) 각주 86) 참조.
109) 柳元之, 『拙齋集』 권9, 〈寄兒兼示孫兒丁酉〉.
110) 柳元之, 『拙齋集』 권9, 〈示孫兒〉.
111) 柳元之, 『拙齋集』 권9, 〈寄兒兼示孫兒丁酉〉.

인 조목이 되었을 뿐만 아니라 퇴계학의 계승을 넘어 수호의 단계로
까지 발전하는 중요한 이유가 되었다.

그가 「讀花潭集」, 「讀栗谷集」, 「讀旅軒集」 등의 독후감을 통해
주기적 학설 또는 친불적 학풍을 비판하고,[112] 잡저인 「記聞」과
「讀愚伏集」에서는 서경덕·이항·김장생·이수광 등의 학문을 강도
높게 비판한[113] 배경도 여기에 있었다. 이런 측면에서 본다면 류원
지는 퇴계학파 내에서도 이휘일, 이현일 등 학봉계열과는 차별되는
서애계열을 대표하는 '퇴계학 수호론자'로 규정할 수 있다.

'忠孝一事論' 및 '經典府庫論' 등으로 집약되는 서애가학의 특징적
요소는 류원지 대에도 충실하게 계승되고 있었다. 충효일사론의
경우 주로 시서를 통한 권면의 성격을 띠고 있었고, 그 빈도가
류성룡·류진보다 현격하다는 점에서 시교·서교적 교육론은 류원지
대에 훨씬 더 확대·강화되었다고 할 수 있었다.

사실 서애가문에 있어 충효는 일상적 수칙이었지만 류원지는
기회가 있을 때마다 이를 환기시키며[114] 가법을 지켜나갔으며, 때로

---

112) 「讀花潭集」에서는 서경덕의 소견은 '迫狹'하여 후학을 그르치는 학문으로
규정했고, 「讀栗谷集」에서는 이이를 賢人으로 인정하면서도 理氣說에
관해서는 완곡한 비판을 가했으며, 「讀旅軒集」에서는 장현광의 理氣說이
이이의 설과 동일 機軸임을 비판하면서도 자신의 스승 류진이 장현광의
문인이라는 연원성을 고려하여 언사는 사뭇 정중한 차이가 있었다.(柳元
之, 『拙齋集』 권11, 「讀花潭集」, 「讀栗谷集」, 「讀旅軒集」.)

113) 서경덕의 학문은 苦心·極力하여 구한 면은 있으나 門路가 바르지 않아
參差함을 면치 못함을 지적했고, 李恒은 오로지 '氣字'만을 주장하는 자일
뿐이라고 일갈했으며, 김장생에 대해서는 이황의 分理氣二物說을 비판한
것을 재비판했다. 「讀愚伏集」에서는 李睟光을 장자에 물든 인물로 규정하
고 그 주장이 확산되어 학자들을 그르치게 될 것에 대한 깊은 우려를
표명했다.(柳元之, 『拙齋集』 권11, 「讀愚伏集」; 권12, 「記聞」.)

114) 柳元之, 『拙齋集』 권1, 〈示兒戊子〉.

는 류성룡의 유훈과 류진의 가르침을 재삼 강조하며 충효의 정신을
주입하는 데 골몰했다.[115]

> 내가 어릴 때 季父 지평공(柳袗)께 배웠는데, 공은 늘 '사람은
> 덕행으로써 근본을 삼는데, 그러한 근본이 없다면 그 글이 비단처럼
> 화려한들 무슨 도움이 있겠는가?'라고 가르치시면서 항상 충효·청
> 백을 지켜 가전의 구업을 실추시키지 말라고 경계하셨다. … 우리
> 집에 다른 물건은 없고, 오직 충효와 청백이 있을 뿐이다.[116]

일찍이 그가 아들들에게 보낸 서간에서 서모에 대한 예를 특별히
당부한 것은 충효의 구체적 실천에[117] 다름 아니었다.

충효일사론은 善事論과 표리를 이루고 있었다. 특히 류성룡의
유계에 바탕한 선사론은 류원지에 의해 '善事·善士論'으로 발전되었
다. 류성룡은 임종 때 유시와 유계를 함께 남겼는데, 전자의 요체는
충효였고, 후자의 핵심은 선사론이었다.[118] '힘써 훌륭한 일을 생각
하고[力念善事], 힘써 그 일을 행하라[力行善事]'라는 이 '八字遺誡'는
서애가의 學과 行의 守則처럼 받아들여졌다.

류원지에 있어 선사는 훌륭한 일을 생각하고 실천하는 사람, 고담
대언이나 허위·교만을 일삼지 않고 내실을 기하는 사람이었고,[119]
자손들도 그런 선사가 되기를 갈망했다. 즉 류원지는 발군의 선비는

---

115) 柳元之, 『拙齋集』 권1, 〈縣齋有懷示兒二首〉.
116) 柳元之, 『拙齋集』 권9, 〈寄兒兼示孫兒丁酉〉.
117) 柳元之, 『拙齋集』 권9, 〈寄兒輩別紙丁丑〉.
118) 柳元之, 『拙齋集』 권1, 〈縣齋有懷示兒二首〉.
119) 柳元之, 『拙齋集』 권9, 〈書寄子孫別紙〉.

차치하고라도 자손들이 凡儒로 전락하는 것을 예방하는 차원에서 '善事論'에 바탕한 '善士論'을 입론하여 이를 끊임없이 강조했던 것이다.[120)

한편 사서 등 경전을 학문의 근본으로 삼는 경전부고론과 정사숙독 및 구방심의 공부론 또한 류원지 대에 한층 강조된 측면이 있었다. '處'를 지향하며 순수 학문에 전념한 그의 정신 및 학자적 환경이 '本源工夫'에 대한[121) 열정을 지폈던 것으로 해석할 수 있다. 류원지에 있어 본원공부는 求放心의 자세로 경전을 靜思熟讀하여 善士가 되는 것이었고, 이런 인식은 집요할 만큼의 반복적 강조를 통해 자손들에게 주입되어갔다.

류원지는 학자에게 경전은 치병에 있어 의서와 같은 존재로 여겼고,[122) 작문 또한 경전의 범주를 벗어나지 않는다고 보았다.[123) 다만 정사숙독의 자세로 반복하여 음미하고,[124) 흡사 거울을 다듬는 정성으로 반복적인 학습을 할 것을 강조했다.[125) 경전 중에서도 그가 중시한 것은 『소학』 및 사서였고, 그 가운데에서도 『대학』과 『중용』을 특히 중시했는데,[126) 이는 류성룡 이래 대학을 강조했던 가학의 뚜렷한 계승 양상이었다.

한편 류원지는 구방심을 위학의 선무로 삼았는데,[127) 전술한 바와

---

120) 柳元之, 『拙齋集』 권9, 〈示孫兒〉意 世世無替.
121) 柳元之, 『拙齋集』 권9, 〈寄示兒曹別紙丁亥〉.
122) 柳元之, 『拙齋集』 권13, 〈書讀書法冊後〉.
123) 柳元之, 『拙齋集』 권13, 〈書書傳諺解謄本後〉.
124) 柳元之, 『拙齋集』 권9, 〈寄子宜河書〉.
125) 柳元之, 『拙齋集』 권9, 〈寄宜河書〉.
126) 柳元之, 『拙齋集』 권9, 〈寄宜河書〉.
127) 柳元之, 『拙齋集』 권13, 〈敬題書冊置簿後〉.

같이 이는 철저히 류진의 가르침에 바탕하는 것이었고[128] 자손 교육에 있어서도 필수 요건으로 다루어졌다.[129] 여기서 한 가지 주목할 것은 류원지가 류진의 가르침을 답습하는 데 그치지 않고 이를 가학적 전통으로 보다 심화·정착시켰다는데 의의가 있는데, 그런 요소는 그가 「收放心圖」를 저술함은[130] 물론 족질 류세명과 함께 이에 대한 토론을 벌인 것에서[131] 분명히 확인할 수 있다. 특히 그가 「收放心圖」의 도설에서 '구방심'을 학문의 要功으로 표현한 것에서[132] 보듯 '구방심'은 류원지 대를 거치면서 이해의 깊이를 더해가며 서애가학의 중요한 특징으로 정착되어 갔던 것이다.

뿐만 아니라 류원지는 류진이 강조했던 愼獨의 자세와 '마음가짐[操存]' 공부를 학자의 긴요처로 삼아 자제들을 교육했고,[133] 1621년에 지은 '명설'에서는 實을 강조하는 학문적 방향을 담았는데,[134] 이 또한 허명을 배격하고 내실을 추구했던 류진의 실용적 학풍을 계승한 것이었다. 또한 그는 難進易退의 출처관을 지녀 출사에 매우 소극적이었고, 자제들이 논인·논사하거나 조정의 득실을 논하는 것을 극도로 경계했다.[135] 하지만 그는 자손들이 출사하는 것을 반대하지는 않았고, 1666년과 1671년 아들 의하가 출사했을 때는

---

128) 柳元之, 『拙齋集』 권9, 〈書寄子孫別紙〉.
129) 柳元之, 『拙齋集』 권9, 〈寄示兒曹別紙丁亥〉, "孟子曰學問之道無他 求其 放 心而已矣."
130) 柳元之, 『拙齋集』 권11, 〈收放心圖幷說〉.
131) 柳元之, 『拙齋集』 권9, 〈答族姪爾能別紙 論收放心圖〉.
132) 柳元之, 『拙齋集』 권11, 〈收放心圖幷說〉.
133) 柳元之, 『拙齋集』 권2, 〈寄長兒 辛亥〉.
134) 柳元之, 『拙齋集』 권11, 〈名說辛酉〉.
135) 柳元之, 『拙齋集』 권9, 〈寄示兒輩別紙〉.

근신과 염결에 바탕한 처관 및 임관의 요법을 훈계하기도 했다.[136] 아울러 종제 류천지가 공릉참봉으로 부임할 때는 류성룡의 유훈을 거론하며 공인으로서의 직무는 물론 본원의 공부에 힘쓸 것을 특별히 당부하기도 했다.[137]

이처럼 류원지는 독서법을 제정하고 학문의 지침을 마련하여 이를 시교·서교의 방식으로 가르침으로써 서애가학의 계승과 발전을 도모하는 가운데 서당을 건립·운영하고[138] 도서를 대대적으로 비치함으로써[139] 서애가학의 미래를 더욱 탄탄하게 만들어갔던 것이다.

아울러 종제 류천지, 재종질 류세명 등과 학문을 토론하며[140] 일가의 학문적 분위기를 크게 고조시키는 한편으로 1672년(현종 13)에는 류빈의 역도에 해설[倦翁贅易學圖解]을 붙임으로써[141] 풍산 류씨의 가학연원에 대한 계승 및 발양의식을 천명하게 된다. 특히 이 도해는 재종질 류세명으로부터 心學의 핵심을 담아낸 업적으로 평가받기도 했다.[142]

지금까지 언급한 류원지의 학자적 자세와 학문적 지향 그리고 후손들에게 남기고 싶었던 당부와 가르침은 '아이들에게 보인다[示

---

136) 柳元之, 『拙齋集』 권9, 〈寄宜河書〉, 〈寄宜河書(丙午)〉, 〈答宜河別紙(辛亥)〉.
137) 柳元之, 『拙齋集』 권12, 〈送從弟子强赴恭陵寢郎序〉.
138) 柳元之, 『拙齋集』 권12, 〈河回書堂呈府伯文〉.
139) 柳元之, 『拙齋集』 권13, 〈敬題書冊置簿後〉, 〈又(敬題書冊置簿後)〉.
140) 柳元之, 『拙齋集』 권9, 〈與堂弟子强千之別紙〉 및 〈答族姪爾能別紙〉, 〈答爾能別紙〉, 〈重答爾能別紙〉.
141) 柳元之, 『拙齋集』 권11, 〈倦翁贅易圖解壬子〉.
142) 柳世鳴, 『寓軒集』 권3, 〈上拙齋先生〉.

兒輩'라는 시와 '壁上自警文'에 응집되어 있다. '아이들에게 보인다 [示兒輩]'는 敦睦·自守·涉世·山居·自責·勸學·讀書·自省 등 총 9수로 구성되어 있으며,[143] 서애집안의 가법 및 가학의 요체를 담아낸 것이라 할 수 있다. 류원지의 친필로 전해오던 이 시는 현종연간 재종질 류세철이 손수 정사하여 詩板으로 새겨 인출했고,[144] 그 후 1677년(숙종 3) 역시 재종질 柳世鳴이 이를 병풍으로 꾸며 일문의 진장으로 남기게 된다. 이 때 그는 이 시를 풍산 류씨의 家範과 心學의 요체를 담은 유림의 모범이자 일가의 寶畜으로 평가하였다.[145]

'壁上自警文'은 默·思·矯輕·警惰·克己 등 학자로서 경계해야 할 5가지 조목으로 구성되어 있다.[146] 이 또한 일가의 치심·처세의 준칙이 되었음은 두 말할 나위가 없지만 특히 경솔함을 경계한 '矯輕' 조항은 류세명에게 커다란 영향을 미치게 된다.[147]

이런 맥락에서 류원지는 류성룡→ 류진으로 이어지는 서애가학의 계승자로서의 위상을 확고히 다짐은[148] 물론 홍여하·이휘일·이현일 등 17세기 중후반 퇴계학파를 대표하는 학자로 인식되었는데, 가학적 측면에서 그의 학문을 가장 착실히 계승한 인물은 재종질 류세명이었다.

---

143) 柳元之, 『拙齋集』 권2, 〈示兒輩〉.
144) 柳世鳴, 『寓軒集』 권6, 〈拙齋先生示子孫詩跋〉.
145) 柳世鳴, 『寓軒集』 권6, 〈拙齋先生示子孫詩跋〉.
146) 柳元之, 『拙齋集』 권12, 〈壁上自警文〉.
147) 柳世鳴, 『寓軒集』 권5, 〈讀拙齋先生文集〉.
148) 柳元之, 『拙齋集』, 〈拙齋先生文集跋〉(柳宗春).

2. 西厓家學의 정착과 확대 : 17세기 중후반

1) 西厓學의 변호와 心學의 家學化 : 柳世鳴(1636~1690)

서애가학의 계통과 특징을 밝히는 데 주안점을 두고 편찬된『풍산
류씨가학연원록』에서 류성룡의 자손이 아니면서 가장 두드러진 학
문적 업적을 남긴 인물이 바로 柳世鳴(1636~1690)이었다.

류세명은 류운룡의 손자 柳元履의 6자로 1660년(현종 1) 사마시에
입격하고 1675년(숙종 1) 문과에 합격하여 사관·이조정랑을 거쳐
1689년 기사환국 뒤에는 지평·교리·헌납 등 3사의 요직을 두루
역임했다.

특히 그는 학식과 문장이 뛰어나 弘文錄에도 입록될 만큼 엘리트
문신으로 촉망을 받았다. 이런 이력을 고려한다면, 그의 학자·관료
적 삶은 종증조 류성룡의 그것과 매우 흡사하다고 할 수 있다.
일찍이 류원지는 그에게 世務에 관심이 있는 자라면 시사를 논한
류성룡의 疏箚 및『軍門謄錄』을 숙독할 것을 강조한 바 있었는데,[149]
이는 류원지가 그에게서 經世家的 자질을 발견했음을 의미했다.

류세명은 16세 때 재종조 류원지의 문하에서 수학하여 퇴계학과
서애가학의 정수를 배웠다. 그는 류원지를 통해 충효가 서애가법
및 가학의 정수임을 체득했고,[150] 이런 맥락에서 서애가학의 계승과
발전에 기여한 류원지의 역할을 분명하게 인식하고 있었다.[151]

---

149) 柳世鳴,『寓軒集』권5,〈讀拙齋先生文集〉.
150) 柳世鳴,『寓軒集』권1,〈伏蒙再從叔父拙齋先生賜示李觀海見贈一律 仍命附
　　　和 謹綴蕪語 薄寓下懷〉.
151) 柳世鳴,『寓軒集』권1,〈次拙修堂韻〉.

무엇보다 그는 약 27년간 류원지의 문하에서 수학하는 동안 그의 학문과 행의를 체득함은 물론 문목, 품의 등 다양한 방식을 통해 가내의 토론문화를 촉진시키며 학문의 깊이를 더해갔다. 류원지와 류세명 사이의 학문토론은 주로 '求放心' 및 「易學圖解」를 주제로 전개되었으며[152] 이 과정에서 류원지는 류세명의 학문적 정심함에 칭찬을 아끼지 않으며 학업을 더욱 면려했는데,[153] 류세명의 저술 「求放心箴」[154]과 「倦翁易圖記疑」[155]는 이러한 토론과 권면의 소중한 결실이자 가학의 심화 과정이라는 점에서 매우 주목되는 현상이었다.

그는 근본을 중시하는 류원지의 학풍에 따라 본원공부에 열중했고,[156] 사환과 詞役의 와중에도 성리학에 침잠하여[157] 학자로서의 영역을 구축할 수 있었던 것이다. 특히 그는 格致와 誠敬 그리고 操存의 공부에 더욱 공을 들임으로써 학문이 순정하고 행의가 독실한 학자로 평가되었다.[158] 아울러 절친한 사우였던 이유장은 관료가 아닌 학자적 관점에서 그를 인식하고자 했고, 갈암학파의 고제 권두인은 그를 영남의 제일 인물로 일컫는 데 주저하지 않았다.[159]

한편 류세명에게 있어 류원지는 절대적인 존재에 가까웠다. 그는 류원지의 '인심도심설'과 '이기설'을 주자 이후의 정론으로 평가하는 한편 겸덕에 바탕한 '경'의 공부를 '졸재학'의 핵심으로 파악했다.[160]

152) 柳世鳴, 『寓軒集』 권3, 〈上拙齋先生論求放心圖〉, 〈稟目〉, 〈上拙齋先生〉.
153) 柳世鳴, 『寓軒集』 권8, 附錄 〈家狀〉.
154) 柳世鳴, 『寓軒集』 권6, 〈求放心箴〉.
155) 柳世鳴, 『寓軒集』 권5, 〈倦翁易圖記疑倦翁本註拙齋圖解〉.
156) 柳世鳴, 『寓軒集』 권8, 附錄 〈家狀〉.
157) 柳世鳴, 『寓軒集』 권8, 附錄 〈墓碣銘〉(柳台佐撰).
158) 柳世鳴, 『寓軒集』 권8, 附錄 〈家狀〉.
159) 柳世鳴, 『寓軒集』 권8, 附錄 〈墓碣銘〉.

결국 그는 류원지 학문의 본령이라 할 수 있는 '주정지경'·'정사역천' 및 조존의 지결을 배웠고, 이를 체화하여 발전시킴으로써 서애가학을 이해와 적용의 폭을 한 단계 더 끌어올릴 수 있었던 것이다.[161] 그 학문적 수수관계가 이처럼 긴밀했던 탓에 류원지는 자신의 문자를 전수할 만큼[162] 그를 매우 신뢰하고 애중히 여겼던 것이다. 전술한 바와 같이 그가 류원지의 시 '아이들에게 보인다[示兒輩]'를 병풍으로 꾸밈은 물론 「讀拙齋先生文集」,「拙齋先生祭門」,「拙齋先生墓誌」 등 사문의 대표적 추양문자를 찬술한 것도 가학의 계승자로서의 역할에 근거한다. 후일 柳台佐가 '寓軒墓碣銘'에서 그를 陶山心學에 바탕을 둔 서애가학의 우뚝한 계승자로 언명한 배경도 여기에 있는 것이다.[163]

2) 가학의 보수적 정착 : 柳後章(1650~1706)

류세명 이후 풍산 류씨 일문을 대표하는 학자로 떠오른 인물은 류후장이었다. 류원지의 3자 류만하의 아들인 그는 9세에 조부 류원지로부터 소학을 읽으며 학문의 대방과 행신의 도리를 배워나갔고,[164] 18세 때는 홍여하의 문하에서 주역을 수업했다.[165] 이

---

160) 柳世鳴, 『寓軒集』 권5, 〈讀拙齋先生文集〉.

161) 柳世鳴, 『寓軒集』 권6, 〈祭拙齋先生文〉.

162) 柳世鳴, 『寓軒集』 권1, 〈輓拙齋先生〉.

163) 柳世鳴, 『寓軒集』 권8, 附錄 〈墓碣銘〉(柳台佐撰).

164) 柳後章, 『主一齋集』 附錄, 〈行狀〉 ; 〈遺事〉.

165) 홍여하는 류성룡의 문인 洪鎬의 아들로 金應祖·柳元之를 이어 17세기 중반의 서애학파를 실질적으로 이끈 인물이었다.(김학수, 「17세기 嶺南學派 연구」, 한국학중앙연구원 한국학대학원 박사학위논문, 2008, 351~352쪽) 류후장이 홍여하를 사사한 것은 서애학파라는 학문 연원의 동질성에

때 그는 홍여하로부터 학자적인 자질을 크게 인정받고 학문에 더욱 진력했다고 한다.166) 수학기에 류후장과 류세명의 학문적 관계성은 자세하지 않다. 다만, 류세명 사망시에 류후장이 지은 제문에 따르면, 일문으로서 매우 긴밀하게 지낸 것은 사실이지만 '執經受業'한 관계는 아닌 것 같다.167) 후술하겠지만 비록 두 사람은 사제관계는 아니었지만 졸재문하의 동문으로서 상호 종유관계에 있으면서 활발한 토론을 통해 가학 및 영남학의 발전에 기여하게 된다는 점에서 그 역할과 존재성은 매우 주목할 만했다.

류후장의 경우도 충효를 가법 및 가학의 원두로 인식했고,168) 사서를 학문의 근본으로 삼았으며,169) 경을 강조하며 본원의 공부를 지향했다는 점에서는170) 서애가학의 골자를 잘 체득했다고 할 수 있었다. 아울러 그는 '精思熟讀'의 독서론,171) 류빈→ 류성룡→ 류원지→ 류세명으로 이어지는 일가의 역학 전통 또한 잘 이어나감으로써172) 류원지에 의해 발휘된 서애가학의 실질적 계승자로 인식될 수 있었던 것이다.173)

무엇보다 그는 족숙 류세명과의 활발한 학문토론을 통해 가내의 학문적 분위기를 고조시킴은 물론 이를 통해 풍산 류씨 일문의 학문적

서 기인한다.
166) 柳後章, 『主一齋集』 附錄, 〈行狀〉.
167) 柳後章, 『主一齋集』 권2, 〈祭寓軒文〉.
168) 柳後章, 『主一齋集』 附錄, 〈墓誌〉.
169) 柳後章, 『主一齋集』 附錄, 〈遺事〉.
170) 柳後章, 『主一齋集』 附錄, 〈遺事〉.
171) 柳後章, 『主一齋集』 附錄, 〈墓誌〉.
172) 柳後章, 『主一齋集』 附錄, 〈遺事〉.
173) 柳後章, 『主一齋集』 附錄, 〈墓碣〉.

위상을 크게 높이게 된다. 이들 상호간에 이루어진 토론은 '심학'을 비롯하여 주자의 赤心說과 觀心說 등 그 주제가 다양했다.[174]

V. 맺음말

류성룡을 정점으로 하는 서애가학은 15세기 이래 풍산 류씨의 가문적 성장과 궤를 같이하며 온축되어 왔고, 류성룡이라는 뛰어난 학인을 통해 하나의 家學으로 결정되었다. 서애가학의 연원은 안동 하회에 일가의 터전을 마련한 류성룡의 6대조 류종혜로까지 소급할 수 있고, 이후 그의 아들 및 손자 대를 거치면서 김종직·김계행 등과의 척연을 통해 사림파의 학풍을 수용하며 학문적 근기를 배양해 왔다. 특히 주목할 것은 류성룡의 고조 류소는 처가(안동 권씨)를 통해 권보→ 이제현→ 이곡·이인복·백문보→ 이색→ 권근으로 이어지는 안동 권씨 '陽村家學'을 간접적으로 계승하였는데, 이는 서애가학에 혼재된 사림성 및 훈구성과 관련하여 많은 것을 시사한다.

한편 서애가학은 서울을 거점으로 하는 '都會文化'와 깊은 관련이 있었다. 5대조 류홍 이래 류성룡에게까지 지속된 서울 생활 및 유학의 양상은 풍산 류씨가 도회문화에 대한 적응성을 높이는 배경이 되었다. 후일 류성룡이 다양한 학풍을 수렴, 집약하고, 국제적 안목을 지닌 경세가로 성장할 수 있었던 것도 이런 문화적 배경과 결코 무관치 않다고 생각한다. 서애가학의 후대적 적용은 안동·상

---

174) 柳後章, 『主一齋集』, 〈答三從叔寓軒先生〉.

주 등 영남지역이 주된 대상이 되지만 가학적 요소의 형성은 영남문화와 서울문화의 접목으로 보아야 하는 이유가 여기에 있다.

류중영(1515~1573)과 그의 4~6촌 형제인 柳景深(1516~1571), 柳贇(1520~1591), 柳仲淹(1538~1571)의 등장은 풍산 류씨 가학의 일차적 형성을 의미했다. 류중영·경심의 경제가적 성장, 류빈·중엄의 학자적 면모는 풍산 류씨가 경세와 학문 두 측면에서 일정한 온축을 기하며 사림시대에 합류했음을 의미했고, 여기에 류중영·류중엄을 매개로 한 이황과의 교유 및 사승관계는 류씨 일문이 퇴계학의 본류로 편입되는 결정적인 계기가 되었다. 서애가학의 본령인 류성룡의 학자·관료적 성장과 가학의 結晶 또한 이런 맥락에서 이해할 필요가 있었다.

류성룡은 청년기 이래 상산·양명학 등 유학의 다양한 계통을 학습·수용하는 등 학문적 스펙트럼이 넓었지만 그의 학문의 본체를 주자학 또는 퇴계학의 틀 속에서 이해하는 데에는 무리가 없다. 특히, 그의 학문적 지향과 요체 가운데 '忠孝淸白論', 『大學』 등 經學의 중시, 思索主義, 心學의 중시, 求放心과 尊德性의 강조, 善事論, 詩敎·書敎를 를 통한 권학, 深思熟讀의 독서론 등은 자손들에게 착실히 계승됨으로써 서애가학의 본체를 이루게 된다.

대체로 류성룡의 현손 대를 하한으로 하는 17세기 서애가학은 크게 계승과 전수, 정착과 확대의 시기로 규정할 수 있고, 이런 흐름을 이끈 인물은 류진·류원지·류세명·류후장 등이었다. 이들은 집안 내부의 순환적 사승관계를 통해 가학을 계승·발전시켜 나갔고, 논변 및 논쟁을 통해 학설을 정립해 갔다. 이 시기 서애가학은 주자학 중심의 학풍을 지향함으로써 心學이 크게 강조되는 반면

'出'보다는 '處'를 중시하는 출처관에 비중이 실림으로써 경세론의 약화가 수반된 것은 한계로 지적할 수 있었다.

그럼에도 17세기 초중반의 서애가학은 류진에 의해 家學의 계승 및 傳授의 階梯를 마련한 이래 朱子學的 學風의 정착을 강조했던 류원지에 의해 가학이 더욱 발휘된 시기로, 17세기 중후반은 류세명에 의해 心學의 家學化가 진전되고, 류후장을 통해 가학의 보수적 정착을 기한 시기로 규정할 수 있었다.

풍산 류씨 서애가문은 조선후기 여타 영남남인에 비해 상대적으로 환력이 두드러지는 점으로 인해 일가의 가풍이 학문보다는 사환적 측면에서 논의되는 경향이 있었던 것이 사실이다. 이 점에서 본고는 종전의 인식에 일정한 수정을 가할 수 있는 작은 계기를 마련한 것이라 생각하며, 서애가학에 대한 보다 전면적이면서도 심층적인 이해를 위해서는 시기적으로는 18~19세기까지를 포괄해야 하고, 지역적으로는 안동을 넘어 상주지역으로까지 확대되어야 한다고 본다. 이에 대해서는 추후 별고를 통해 검토하기로 한다.

참고문헌

1. 원전

韓國學中央研究院編, 『古文書集成』 18-河回 豊山柳氏篇(Ⅳ).
韓國學中央研究院編, 『古文書集成』 43-安東 葛田 順興安氏篇.
李滉, (增補)『退溪全書』 4.
柳雲龍, 『謙菴集』.
柳成龍, 『西厓集』.

柳成龍,『西厓年譜』.

柳景深,『龜村集』.

柳贇,『倦翁集』.

柳衫,『修巖集』.

柳元之,『拙齋集』.

柳世鳴,『寓軒集』.

柳後章,『主一齋集』.

柳膺睦,『鶴山集』.

柳膺睦,『豊山柳氏家學淵源錄』.

金應祖,『鶴沙集』.

宋浚吉,『同春堂集』.

張顯光,『旅軒集』.

李栽,『密菴集』.

洪汝河,『木齋集』.

2. 논저

권오영,「서애 류성룡 경학사상의 심학적 성향」,『서애 류성룡의 학술과 경륜』, 태학사, 2007.

김성윤,「『홍범연의』의 정치론과 군제개혁론 : 葛庵 李玄逸을 중심으로 한 조선 후기 영남남인의 실학적 경세론」,『대구사학』83, 2006.

김성윤,「『홍범연의』의 토지개혁론과 상업론 : 갈암 이현일의 경제사상과 그 성격」,『퇴계학논집』119, 2006.

김학수,「갈암 이현일 연구 - 경세론과 학통관계를 중심으로」, 한국정신문화연 구원 한국학대학원 석사학위논문, 1996.

김학수,「星湖 李瀷의 學問淵源 - 家學의 淵源과 師友關係를 중심으로」,『星湖學報』1, 星湖學會, 2005.

김학수,「廬江書院과 嶺南學統 - 17세기 초반의 廟享論議를 중심으로」,『朝鮮時代의 社會와 思想』, 朝鮮社會研究會, 1998.

김학수, 17세기 영남학파 연구, 한국학중앙연구원 박사학위논문, 2008.

송재소,「서애 류성룡의 시문학」,『류성룡의 학술과 경륜』, 태학사, 2007.

禹仁秀,『朝鮮後期 山林勢力研究』, 一潮閣, 1999.

이성무·이태진·정만조·이헌창,『서애 류성룡의 학술과 경륜』, 태학사, 2007.

鄭萬祚,『朝鮮時代 書院研究』, 集文堂, 1997.

정호훈

17세기 전반 柳成龍 후학의 활동과 학문 세계 : 鄭經世·李埈

I. 머리말

류성룡의 학문은 여러 면에서 개성을 가지고 있었다.[1] 일단 학문
적 관심과 성취의 폭이 넓었음을 들 수 있다. 그는 성리학을 중시하는
학자였으며, 이 사상의 정치적 실현이 어떻게 가능할 지에 대해
깊이 고민했다. 양명학 혹은 佛學을 배척하며 순일한 성리학의 세계
가 실현되기를 기대했다. 이와 더불어 그는 역사에도 깊은 관심을
가지고 이를 정리한 저술을 남겼다. 국가의 운영과 관련하여서는
필요하다면 공리적 방식도 적극 주목하고 활용하기도 했다. 임진왜
란의 경험은 내정과 외교에서의 안목을 확장하는 주요한 계기였다.

류성룡은 조선에서 이황의 학문이 자신에게로 수렴되며, 자신이
이를 천양할 임무를 지니고 있다고 생각하였다. 이황을 통하여 주자
학의 세계를 생각하고, 이를 바탕으로 조선 학술의 진전이 이루어지
도록 구상했다. 그는 또 선조 대 동인이 南人과 北人으로 분화하고
대립하는 과정에서 북인과 대항하며 남인의 구심 역할을 수행했다.

류성룡에게서 확인할 수 있는 이러한 여러 특성은 17세기 이후
조선에서 어떻게 주목되고 전승되었을까? 그의 후학들은 그의 학문

---

[1] 류성룡의 학술과 정치 활동에 대한 최근의 종합적 연구로는 이성무 외,
『류성룡의 학술과 경륜』, 태학사, 2008 참조.

에 어떠한 영향을 받으며 자신의 활동 영역을 확보하고 있었을까? 류성룡의 학문과 사상은 대체로 그의 삼남 柳袗을 중심으로 하는 家學을 통해,[2] 그리고 상주 일원의 제자들을 통해 정리되고 또 계승되는 것으로 보인다. 두 계통의 후학들이 보이는 학문 활동의 양상이나 그 성취는 처한 입지가 서로 달랐기 때문에 일치하지는 않지만, 이들의 노력을 통해 류성룡의 학술은 17세기 조선 현실을 반영하며 새로운 형태로 변주되어 나갈 수 있었다.

본고에서는 정경세와 이준, 두 후학을 통하여 이러한 점들을 정리해보고자 한다. '문인록'에 따르면 류성룡의 제자로는 100여 명을 헤아린다.[3] 그 가운데 대표적으로 꼽을 수 있는 인물은 李埈[1560(명종 15)~1635(인조 13)], 鄭經世[1563(명종 18)~1633(인조 11)]이다. 상주 지역에서 태어나 자랐던 이들 두 사람은 그들 청소년 시절, 尙州牧使로 왔던 류성룡을 만나 師弟의 인연을 맺었으며, 관료로 진출해서는 그와 관직 생활을 같이하며 많은 영향을 받았다.

이준과 정경세 두 사람은 평생 형제와 같은 돈독한 우애를 지니고 살았다. 비슷한 연배에다 사회적 경험이 유사하여 쉽게 어울릴 수 있기도 했거니와, 류성룡의 제자라는 의식 또한 이들을 묶는 주요한 힘이었다. 두 사람의 공부 방식과 방향, 학문적 성취의 수준은 많은 점에서 차이를 보인다. 그러나 이들의 활동은 류성룡의 학문과 사상이 영남지역 나아가 조선 사회에 널리 퍼져 나감에 주요한 계기가 되었다.[4]

---

2) 여기에 대해서는 김학수, 「17~18세기 서애 류성룡가의 학풍과 그 계승 양상」, 『퇴계학과 유교문화』 37, 2014 참조.
3) 이수건, 「류성룡 류성룡의 학문과 학맥」, 『한국의 철학』 23, 1995, 14쪽.

II. 정치 활동과 정치적 견해

정경세와 이준은 모두 비슷한 시기에 小科와 大科를 거쳐 관료
생활을 시작하였다. 소과의 경우 이준과 정경세는 1582년(선조 15)
의 式年試에 함께 합격했다. 대과에는 정경세가 1586년(선조 19)의
謁聖試에, 이준이 1591년(선조 24)의 別試에 합격하였다.[5] 관료 생활
초창기 이들은 문장, 經術로 재주를 인정받았다. 두 사람은 1593년
(선조 26)에 똑 같이 製述 文官으로 뽑혔고,[6] 경연에도 참가하여
『주역』을 읽었다.[7] 선조 대 이들의 활동에서 특기할 만한 것으로
전쟁 중에 정경세가 류성룡의 종사관이 되어 그를 수행하고 이준이
攝理使 李元翼의 종사관이 되어[8] 그를 도왔던 점을 꼽을 수 있다.

광해군 대에 들어와 두 사람의 정치적 경로는 곡절을 겪었다.
이준의 경우, 광해군 초기에는 적극적으로 활동하는 모습을 보인다.
성균관 직장, 홍문관 응교 등을 맡았던 그는 국왕에게 자신의 생각을

---

4) 정경세와 이준에 대한 기존 연구의 성과, 16~17세기 영남지역 학술계의
   동향에 대해서는 우인수, 「愚伏 鄭經世의 정치사회적 위상과 현실대응」,
   『퇴계학과 유교문화』49, 2011 ; 김학수, 「17세기 영남학파 연구」, 한국학
   중앙연구원 박사학위논문, 2007 참조.
5) 이들의 소과 및 대과 관련 정보는 한국학중앙연구원의 한국역대인물종합
   정보시스템(http://people.aks.ac.kr/index.aks) 참조. 이 자료는 각종 '司馬
   榜目'과 『國朝文科榜目』(규장각한국학연구원, 奎 106)을 전산화한 것이
   다.
6) 『宣祖實錄』 권44, 26년 11월 2일.
7) 선조가 『주역』을 읽은 것은 1594년이었는데, 이때 정경세는 검토관으로서
   참가했다.(『宣祖實錄』 권57, 27년 11월 12일) 이준은 1603년, 검토관으로서
   경연에 참여하여 선조의 『주역』 강독을 도왔다.(『宣祖實錄』 권162, 36년
   5월 6일)
8) 『宣祖實錄』 권59의 28년 1월 24일 기사에서 확인할 수 있다.

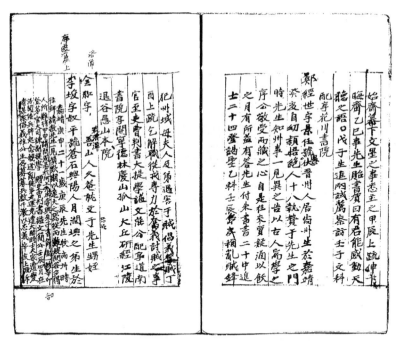

류성룡의 문인 정경세와 이준에 관한 기록 『家學淵源錄』 『고문서집성』 43

담은 여러 의견을 제시했다. 기억할 만한 것으로는 十箚疏를 광해군에게 바친 사실[9]과 세조의 『訓辭』를 인쇄하여 배포하도록 진언한 사실[10]을 들 수 있다.

그러나 정쟁이 격화되는 시점에서 두 사람은 北人과 충돌하며 관직 생활을 멈추었다. 이준은 1615년(광해군 7), 정경세는 1616년에 낙향했다.[11] 이때 관직을 버리고 상주에 머물게 된 것은 이들에게 차분히 공부할 수 있게 해주는 다시 없는 기회가 되었다. 또 이

---

9) 『光海君日記』 권15, 1년 4월 16일.
10) 『光海君日記』 권27, 2년 윤3월 10일.
11) 『蒼石集』 연보 및 『愚伏集』 연보.

우복 정경세 종가

시기 이들은 지역 사회의 학술 현안에 영향을 미치는 일들을 많이
벌였다.

　이들은 인조 '반정' 이후 각기 시차를 두고 중앙 관료로 복귀했다.
이준은 1620년(광해군 12), 대제학 이이첨이 別知製敎에 추천하여
이에 임명되는데,12) 관직을 그대로 받았는지는 불명확하다. 그러나
'반정' 후인 1623년 9월에 諸道 參考官을 파직할 때 철원부사로 재
직13) 중이었던 점을 본다면 아마도 별지제교 제수 이후 관료 생활을
재개했던 것으로 보인다. 이준은 1624년(인조 2), 집의에 임명되며
새 조정에서의 관직 생활을 다시 시작했다.14)

---

12) 『光海君日記』 권141, 11년 6월 19일. 그런데 이후 사헌부에서는 문벌이
　　한미한 이준과 같은 자를 별지제교에 추천했다고 하여 그 담당자인 沈諿의
　　삭거 사판을 주장하였다.(『光海君日記』 권148, 12년 1월 9일)

13) 『仁祖實錄』 권3, 1년 9월 24일.

정경세는 정변 직후 부제학을 제수 받았다.[15] 李元翼, 李廷龜, 韓浚謙, 吳允謙, 徐渻, 李睟光 등 광해군 시기에 관직을 버렸던 인물들과 함께였다. 실록에서는 정경세의 등용을 두고, "경세는 명민하고 재주가 있으며 또 經術에 능통하여 당세의 중망을 받았다. 광해 때 쫓겨나 집에 있다가 이에 이르러 맨 먼저 論思의 장관에 제수되었는데, 사람들이 모두 적임자를 얻었다고 칭송하였다."고 평가하였다.

인조 정권에서 보이는 정경세와 이준 두 사람의 활동은 이전에 비해 매우 활발했다. 이때 이들이 재직했던 시간은 약 10년 정도였다. 이 기간에는 내외 안팎으로 적지 않은 변화가 일었다. 그야말로 격동의 시기였다. 굵직한 사안을 꼽아 보자면, 북인 세력들의 反仁祖·反'反正' 활동을 둘러싼 갈등,[16] 인조와 반정 주도 세력들의 정권 안정과 정통성 확보를 위한 고투, 여진 세력의 조선 압박과 조선·여진간의 군사적 충돌[丁卯胡亂] 등을 들 수 있다. 임진왜란으로 입은 피해가 아직 충분히 수습되지 않은 상태에서 형성되고 확장되는 여러 갈등과 충돌은 조선이 안고 있는 문제를 한층 더 증폭시켰다. 이 상황에서 정경세와 이준은 자기의 견해를 명확히 제시하며 대응했다.[17]

---

14) 『仁祖實錄』 권4, 2년 2월 26일.

15) 『仁祖實錄』 권1, 1년 3월 16일.

16) 인조 원년부터 9년에 이르기까지 북인들의 반정부적 움직임은 1623년 7월 27일에 일어난 柳澗의 역모 사건부터 시작하여 10여 건을 헤아린다. 여기에 대해서는 김용흠, 『조선후기 정치사연구 I』, 혜안, 2006, 84~86쪽의 표 참조.

17) 정경세와 이준의 활동을 규정하는 주요한 힘의 하나는 남인으로서의 黨色이었다. 반정 정부가 수립된 후 재차 관직 활동을 할 수 있던 이들은

정경세와 이준은 맡고 있던 직책과 직무는 달랐지만, 중요한 사안에 대해서는 비슷한 목소리를 내며 행동했다. 우선 거론할 수 있는 것으로는 인조의 私親에 대한 예우—典禮 문제였다. 이 사안은 '반정' 직후의 '私廟' 전례 논쟁, 인조의 어머니 啓運宮 상례 논쟁, 元宗 追崇논쟁, 元宗 宗廟 入廟 논쟁의 형식으로 10년을 넘게 지속되었다.18) 논쟁이 지니고 있는 함의나 파장으로 본다면, 인조 초반 정국에서 이보다 중요한 사건을 들 수 있을까 하는 생각을 갖게 된다.

문제는 인조가 定遠君의 아들로서 왕위를 계승한데서 발단했다. 仁祖와 朴知誡·李貴·崔鳴吉 등 일부 인사들은 인조와 私親의 관계를 부자(·모자) 관계로 파악하여 典禮를 마련하려 했고, 金長生 등 비판자들은 그러한 관계 설정을 부정했다. 단순하게 표현하자면, 인조가 선조를 이어 왕위를 계승했다고 하더라도 본래의 부자 관계는 변하지 않는다는 입장과 인조가 선조를 이어 왕위를 계승했기에 親生 부모와의 관계는 변화한다는 입장과의 대립이었다. 논쟁 초기에 친인조파는 소수였고 반대파가 다수였다.

전례를 둘러싼 여러 논의에서 준거점을 이루는 것은 '宗統'의

가능한 한 남인으로서의 입지에서 의견을 제시하고 또 남인의 이익을 지키려고 하였다. 인조 정권 후 정국을 움직이는 중심 기조가 서인과 남인의 연합과 우호에 있었지만, 서인과 남인이 충돌하는 사안 또한 적지 않았다.

18) 이에 대한 기존의 연구로는 서인한, 「인조초 복제 논의에 대한 소고」, 『북악사론』, 1989 ; 이영춘, 「잠야 박지계의 예학과 元宗 追崇論」, 『淸溪史學』 7, 1990 ; 李俸珪, 「金長生·金集의 禮學과 元宗追崇論爭의 철학사적 의미」, 『韓國思想史學』 11, 1998 ; 李俸珪, 「조선후기 禮訟의 철학적 함의 - 17세기 喪服論爭을 중심으로」, 『한국학연구』 9, 1998 ; 이현진, 「17세기 계운궁 복제론」, 『한국사론』 49, 2003 ; 김용흠, 「인조대 원종 추숭논쟁과 왕권론」, 『學林』 27, 2006 참조.

계승 관계였다. 비판자들은 인조가 선조의 뒤를 이음으로서 '大宗'의
宗統을 계승하게 되었으며 그러기에 본래의 '小宗'에서는 몸이 떠났
다고 보았다.[19] 이들에 따르면, 소종은 대종에 壓尊되므로, 인조를
둘러싼 전례는 '대종'에 준거하여 마련되어야 할 일이었다. 소종에서
의 부자관계는 대종의 영역으로 옮겨가며 끊어지고, 부자관계를
대종 영역에서 새롭게 마련해야 한다는 이해였다. 이들은 이를
두고 '親親의 恩은 尊祖의 義에 굽히는 것'이라 설명했다. 그럴 경우,
선조와 인조의 관계를 祖-孫으로 이해해야 할지, 父-子로 이해해야
할지의 문제가 생기지만,[20] 핵심은 인조는 대종의 종통을 계승한
존재라는 인식이었다. 이들의 논의는 외형적으로 보면 '大宗·小宗'
의 斷絶 分別論이라 할 수 있다.

　인조와 친생 부모를 '부자 관계'로 파악하는 논자들은 '大宗·小宗'
의 단절과 분별의 논리를 『近思錄』의 '諸侯奪宗論'을 들어 부정하였
다. '反正'을 통해 군주가 된 인조는 '旁枝小宗'에서 현달하여 '正幹'이
되었으며, 이 과정을 통하여 大宗의 종통이 그에게로 옮겨왔다는
논리였다.[21] 이 경우, 소종이 자기를 버리고 대종에게로 옮겨가는
것이 아니라, 소종은 자기를 온존하면서 대종이 된다. 이에 인조와

---

19) '入承大統論'이다. 김장생 등 대부분의 신료가 이 입장 위에서 사태를
　　파악하고 논리를 펼쳤다.
20) 김장생은 선조-인조 관계를 父-子 관계로 보았다. 반면 이정구, 정경세
　　등은 祖-孫 관계로 보았다. 이에 대한 실록의 기록은 『仁祖實錄』 권3,
　　인조 1년 9월 11일(戊戌) 참조.
21) 김용흠, 앞의 책, 136~137쪽. 박지계의 주장은 다음과 같다. 『潛冶集』
　　권1, 應旨疏甲子, "近思錄曰 旁枝達而爲幹 故古者天子建國 諸侯奪宗 註曰
　　諸侯雖非宗子 亦必移宗於己 今主上殿下旣爲諸侯 則旁枝之禰廟 達而爲正幹
　　而上繼祖先之正統 是所謂移大宗於己也."

그 부모가 宣祖로 이어져 오는 대종을 계승하는 것은 자연스럽다.

정경세와 이준은 '大宗·小宗' 단절 분별론을 견지하며 이 사안에 대응했다. 이들은 言官의 처지에 여러 사람들의 생각을 모아 의견을 개진하기도 하고, 혹은 독자적으로 글을 지어 자신의 생각을 밝히기도 했다.

대체로 의리를 적용해야 될 경우에는 친족의 은혜 관계를 굽혀야 하는 법입니다. 따라서 지금 綾原君(인조의 동생)에게 長子 역할을 주관하도록 한다면 곧 백대토록 不遷하는 위치에 오르게 되고 후세에 논란도 없게 될 것입니다. 하지만, 낳아 준 은혜만 중시한다면 너무도 失禮하는 결과를 면치 못하게 될 것입니다. 연전에 이정구가 진달한 바 '考라고만 하고 皇考라고는 하지 않으며, 子라고만 하고 孝子라고는 하지 않아야 한다.'고 한 말이 합당할 듯한데, 신의 소견도 이와 다름이 없습니다.[22]

오늘날 禮를 논하는 자들의 견해는 다양하지만, 그에 대해 是非를 가리자면 한마디로 결론내릴 수 있으니, 大宗과 小宗의 분별뿐입니다. 전하는 別子의 아들로서 비록 옛 관계를 광복하고자 하더라도 大宗의 중함을 지녔습니다. 그러니 그 사체 상 私親을 낮추는 것은 그 이치가 분명하고 그 분한이 뚜렷합니다. 무식한 논리와 영합하는 의견에 떠밀리어 이를 바꾸어서는 안될 것입니다.[23]

---

22) 『仁祖實錄』권7, 2년 10월 23일(甲辰).

23) 『蒼石集』권6, 論追崇非禮疏甲戌, "伏以今之議禮者其說雖多 而若其是非之
別 可一言而斷之 不過曰大宗小宗之分而已 殿下旣爲別子之子 雖光復舊物
持重大宗 而若其事體之當降私親 則其理甚明 其分甚截 不可以無識之論迎合
之見 而有所推移而變易之也."

이 시기 전례를 둘러싼 논쟁과 軋轢이 가지는 정치적 함의는
복잡하다.[24] 이를 어떻게 파악하든, 당대 관료·儒者 다수의 의견은
대종과 소종의 경계를 명확하게 분별하고 그 선상에서 '恩'과 '義'의
위상을 설정하고자 했다. 그것은 곧 '大義가 所在하는 곳에서 私恩은
마땅히 굽혀야 함', '壓尊降服'[25]이었고, 정경세나 이준 또한 이 원칙
으로 이 사안을 대처했다.[26]

정경세와 이준이 지닌 현실 인식의 개성은 號牌法 주장에서 확인
할 수 있다. 호패법은 이미 조선초기에 『경국대전』에 규정되어
있었지만 제대로 실행되지 않고 있었다. 사회 구성원의 전면적
파악을 목표로 하는 법의 취지에 대한 저항이 만만치 않아, 시행한다
하더라도 오래 지속되지 못했던 것이다. 광해군대 초기에도 이
제도가 시행된 적이 있었지만 중도에 혁파되기도 했다.[27] 말하자면
민인들이 거세게 저항했던 것이 이 법이었는데, 인조반정 후에도
李貴, 李曙, 崔鳴吉 등의 주창으로 이를 시행하자는 논의가 크게
일었으며, 논란 끝에 인조 3년에 이르러 구체적으로 시행되었다.[28]
軍額의 증가와 軍事力의 강화를 위해서는 반드시 필요했던 호패

---

24) 이를테면 많은 연구에서 볼 수 있는바, 王權論과 臣權論의 대립 구도를
　　가지고 설명하는 것은 그 한 예이다.
25) 『仁祖實錄』 권11, 인조 4월 1월 15일(己未) ; 『蒼石續集』 권3, 陳弊疏.
26) 전례 논쟁은 친인조파의 의견이 현실화되는 방향으로 귀결되었다. 이후
　　정경세는 관직을 버리고 귀향하였다. 이 사정은 실록의 정경세 졸기에서
　　확인할 수 있다. "追崇할 때 임금의 뜻에 거슬려 귀향한 후 여러 번 부름을
　　받았으나 나가지 않았다. 이에 이르러 졸하니 향년이 70세였다."(『仁祖實
　　錄』 권28, 11년 6월 28일)
27) 광해군 4년에 이미 號牌法이 제정되어 시행되고 있었음을 다음 기사에서
　　볼 수 있다. 『光海君日記』 권49, 4년 1월 4일(己亥).
28) 『仁祖實錄』 권13, 4년 7월 16일(丙戌).

창석사당 전경

법[29]이 이때 시행된 것은 인조와 호패법 시행론자들의 의지가 그만
큼 강했고 또 논의에 참여하는 많은 신료들이 그 의의를 충분히
인정했기 때문이었다. 그러나 이 법은 논의 과정에서, 그리고 시행
과정에서 지속적인 저항을 받았다. 비판론자들은 호패법의 강한
법적 통제성을 문제 삼았다. 심지어는 이 法의 시행이 민인을 검속하
고 통제하려는, 王安石의 新法에 버금가는 조치라고 비난하기도
했다.[30] 이 법의 시행으로 말미암아 양역 부담자로서 파악될 많은
수의 양역 도피자들의 저항 또한 적지 아니 컸다.

　인조 초년의 호패법 실시에 대하여 정경세와 이준은 일단 찬성하

---

29) 이에 대해서는 다음 글이 참고된다. 申正熙,「五家作統法小考」,『大邱史學』
　　12·13, 1977 ; 吳永敎,「朝鮮後期 五家作統制의 構造와 展開」,『東方學志』
　　73, 1991.
30)『蒼石集』續集 권3, 請行號牌疏, 3가.

는 태도를 취하였다. 이준에 의하면 호패법은 "提綱挈領 守約御煩"[31] 하는 극히 효율적인 법제였다. 정경세는 이를 "반드시 행할 수 있는 양법[必可行之良法]"이라 적극 평가하고 그 시행을 적극 주장했다.[32] 이러한 태도는 이귀나 최명길 등 이 시기 공권의 강화를 적극 추진하던 관료들과 상통하는 점이 있었다. 이귀나 최명길은 앞서 전례 논쟁에서도 보았지만 친인조파의 선봉에 서 있었다. 이 사안으로 두고 본다면 이들은 정경세나 이준과는 생각이 많이 달랐다.[33] 그런 점에서 볼 때, 호패법을 두고 공동의 보조를 취하는 이들의 행보는 쉽사리 이해되지 않는 측면이 있다.

그런데, 정경세나 이준은 호패법이 실제 행해지는 과정에서 태도를 바꾸었다. 정경세는 1625년(인조 3) 이 법의 시행이 본격 논의되자 호패법이 필요한 것은 분명하지만 현재로서는 시행하는 것이 어려울 것이라 하여 반대 의견을 펼쳤다.[34] 이준의 태도 또한 그러했다. 1626년(인조 4), 정부에서는 호패법 시행의 연장 선상에서 어사를 파견하여 '落講校生' 처리를 엄격하게 하자는 조치를 취했는데, 이에 대해 이준은 강력하게 반대하였다. 낙강교생에 대한 처리를 엄격히 하자는 논의는 향교를 통하여 피역 방안을 마련하려던 지방민들을 통제하기 위한 대책의 일환으로, 향교생에게 시험을 치르고 거기에

---

31) 『蒼石集』 續集 권3, 請行號牌疏, 3가, "人君以一人之身 不出乎庭 苟不有以提綱而挈領 守約而御煩 則幅員之廣 逃民之衆 其何以周知而徧及 用寡而制衆乎."
32) 『愚伏集』 권8, 宣惠號牌便否議 癸亥, 2나.
33) 이귀와 정경세는 이 시기 정국에서 매우 다양한 사안을 두고 대립하고 갈등했다. 인조반정파의 핵심에 이귀가 서 있었다면 정경세는 그 대척점에서 그와 맞섰다. 자세한 사정은 우인수, 앞의 글 참조.
34) 『愚伏集』 권8, 號牌量田議乙丑.

낙제한 향교생들은 군역 면제의 혜택을 철회하고 일정한 부담을 지우게 하자는 것이 주된 내용이었다. 이준은 이를 시행하는 과정에서 士族에 대한 침해가 일어나므로 그 시행을 철회해야 한다고 주장했다. 이준은 호패법으로 인하여 양민들이 피역하는 폐단이 더 심해지게 되었으며, 이와 더불어 이 때문에 사족을 침해하는 사태가 벌어졌다고 주장했다. 사족과 국가의 관계는 一身에 元氣가 있는 것과 똑 같으니 그들이 국가를 호위하는 힘이 어찌 강한 군사력에만 그치겠는가 하는 것이 그의 생각이었다.[35]

우여곡절을 겪으며 힘들게 시행되었던 호패법은 1627년(인조 7)에 가면 흐지부지 힘을 잃었다. 良役 부담자를 확충하고 이를 바탕으로 군사력과 공권을 강화하자는 기획에 대한 저항이 얼마나 컸던가를 알 수 있다. 정경세와 이준은 초기에는 찬성의 의견을 보였으나, 이 법이 실제 시행되는 단계에 이르러서는 거부의 의사를 명백히 표명하였다. 이들은 법의 강한 통제를 전면에 내세우는 통치 방식을 부정하고 있었다고 할 수 있는데, 이러한 태도는 아마도 그들이 가진 사유의 근원으로부터 말미암을 것이다.[36]

정경세와 이준이 관직에 나아가 활동했던 시기는 당쟁이 치열하게 펼쳐졌던 16세기 후반과 17세기 초였다. 이들은 학연과 지연의 배경 위에서 南人으로 활동했다. 그러나 당파를 이끄는 정치적 지도력이나 영향력을 이들은 발휘하지 않았던 것으로 보인다. 이것은

---

35) 『蒼石集』 권9, 陳弊疏 丙寅, "士族之於國家 如一身之有元氣 其護衛國家之力 豈止於兵革之强而已也."
36) 이 시기 이귀 등 호패법 추진론자들의 생각에 대한 근래의 평가로는 김용흠, 앞의 책 참조.

아마도 문장이나 경술에 뛰어난 면모를 보이던 이들의 성향과 연관이 있을 것이다. 이들은 북인계 남인이나 서인계 인물들과 폭넓게 교류했으며, 광해군 대 북인들과는 대립각을 분명히 했다. 이들의 정치적 성향은 인조대 초반에 펼쳐졌던 복잡한 정치 현안에 대한 대응에서 확인할 수 있다.

인조를 둘러싼 전례 논쟁, 호패법 논의에서 이들은 서로 비슷한 견해를 제출했다. 두 사안은 각기 전례와 법제를 둘러싼 논의였기 때문에 개별적으로 본다면 성격이 달랐다. 그러나 두 사건에는 군주와 국가의 위상을 높이고 국가의 공권을 강화할 것인가 아니면 이를 부정할 것인가 하는 대립점이 관통하고 있었다. 전례 문제는 군주의 특수한 지위를 강조하여 변례를 인정할 것인가 아니면 그것을 인정할 수 없는가 하는 점에서 君權에 대한 태도가 연관되어 있었고, 호패법 시행은 국가의 공권을 강화하고 민인에 대한 통제를 엄격하게 할 것인가 그것을 늦추어야 할 것인가 하는 점에서 公權의 강화에 대한 이해 방식이 얽혀 있었다. 정경세와 이준은 군주의 특수한 지위를 인정하여 전례를 결정하거나 공권의 강화를 통하여 민인을 통제하고 이 과정에서 사족들의 이익이 침해 받는 사태에 대해 비판적이었다.

III. 학문 활동과 특징 :
주자학 학습 문헌의 확대와 류성룡 학술의 闡揚

정경세와 이준 두 제자의 생애에서 중심에 놓이는 것은 관료로서의 생활이었다. 그런 까닭에 이들의 학문 활동은 향촌에 은거하며 성리학에 몰두했던 산림들과는 양상을 달리했다. 관료로 재직하는 동안 문장에 능하고 經術에 밝다는 평가를 받으며 그 일들에 특장을 발휘했지만, 깊이 있는 학문 세계를 마련하는 것은 쉽지 않았다. 다만, 광해군 시기에 낙향해 있는 동안, 그리고 생애 후반부에 이르러 이들은 자신들의 학술적 재능을 펼칠 수 있는 여러 일들을 벌였다.

정경세와 이준 두 제자의 학문적 경향과 성취 수준은 각기 달랐다. 정경세는 이황의 『朱子書節要』와 짝을 이루는 『朱子大全』의 축약본을 만드는데 최대의 에너지를 쏟았다. 이준은 스승 류성룡의 문집을 정리하고 또 그의 사상을 평가하는 과정을 통하여 류성룡의 학문을 조선 사회에 널리 알리는데 주요한 역할을 했다.

1. 정경세 : 주자학 학습 문헌의 확대

정경세는 24세 때 승문원 權知副正字가 된 이래 생애 말년까지 관료로 지냈다. 여러 차례 파직 당하여 관직 생활을 일시 그만두는 일이 있기도 했지만 대체로 관료로서 무난하게 생활했다고 할 수 있다. 정경세는 經學에 밝고 문장에 능했다. 주위에서도 이 점을 높이 평가했고, 공직의 업무 또한 이와 연관하여 주어졌다. 이런 점을 인연으로 하여 정경세는 국왕의 경연관으로 참가하기도 하고, 兩館 대제학을 역임하기까지 했다. 인조반정 후 그가 부제학으로 복귀한 사실을 기록하며 "사람들이 모두 적임자를 얻었다고 칭송하였다"[37]고 한 실록의 사평은 그의 특성을 명확하게 보여준다.

정경세의 생각을 담고 있는 글과 문헌은 다양하다. 교육서인

『養正篇』,『예기』와『易』에 관한 의문점을 정리한『思問錄』,『朱子大全』의 주요 내용을 추려 편집한『朱文酌海』, 이수광의 글을 변론한 〈李芝峯采薪錄辨疑〉, 김장생의 〈經書疑義〉를 읽고 자신의 견해를 밝힌 〈金沙溪經書疑義辨論〉 등을 꼽을 수 있다.『양정편』(1604, 선조 37)이나 〈金沙溪經書疑義辨論〉(1625, 인조 3)처럼 선조 대 혹은 인조 대에 만들어진 글도 있지만, 그의 중요한 저술은 대체로 1616년(광해군 8), 삭직 放送된 이후에 만들어졌다. 정경세는 인조반정 후 재등용 될 때까지 상주에 머물며 공부에 집중했다. 류성룡 문집의 편찬과 같은 스승의 학문을 정리하는 활동도 이때 이루어졌다.

그 첫 모습은 1618년에 살필 수 있다. 이해 정경세는『思問錄』을 기초했고「跋陰符經」을 지었다.『사문록』은『易學啓蒙』『啓蒙傳疑』『禮記』『儀禮經傳通解』 등 역서와 예서를 읽으며 가진 의문, 그에 대한 자신의 견해를 간략 간략하게 제시한 책이다. 전체적으로는 陳澔의『禮記集說』에서 발견되는 오자의 교정과 주석상의 의문점에 대한 논의가 주를 이룬다.[38] 송준길은 이 책이 후학에 많은 도움을 주지만 완성되지 못한 점이 큰 흠이라고 아쉬워했다.[39] 1619년에는 西厓文集의 원고를 교정하는 일에 참가했다.[40]

1621년(광해 13)에는『朱文酌海』를 편찬했다. 이 책은 그의 나이 60세 때 이루어진 결실이었는데, 평생들인 공력이 이처럼 말년에

---

37)『仁祖實錄』권1, 仁祖 1년 3월 16일(丙午).
38) 이봉규,「우복 정경세의 학문 활동과《朱文酌海》의 성격」,『(영인본)朱文酌海』, 2005, 11쪽.
39)『同春堂集』권14, 答鄭鳳輝丙午, "思問錄 豈不切實於後學而曾見其但有所論禮記而已 餘皆未成 誠爲大欠."
40) 정경세의 류성룡 문집 교정과 편찬에 관해서는 본고 3장 2절 참조.

마무리된 것이라 하겠다.[41) 정경세 사후 후손과 제자들은 이 책의 출간을 서둘렀던 것으로 보인다. 1636년(인조 14), 제자 申楫이 방백 沈演의 도움을 받아 간행하려고 했던 것은 그 한 움직임인데,[42) 이때의 노력은 결실을 맺지 못했다.[43) 1644년(인조 24)에도 후손들은 이 책의 간행을 염원하고 있었지만[44) 사정은 여의치 않았던 듯하다. 하지만 송시열이 『朱子大全箚義』의 서문을 쓴 1689년(숙종 1)에 이 책은 이미 간행, 유통되고 있었다.[45) 송준길이 1653년(효종 4)에 『주문작해』의 발문을 지은 것으로 본다면[46) 아마도 이 무렵에 책이 간행되었다고 볼 수 있을 것이다.[47)

정경세가 작성한 글과 책은 그의 학문·학술 활동의 면모를 잘 보여준다. 필자는 이들 자료의 생산과 관련하여 크게 두 가지 점에 주목하고자 한다. 첫째, 지역과 당색, 학연을 넘는 폭넓은 교류이다.

---

41) 『河陰集』권5, 與沈方伯演 ○ 丙子, "酌海謹全帙奉呈 此冊乃愚老平生用力之書 手澤尙存 一本謄出之後 本家必欲寶藏元本 故並與書尺二封之抵楫者呈上耳."

42) 이 사정은 위의 편지에 자세하다.

43) 『河陰集』권9, 부록, 行狀, "平生嗜書史 無所不讀 而偏好朱子書 嘗曰如欲爲學 莫切於節要 不可斯須去身 至於酌海 乃某一生與聞其輯成者 大有關於日用要於方伯謀鋟行而未果焉."

44) 『同春堂續集』권3, 答鄭鳳輝丙戌.

45) 『宋子大全』권139, 朱子大全箚疑序.

46) 『同春集』권16, 朱文酌海跋癸巳. "書行於世有年 或不知出於誰氏 玆敢不揆僭妄 識其顚末如右云"라는 내용으로 본다면 이미 이 책이 세상에 유통되고 있음을 알 수 있다. 그러나 그것이 刊本인지 필사본인지는 분명하지 않다.

47) 일반적으로 송준길의 발문이 작성된 이 때 『주문작해』가 간행되었다고 본다. 그러나 그렇게 단정하기 어려운 점이 많다. 송준길의 발문이 『同春堂集』에는 소개되어 있지만, 현행 간행본에는 실려 있지 않다. 송준길의 발문은 『주문작해』의 간행과는 무관하게 작성되었을 가능성이 크다.

정경세는 상주를 중심으로 하는 영남권 학자들과의 교류를 확장하여 다양한 성향의 학자들과 만나며 상호간 활발하게 의견을 주고받았다. 지역과 당색에 구애되지 않는 개방성과 유연함을 볼 수 있다. 서울·경기 지역의 주요 인물로는 韓百謙과 李睟光, 기호 지역으로는 金長生·宋浚吉 등을 거론할 수 있다. 정경세가 이들과 논의한 주제는 禮說, 性理說 등 광범위했는데, 그는 교류한 인물들의 생각을 정중히 존중하면서도 반드시 동의하지는 않았다.

정경세와 이수광과의 의견 교환은 그의 생각, 사람을 대하는 태도를 잘 보여주는 대표적인 사례이다. 정경세는 이수광이 지은 『采薪雜錄』에 대해 이수광과 왕복 두 차례나 서신을 주고 받으며 의견을 교환했다.[48) 〈李芝峯采薪錄辨疑〉는 이때 작성된 글이다. 정경세는 이수광의 생각이 대체로 道敎나 陽明學의 성격을 지니고 있다는 점을 들어 비판적이었고, 이수광은 자신의 立論을 고집하면서도 필요한 내용은 수용하였다.[49) 여기서 특기할 사실은 이 과정에 이준도 함께 했다는 점이다. 이준은 『采薪雜錄』을 읽고 「書芝峯采薪雜錄後」를 지어, 이 글이 先儒가 발명하지 못한 바를 가지고 있다고 칭송했다. 정경세가 비판적인 태도를 취했다면 이준은 보다 우호적이었다. 그는 또한 『警語雜編』 등 이수광이 부쳐준 여러 편의 글을 읽고 그 내용이 薛瑄의 『讀書錄』에 가깝다고까지 평가하고 있었다.[50)

---

48) 1623년 7월에 부제학으로 있던 鄭經世가 「書芝峯稿後」를 쓰며, 편지가 오고 갔다.(『芝峰集』 권24, 采薪雜錄 附, 16나)
49) 『芝峯集』 권24, 「采薪雜錄」, 27가.
50) 『芝峯集』 권31, 李蒼石題, 11나.

정경세와 이준, 이수광 사이의 토론과 문제의식의 공유는 이들 사이에서만 아니라 한백겸도 같이 참가하며 이루어졌다. 李睟光과 韓百謙, 李睟光과 嶺南南人, 嶺南南人과 韓百謙의 교차적 만남이었다. 이들은 성장 배경이 달랐던 만큼, 많은 사안에서 자주 충돌했지만, 각자에게 부족한 내용을 상대로부터 보충 받으며 사유 영역을 확장해 나아갔다.[51]

둘째, 주자학 학습에 필요한 문헌의 정리이다. 『養正篇』과 『朱文酌海』가 여기에 해당한다. 양자를 한 틀에 묶어서 이야기하기에는 무리가 있을 수 있으나, 이들 책자는 정경세의 학문 활동에서 주자학의 입문과 핵심이 어떻게 정리되는지, 그리고 또 그것이 어떻게 사회화되는지를 살핌에 절대 필요한 자료이다.

『養正篇』은 1604년(선조 37) 그의 나이 42세 되던 해 여덟 살 된 아들의 교육을 위하여 편찬했다. 지극히 사적인 관심 위에서 만들었다고 할 수 있다. 저본으로 삼은 책은 明儒 屠義英이 지은 『鄕校禮輯』[52]의 「童子禮篇」이었다. 정경세는 이 가운데 필요한 내용을 추려 28항목으로 정리했다. 盥櫛, 整服, 叉手, 揖, 拜, 跪, 立, 坐, 步趨, 言語, 視聽, 飲食, 灑掃, 應對, 進退, 溫淸, 定省, 出入, 饋饌, 侍坐, 隨行, 邂逅, 執役, 受業, 會揖, 居處, 讀書, 寫字 등이 그 내용이다.

---

51) 정경세·이준과 한백겸·이수광과의 교류는 嶺南과 京南의 만남의 한 모습이다. 여기에 대해서는 정호훈, 『조선후기 정치사상 연구』, 혜안, 2004 참조.

52) 이 책은 屠義英이 『家禮儀節』을 참고하여 편찬했다. 이황학파에서 이 책을 중시했으며 이이학파에서는 그다지 주목하지 않았던 것으로 보인다. 김성일의 경우 부친의 喪에 이 책을 참고했으며 1586년 나주목사로 재직 중에는 직접 간행하기도 했다.(고영진, 「17세기 전반 남인학자의 사상」, 『역사와 현실』 8, 1992, 100쪽)

初學의 어린이들이 일상적으로 익혀야 할 습관과 태도를 짧은 문장으로 제시했는데, 내용이 단순하고 또 경구적이다. '언어' 항목을 들어 그 특징을 살피면 다음과 같다.

> 童子는 항상 입을 다문 채 조용히 있어야지, 함부로 가볍게 말해서는 안 된다. 혹 말하고자 하는 바가 있을 경우에는 반드시 목소리를 낮추어야 하며, 시끄럽게 떠들어 대서는 안 된다. 말하는 내용은 모름지기 진실해서 근거가 있어야 하며 허탄한 소리를 해서는 안 된다. 또한 다른 사람을 깔보거나 다른 사람의 장점과 단점에 대해 가볍게 말해서는 안 된다. 특히 시정잡배들이 떠들어 대는 비천한 말이나 희롱하는 말, 무익한 말은 절대로 해서는 안 된다.

정경세는 이 책을 익힌 후 반드시 『소학』을 읽어 修身의 대법을 체득해야 한다고 했다. 『양정편』은 『소학』을 익히기 위한 예비서였다.

> 修身의 大法은 『소학』에 갖추어 실려 있는바, 이 책은 단지 『소학』으로 들어가는 길이 되는 것일 뿐으로, 이 책을 보는 데에 안주하고 『소학』에 나아가서 구하지 않게 하고자 한 것은 아니다.53)

어린 아들의 교육을 위하여 만들었던 이 책을, 정경세 사후, 자손들은 간행하여 널리 보급하려 했다.54) 사정이 여의치 않아 간행까지

---

53) 『愚伏集』 권15, 書養正篇後示桂兒.
54) 『同春堂集』 권14, 答鄭鳳輝 丙午(1666), "思問錄 豈不切實於後學 而曾見其 但有所論禮記而已 餘皆未成 誠爲大欠 養正篇 曾知其欲刊 而何無消息耶."

『朱文酌海』 서울대학교 규장각한국학연구원 제공

는 되지 않았던 모양이지만, 그럼에도 이 지역에서는 여러 형태로 교육 자료로 활용되었다. 李世弼이 상주목사로 와 있던 17세기 말에 이 지역의 학당에 보급한 것이나,[55] 李萬敷가 이 책의 조목을 활용하여 〈樂育齋節目〉을 지은 것은 그 사례이다.[56]

『朱文酌海』는 『주자대전』의 여러 글에서 필요한 내용을 간추려 만들었다. 16권에 걸쳐 封事, 奏箚, 議狀, 奏狀, 申請, 辭免, 書, 雜著,

---

55) 『息山集』 권18, 書養正篇後, "南州子弟以余有一日之長 執經來問者若干人 余無善可及人 而諸子之勤有不可謝矣 諸子所肄業之室 在天雲堂南上數十步 仍取蒙之象 命之曰養正齋 適李侯世弼司牧本州 其政務尊儒化 以鄭愚伏所跋 養正篇 頒于薰塾 用勸青衿 李侯之意固美矣 書名與不佞扁齋合 有所感焉 且 其訓辭明簡精切 可作造端指南 於是令諸子各寫一通 朝夕誦翫溫習 而書此以 識之."

56) 『息山續集』 권4, 答趙時晦, 樂育齋節目, "讀書 不可急迫 不可寬緩 解釋文字 不可牽强 不可泛過 惟宜量力致專 三條 倣童蒙須知養正編."

序, 記, 跋, 銘, 箴, 贊, 表, 祭文, 碑文, 墓表, 墓誌銘, 行狀, 年譜를
담았다.57)(표 참조) 주자의 시 그리고『주자서절요』에 담긴 편지는
모두 빠졌다. 100여권에 이르는 방대한 분량의 주자 글을 간추려
간명하게 정리한 점이 이 책이 갖는 미덕이다.『주자대전』요약본이
라 할 수 있다.

<표 1>『朱文酌海』의 구성

권	분류	수록된 글의 제목	주자대전	주자대전과의 비고
1	封事	壬午應詔封事 庚子應詔封事 繳進奏疏狀 戊申封事(4편)	권11	권11의 封事 모두 수록
2	封事	己酉擬上封事 甲寅擬上封事(2편)	권12	위와 같음
3	奏箚	癸未垂拱奏箚(一·二·三) 辛丑延和奏箚(一·二·七) 戊申延和奏箚(五) 甲寅行宮便殿奏箚(一·二) 乞差官看詳封事箚子 論災異箚子 乞討論喪服箚子 등 16편	권13~14	권13~14의 箚子 19편 미수록
4	議狀 奏狀	議狀：祧廟議狀 山陵議狀 등 5편 奏狀：乞蠲減星子縣稅錢第二狀 奏捄荒事宜狀 乞修德政以彌天變狀 등 8편	권15~20	권15의 經筵講義 빠짐
5	奏狀 申請	奏狀：按知台州唐仲友第一狀 乞罷黜狀 條奏經界狀 乞褒錄高登狀 9편 申請：論都昌創寨箚子 回申轉運司乞候冬季打量狀 등 5편	권21	
6	辭免	辭免召命狀 謝改官宮觀奏狀 乞追還待制職名奏狀 與宰執箚子 등 26편	권22~23	
7	書	與黃樞密 答汪尙書 與張欽夫答陳同甫 答陳安卿 33편	권24~40	『주자서절요』에 빠진 편지 수록
8	書	答呂子約 등 60편	권41~64	『주자서절요』에 빠진 편지 수록

57) 현재『주문작해』는 16권 8책본, 16권 12책본 두 종류가 있다. 두 간본은 구성에서는 차이가 없다.

9	雜著	舜典象刑說 定性說 養生生說 君臣服議 學校貢擧 私議滄洲精舍諭學者 등 21편	권 67~74	
10	序	送陳宗之序 戊午讜議序 呂氏家塾談詩記後序 楚辭集註序 등 15편	권 75~76	
11	記	存齋記 歸樂堂記 社倉事目 建寧府建陽縣長灘社倉記 黃州州學二程先生祠記 등 23편	권 78~80	
12	跋	跋陳了翁兒兄書 跋范文正公家書 周子通書後記 跋李壽翁遺翁 등 36편	권 81~84	
13	銘 箴 贊 表 祭文	銘:學古齋銘 등 4편 箴:敬齋箴 등 2편 贊:易五贊 表:落職罷宮祠謝表 등 2편 祭文:祭籍溪胡先生文 祭延平李先生文 등 7편	권 85~87	
14	碑文 墓表 墓誌 銘	碑文:少傅劉公神道碑 龍圖閣直學士吳公神道碑 등 5편 墓表:屛山先生劉公墓表 등 5편 墓誌銘:國錄魏公墓誌銘 등 7편	권 88~94	
15	行狀	太師陳公行狀	권95	
16	行狀 年譜	籍溪先生胡公行狀 濂溪先生事實記 伊川先生年譜 등 6편	권 96~68	송준길의 발문이 없음

編書인 이 책에서 정경세의 독자적인 사유를 찾는 것은 쉽지 않다. 다양한 내용을 담고 있는 여러 글에서 필요한 것을 찾아 간추린 그 지점에서, 정경세가 주자학의 어떤 점을 중시했는지, 그리고 그것을 조선에 현실화하고자 했는지 탐색할 수 있다.[58] 이 책이 가지는 의미는 이와 더불어, 주자의 육성 혹은 주자학의 정수에 쉽게 접근할 수 있는 매체로서 이 책이 마련되었다는 점에서 구할 수 있을 것이다.

이미 조선에서는 16세기 이래 주자의 문집이 간행되고 있었지만, 그 방대한 분량과 어려운 내용 때문에 많은 사람들이 쉽게 활용하지

---

58) 이에 관한 선행 연구로는 이봉규, 「우복 정경세의 학문 활동과 《朱文酌海》의 성격」, 『(영인본)朱文酌海』, 서울대학교규장각, 2005 참조.

못하고 있었다. 이황이『朱子書節要』를 만든 것도 학습자들이 주자 사상의 정수에 편하게 다가갈 수 있도록 하기 위해서였다.『朱子書節要』는 이황이 주자의 편지글을 여러 주제로 묶고 정리한 뒤 간행한 책이다.[59] 주자학의 주요 문제, 관심사를 주자의 육성을 통해 접할 수 있는 특성을 지니고 있는데, 독자들은 이를 주자학의 방대한 체계를 익히는 책으로 활용하고 있었다. 그러나 주희의 편지글만을 다루고 있는 것이 이 책의 한계였다.

『주문작해』는『朱子書節要』의 의도를 잇되, 그 한계를 확장하자는 취지로 만들어졌다. 송준길의 발문은 이를 뚜렷이 보여준다.[60] 송준길은 이 책이『주자서절요』를 계승하면서도 그 부족한 요소를 보완하는 성격을 지니고 있음을 강조했다.

대체로『朱子大全』은 모든 것이 광범위하게 실려 있어 없는 것이 없으므로 학자들이 그 근처를 엿보기도 쉽지 않다. 그러므로 퇴계 선생이 그 書疏 중에서 뽑아『朱子書節要』10책을 만들었으니 이는 初學들에게 방향을 지시하는 더할 수 없이 좋은 책이다. 그러나 封事부터 碑狀까지의 모든 文字를 하나도 뽑지 않은 것에 대해서는 학자들이 불만으로 여겼다. 先生은 평소에 주자의 글을 매우 좋아하여 항상 "주자의 글은 日星처럼 빛나고 河海처럼 廣大하여 의리와

---

59) 이 책의 간행에 대해서는 尹炳泰,「退溪의 著書와 그 刊行 - 朱子書節要를 中心으로」,『韓國의 哲學』7, 1978 ; 柳鐸一,「朱子書節要 注釋의 脈絡과 그 注釋書들 - 外來文獻의 韓國的 受容Ⅱ - 」,『書誌學研究』5·6합집, 1990 ; 柳鐸一,「『朱子書節要』의 編纂 流通과 朴光前의 位置」,『退溪學과 韓國文化』32, 2003 ; 최채기,「退溪 李滉의 朱子書節要 編纂과 그 刊行에 관한 硏究」, 성균관대 문헌정보학과 박사학위논문, 2013 참조.

60) 정경세는 이 책의 서·발문을 따로 남기지 않았는데, 책의 발문은 송준길이 작성했다.(『同春堂集』 권16, 朱文酌海跋 癸巳)

文章이 찬란하게 갖추어져 있다. 千古 이래로 일찍이 이런 글은 없었으니, 기타 문장으로 이름난 사람들은 거의 남의 耳目을 즐겁게 하는 俳優와 같다."라고 하면서, 깊이 연구하기를 입이 肉類를 좋아하듯이 하였다. (중략) 일찍이 여가가 날 때 大體에 관계되고 受用에 절실한 글들을 손수 뽑아 이 책을 편찬하였는데, 그 글을 깎아 내어 줄이는 사이에도 각각 基準이 있었으니, 이 책은 실로 이 선생이 뽑은『절요』와 興衛의 관계라 할 수 있다. 이 책에 書·疏 1책이 있는 것은『절요』에서 빠진 것을 보완한 것이다. 博學한 선비에게는 진실로『주자대전』이 있지만, 만약 정력이 부족하여 節約한 글을 보아야 한다면 먼저 이 두 책을 아울러 보되, 익숙하도록 반복해 읽고 뜻을 모두 관통하여 그 문장의 脈絡을 깨닫고 그 규모를 바르게 한 뒤에 미루어 올라가서 모든 이치를 자세히 깨닫고 두루 통한다면 朱門의 중요한 뜻인 精深한 의리와 신묘한 運用을 거의 알게 될 것이다.

『주자대전』을 접하기 힘든, 정력이 부족하여 節約한 글을 보아야 하는 학습자를 위한 책이 곧『주자서절요』『주문작해』였다. 이들 책에 대해 주자학 이해의 지름길 역할을 기대하는 점에서 두 책의 면모는 지극히 실용적이었다. 독자들에게서 두 책은 그야말로 寶典이 될 수 있었다.[61]『주자서절요』가 그 단초를 열고『주문작해』는 그를 보완하며 확장했다. 정경세의『주문작해』에 이르러, 이황에게

---

61)『晩覺齋集』권3, 朱門書類序, "子朱子以亞聖之資 生於道微之時 以嚴天理定人心 闢邪說明學術爲己任 其言多 故其書最富 大全凡百有餘卷 而閎博無涯涘 浩汗若地負海涵 密微若蠶絲牛毛 蠡測末學讀其書 有望洋之歎 退陶老先生抄其書爲節要 愚伏鄭先生抄其文爲酌海 各爲一書 該而詳約而要 最切於進修之功 則此誠學者之要訣 斯文之寶典也."

208

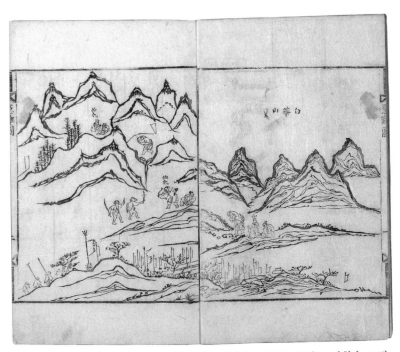

『**형제급난지도**』　임진왜란 때 이준이 형의 도움으로 목숨을 구하는 상황을 그림.
서울대학교 규장각한국학연구원 제공

서 연원한바, 주자학의 핵심을 담은 책을 만들자는 노력은 단단한
결실을 맺었다.[62]

　이상 살핀 대로 정경세의 학문은 그 폭이 대단히 넓었다. 그러면서
도 공부의 방향은 강렬하게 주자학을 지향했으며, 주자학을 익힐
수 있는 자료를 공들여 편찬했다. 이러한 면모는 다양한 사상을
유연하게 섭렵하면서도 주자학의 틀을 벗어나려 하지 않았던 류성

---

62) 주자학의 학습 교재인『朱子書節要』『朱文酌海』의 출현은 영남지역 학술
　의 성격을 이해함에 주요한 단서가 될 것으로 생각된다. 주자학 학습
　교과서로『擊蒙要訣』,『小學集註』,『聖學輯要』등 3부작을 편찬하여 학계
　에 제시한 李珥와 대비된다.

룡의 학문적 특성과도 닮은 점이 많다.(63)

2. 이준 : 류성룡 문집의 간행과 류성룡 학술의 闡揚

이준의 생각, 학술 활동은 정경세와는 여러 면에서 구별된다. 그는 정경세가 그러했듯, 주자학의 학습에 필요한 책을 편찬하거나 특별한 저술 활동을 하지는 않았다. 그 또한 정경세와 같이 經學에 밝아 선조 대와 인조 대에 경연관으로 참가하기도 하고, 그 경험을 글로 묶어 두기도 했지만,『朱文酌海』와 같은 주자학 학습에 필요한 문헌을 따로 만들지는 않았다. 그 점에서 본다면 그의 학술의 외연, 학술의 성격은 정경세와는 많이 달랐다고 할 수 있다.(64)

그의 학술 활동에서 두드러지는 점은 류성룡 문집의 간행, 류성룡 학술의 闡揚에서 구할 수 있다. 물론 류성룡의 문집 간행과 보급에는

---

63) 정경세와 류성룡과의 관계를 바라보는 송준길의 인식이 주목된다. 송준길은 정경세가 류성룡에게서 공부를 배운 사실을 부인하지는 않으나, 그의 학문이 류성룡의 학문과 연결되는 점에 대해서는 강조하지 않았다. 송준길은 정경세가 류성룡에게서 배운 것은 공부의 내용이 아니라 '공부의 방법'이라고 하여, 정경세와 류성룡과의 관계를 한정적으로 보려고 했던 것으로 여겨진다. 행장에서 그는 정경세의 학문 위상을 다음과 같이 썼다. "退陶를 私淑하고 考亭을 遡本으로 삼아 상상하고 흠모하여 準則으로 삼았다."(『愚伏集』, 부록, 有明朝鮮正憲大夫吏曹判書兼知經筵春秋館成均館事弘文館大提學藝文館大提學世子左賓客 贈崇政大夫議政府左贊成兼判義禁府事知經筵春秋館成均館事弘文館大提學藝文館大提學世子貳師愚伏鄭先生行狀.)

64) 이준은 형제 사이에 우애가 깊었다. 임진왜란 때 형 李墺과 함께 의병에 참가했던 이준은 일본군에 의해 죽을 위기에 빠졌으나 형의 도움을 받으며 白華山으로 피해 목숨을 건졌다. 그 사실을 이준은 그림과 글로 남겨 기렸다. 자세한 사정은『蒼石集』권13, 兄弟急難圖序 참조.

柳袗 등 류성룡 자손들의 역할이 결정적이었지만, 이준 또한 문생의
일원으로 이 일을 적극적으로 도왔다. 류성룡의 첫 문집은 1633년(인
조 11)에 간행되는데, 이준은 처음 편차하여 마무리 간행할 때까지
거의 대부분의 行程에 참여하였다. 나아가서는 문집의 발문을 짓고
또 류성룡의 行狀을 지어, 그의 생각과 생애를 압축하여 정리하기도
했다.

　기록상, 조선에서 류성룡 문집 간행을 위한 노력은 류성룡 사후
얼마 지나지 않아 시작되었던 것으로 보인다. 1619년(광해 11), 상주
龍門의 修善書齋에 제자들이 모여 '西厓의 文集'을 校正하였다[65]는
사실이 확인된다.[66] 이때의 교정 작업에 참가한 사람은 蒼石 李埈,
愚伏 鄭經世, 黔澗 趙靖, 石潭 李潤雨, 松溪 金憲 등이었다. 류성룡의
제자 혹은 그와 학연이 있는 이 지역 인물들이었다. 이준이나 정경세
가 이 모임에 참여할 시간을 낼 수 있었던 것은, 앞서도 살폈지만,
이들이 상주에 내려와 지내고 있었기 때문이었다. 이들이 검토했던
자료는 유진이 가져온 원고였는데, 모두 5일 동안 읽고 교정했다고
한다.[67] 문집 간행은 많은 공력과 물력이 필요한 일이었다. 한두

---

65) 『愚伏集』별집 제4권, 연보(송준길이 작성했으며 다음 자료에 실려 있다.
　　『同春堂集』별집7, 愚伏鄭先生年譜) ; 『石潭集』, 石潭先生年譜, 四十七年己
　　未, "先生五十一歲 五月往商州龍門 校正西厓柳先生文集 時柳修巖袗齎來文
　　集 約會商山 諸賢校勘."

66) 1619년에 영남 남인들에게 여러 모로 의미있는 변화가 있었다. 이 해,
　　류성룡과 김성일을 廬江書院에 배향하자는 논의가 金奉祖의 주도로 일어
　　나는 것을 볼 수 있다.(설석규,「退溪學派의 分化와 屛虎是非(2) - 廬江(虎
　　溪)書院 置廢 顚末」,『퇴계학과 유교문화』45, 2009, 329쪽)

67) 『月澗集』, 年譜 권1, "四十七年己未 先生六十二歲. 五月同柳修巖袗赴龍門
　　校正西厓先生文集 先生嘗與修巖有校正西厓先生文集之約 及期修巖齎文集
　　而來 先生曰 西厓先生嘗曰退陶集更欲一番整理 減得十之七八 尤當精粹 竢後

번의 교정 작업으로 마무리될 사안은 아니었을 것이다. 무엇보다 자료의 首尾를 꿰뚫고 마무리 시점을 못 박아 추진할 수 있는 사람이 필요했다.[68] 이 무렵 이준은 이 일을 하기에 정경세가 적격이라고 보았던 모양이다. 그러나 이 시기 류성룡 문집의 간행에 정경세는 그다지 적극적이지 않았던 것으로 보인다. 1621년(광해군 13), 이준은 편지를 보내어 정경세의 적극적인 참여를 촉구하기도 했다.

이준에게서 류성룡 문집의 편찬은 류성룡의 정치적 입지를 회복하고 또 조선 再造의 성대한 功業을 이룬 그의 덕업을 세상에 널리 알리는 의미를 지니고 있었다. 류성룡은 전쟁이 끝날 무렵, 北人으로부터 '主和誤國'의 당사자로 공격을 받고[69] 정계를 물러나와 낙향한 뒤, 곧 세상을 떴다. 후손이나 제자의 입장에서 류성룡의 명예를 회복하는 일, 그의 사상을 세상에 널리 알리는 일은 무엇보다 시급한 사안이었고, 여기에 문집의 간행은 필수적이었다.

우리나라에서 儒者의 수는 그다지 많지 않다. 하물며 儒者로서 相業을 겸한 이는 더 얻기 힘드니, 고려 때부터 지금까지 수백 년간 圃隱과 우리 선생님만 있었을 뿐이다. … 선생님은 王佐의 재주를 지니고 세상을 구제할 수 있는 실력을 품었다. 王猷를 黼黻할 수

人而無惑 宣城人不知此意 遽刻而流布之 至今有遺恨 此今日吾輩之所當體念而毋蹈前失者也 時蒼石, 愚伏, 黔澗, 李石潭潤雨, 金松溪憲諸公次第來會 相與反復讎校 五日乃罷";『月澗集』권2, 答身圭, "父近與愚伏及校理 來在龍門書宇 今數日耳 讐校西厓先生文集 明間當畢 欲移就玉成矣."

68) 『蒼石集』권9, 答鄭景任辛酉, "西厓先生文集編摩一事 非通融其首尾 程督其期限 恐玩日愒月 范然無了期 須同聚一處 消得時月工夫 然後可見校正專而功力易完也."

69) 『宣祖實錄』권93, 30년 10월 16일(癸酉).

있는 근거를 학문에서 구하지 않은 것이 없었는데, 임진왜란이 일어나자 스스로 왕실을 再造할 것을 자신의 책무로 삼았다. 마침내 온 충성을 다하여 潰裂하는 형세를 수복했으니, 그 성대한 功業의 본말을 살필 수 있다. 불행하게도 만년에 일시 군소배들의 참소를 받아 배척 받으며 세상을 떠났다. 선조 廟廷에 配食하는 일 또한 邪議의 방해를 받아 이루어지지 못했다. 다시 세월이 더 흘러 德業이 점차 사라진다면 우리들 門生의 한은 이루 헤아릴 수 없을 것이다. 그 문집을 廣布하고 그 言行을 서술한다면 선생님의 생애를 오래도록 후세에 전하고 우리의 道 또한 떨칠 수 있을 것이다. 이는 오직 우리가 해야 할 職分이니, 이 무거운 짐을 진 자들이 어찌 힘쓰지 않겠는가?[70]

문집 편찬이 시작되던 즈음 정경세에게 보낸 편지의 일부이다. 류성룡의 문집을 간행해야 할 절실한 이유를 위와 같이 거론했다. 그 중, 역대 儒者로서 相業을 겸한 인물로 鄭夢周와 柳成龍을 꼽을 수 있다는 이준의 인식은 무척 흥미롭다. '상업'은 재상으로서의 업무 능력을 의미한다. 정몽주는 16세기 이래 통상 東方 理學의 宗主라는 관점에서 평가되어 왔다.[71] 그것은 곧 정몽주를 조선 道統의 출발선에 세우는 일이었는데, 이를 통하여 정몽주는 사림들에게서 절대적인 추앙을 받고 있었다. 정몽주라는 이름이 갖는

---

70) 『蒼石集』 권9, 答鄭景任辛酉.

71) 정몽주는 15세기에는 국가와 국왕에 충성을 다한 절의의 인물로 높이 평가받았으나, 중종대로 들어오면서 理學의 宗主라는 점에서 주목받았으며(『中宗實錄』 권27, 12년 2월 14일, "司經奇遵曰 治亂 皆由於學術 今聖上以 道學爲心 孜孜求治 眞吾民之福也 前朝鄭夢周理學 爲吾東方之宗主 我朝金宗直 亦其人也"), 마침내 문묘에 종사되었다.(『中宗實錄』 권29, 12년 9월 17일 경인)

권위 또한 이와 연관하여 세워졌다. 이준이 '정몽주 이후에 류성룡이 있다'고 하여 두 사람을 동시에 거론하는 것은 정몽주가 지니는 권위를 류성룡에게도 그대로 부여하는 일이 된다. 이준의 평가 속에서는 이제, 류성룡의 학적 위상은 정몽주의 연장선상에서 파악해야 할 사안이 되었다.

그런데 相業의 측면에서 정몽주를 이해하는 이준의 평가는 무척 이채로운 점이 있다. 이준은 정몽주와 류성룡을 잇는 고리로 '理學'을 설정하는 것이 아니라 相業을 거론했다. 이것은 재상으로서의 역할 혹은 경세가로서의 역할을 강조하는 모습이다. 결국 이준은 류성룡 학술의 특징, 그리고 그 존재가 가지는 의미를 儒者이면서 경세가로서의 면모에 맞추어 조명하고 이를 정몽주와 연결시키고 있었던 것이다.

어쨌든 류성룡의 문집을 만들어 널리 보급하는 일은 제자로서 스승의 학술을 기리는 일로서 당연하다면 당연한 것이었으나, 그 가진 함의는 적지 않았다. 광해군대에 시작되었던 문집 간행 작업은 1631년(인조 9) 무렵에 들어 본격적으로 추진되었다. 이준은 류성룡의 次子 유진의 노력에 자문을 더하고 또 문집을 교정하며 일을 도왔다. 이때 정경세는 기력이 쇠진하여 문집의 간행에는 전혀 힘을 보태지 못하고 있었다.[72] 유진이나 이준은 류성룡의 글 가운데 논란이 될 수 있는 내용은 부분 삭제하거나, '本集'으로 간행하지 않고 미루어 두었다가 '別集'으로 간행한다는 방침으로 일을 추진하

---

72) 『蒼石集』 권10, 答柳季華, "但愚伏衰甚 不惟精神頓減 目力亦短 專廢看書 勘校一役 勢難同力"; 『蒼石集』 권10, 與柳季華, "愚伏精力頓減 無復自力於 筆硏之役 可念可歎."

214

였다.[73] 그리하여 1633년(인조 13)에는 문집이 완성되었다. 이 일이 실제 본격적으로 추진될 수 있었던 것은 1632년(인조 10), 유진이 합천군수가 되면서였다. 유진도 그러한 생각을 가지고 있었겠지만, 후학들은 유진이 합천군수로 있는 동안에 류성룡 문집을 속히 간행할 것을 촉구했다.[74] 개인의 문집이나 저술을 官長의 힘을 빌려 간행하는 것은 당시 통용되던 관행이었다.

1633년에 간행된 류성룡 문집은 류성룡의 글을 다 수록하지는 못했다. 앞서 본대로 '본집' 형태로 20권 10책 분량에 류성룡의 시문을 묶었다. 여기에 李敏求의 서문, 張顯光과 李埈의 발문이 앞뒤로 배치되었다. 여러 사람의 서문과 발문은 류성룡 문집이 가진 의미를 보다 확대하기 위한 장치였을 것이다. 하지만 이때 간행된 문집에서 류성룡의 年譜나 行狀은 실리지 않았다. 연보는 아직 완성되지 않았던 것으로 보이나, 행장은 이미 정경세, 이준에 의해 두 건이나 준비되어 있었다. 따로 빼두었던 글이 '별집' 형식으로 묶이고 연보와 행장이 간행된 것은 그 이후였다.[75]

---

73) 류성룡이 지은 시 '丹陽行'을 본집에 실을 것인지 아니면 별집에 실을 것인지를 두고 이준과 유진의 견해는 일치하지 않았다. 유진은 시끄러운 일[惹鬧]이 일어날까 염려하여 본집에서 삭제하자고 했고, 이진은 이는 지나친 생각이라고 여겼다. 현재 초간본『류성룡집』에는 '단양행'이 실려 있다. 이 시가 당시 논의되던 것인지는 분명하지 않다. 단양행을 둘러싼 두 사람의 의견은 다음 자료 참조.『蒼石集』권10, 答柳季華, "所示若干首別集移錄事 實出於惹鬧之遠慮 但恐不可太拘也 頃見季明書 至欲竝刪丹陽行 無乃過耶";『蒼石集』권10, 答柳季華, "凡集中有不合於時宜者 皆欲爲別集 其見甚是 其中丹陽行及詠牧隱諸作 則有不必拘避衆鬧者 若爲不悅者毁吾說 以避之 則是非之公 後世無知者矣."

74) 이를테면 李埈의 연보 기사는 그 한 사례이다.『月澗年譜』권1, "五年壬申 先生七十五歲 正月 柳修巖來拜 時修巖以陝川守 歷拜先生 先生以西厓先生文集從速登梓之意申囑."

광해군대 시작된 문집 간행이 마무리되는 데에는 유진, 이준을 비롯한 류성룡 후학들의 노력이 결정적이었다. 하지만 초간본 문집의 간행은 적지 않은 곡절을 겪었던 것으로 보인다. 그 사정을 짐작케 하는 사안의 하나가 류성룡의 행장이 첫 간행본에 실리지 않은 점이다.[76] 류성룡의 행장은 1626년(인조 4) 유진이 정경세에게 부탁하여 1627년(인조 5)에 완성되었다.[77] 류성룡 문집이 간행될 때 들어갈 행장이었다. 그런데 이후 이준이 이와는 다른 내용의 새로운 행장을 작성하였다. 문집 편찬 작업이 막바지에 이를 때쯤, 이준은 행장을 수정하는 것이 필요하다고 생각하고 있었고,[78] 그

---

75) 별집과 연보·행장의 간행 년대는 분명하지 않다. 여기에 대해서는『서애전서』Ⅰ, 해제, 1991 참조.

76) 아직 연보가 만들어지지 않고, 또 별집이 편찬되지 않았기 때문에 '행장'이 공개되지 않았을 수도 있다. 필자는 그러한 가능성을 염두에 두면서도, 두 제자에 의해 내용을 달리하는 행장이 만들어지는 점을 주목해 보고 싶다.

77) 행장을 만든 사정은 1626년에 작성한 편지(『修巖集』권2, 答鄭愚伏丙寅, "先父行狀 向日庶弟來傳下敎 已極感幸 又承起草之命 尤切跂望之至 黃筆十二柄 亦謹依受 前在奉縣時 備空冊十餘卷 方將倩謄先橐 而以筆墨爲憂 庶幾因此得以完事 甚幸甚幸")에서 유추할 수 있다. 정경세가 지은 행장은 문집 기록에 따르면 인조4(天啓 6) 7월에 작성되었다.(『愚伏集』권20, 有明朝鮮國輸忠翼謨光國忠勤貞亮效節協策扈聖功臣 大匡輔國崇祿大夫 議政府領議政兼領經筵弘文館藝文館春秋館觀象監事 世子師 豊原府院君西厓柳先生行狀. 이하 '西厓行狀') 그런데『연보』에 실린 똑같은 글에서는 문집과 달리 天啓 7년 7월에 작성했다고 했다. 1년의 시차가 난다. 한편, 1991년『西厓全書』를 간행하면서 해설자는『연보』에 실린 행장이 실은 諡狀이라고 했다. 인조 5년 7월에 류성룡이 문충공 시호를 받았기 때문에 이에 맞추어 시장을 작성했다는 것이다.(『西厓全書』Ⅰ, 해제, 25쪽)『연보』나 문집에서 모두 '행장'이란 이름으로 싣고 있는 글을 諡狀으로 보는 것은 쉽게 납득이 가지 않는다.

78)『蒼石集』권10, 答柳季華, "挽詞祭文行狀欲修正 或可得空冊耶."

연장 선상에서 별도의 행장을 만들었던 것이다. 이 일을 이준이 정경세와 상의했는지, 그리고 이 글이 완성된 뒤 유진에게 어떤 평가를 받았을지는 전혀 확인되지 않는다. 이미 행장이 만들어져 있던 상황에서 새로운 행장이 나온 것은 여러모로 복잡한 사정을 만들 가능성이 컸다. 본집이 나왔을 때, 정경세와 이준의 행장이 모두 실리지 않았던 것은, 저간의 사정이 그러했기 때문일지 모른다.

행장이 공개된 것은 3권으로 된 『연보』에서였다. 『연보』의 간행 연대는 명확하지 않지만 아마도 본집을 간행한 뒤 얼마 지나지 않은 시점에 세상에 나왔던 것으로 보인다. 이 책의 부록편에 정경세가 지은 행장이 실렸다. 반면 이준이 작성한 행장은 본론에 해당하는 내용은 빼버리고 대신 결론만 실었다.[79] 그러니까 두 사람이 지은 행장 모두가 소개된 것이 아니라, 본래 만들어진 정경세본 행장에 이준이 쓴 글 일부가 합쳐지는 특이한 방식으로 공간되었던 것이다.

정경세본과 이준본은 류성룡의 생애를 따라 서술했기 때문에 두 글을 구성하는 골격은 큰 차이가 없다. 류성룡의 이력과 언행도 대동소이하게 정리되어 있다. 다만 류성룡의 생애와 연관된 주요 사안에서는 양자 사이에는 출입이 있었다. 특히 정여립 옥사, 전쟁 중의 활약상, 전쟁 중에 시행한 민간 구휼책, 류성룡이 전쟁 중에 제시한 사회경제 대책, 류성룡의 主和 논의 등과 관련하여 두 글은 서술 방식과 내용이 매우 달랐다.

鄭汝立의 逆獄과 관련된 내용을 이준은 보다 상세히 기록했다.

---

79) 『年譜』 권3, 32가~37나, "蒼石李公埈狀總論曰." 이준이 작성한 행장은 「西厓柳先生行狀」이란 이름으로 『蒼石集』 권17에 실려 있어 그 전문을 볼 수 있다.

정경세본에서는 류성룡의 이름이 白惟讓이 정여립에게 보낸 편지에
서 나온 까닭에 스스로를 탄핵하는 상소를 올렸지만 선조의 너그러운
비답이 있었고, 士類가 류성룡을 의지했다는 내용으로 기술되어 있
다.[80] 이준은 류성룡의 自劾疏의 내용을 밝혀 소개하고 아울러 賓廳
에서 있었던 류성룡과 정철의 대화를 실었다.[81] 嶺儒들을 얽으려
하는 정철의 의도를 류성룡이 알아채고 '漢의 黨錮의 禍를 일으킬
것인가 하고 정철을 힐책함으로 해서 鉤黨의 禍가 파급되지 않았다는
내용이었다. 류성룡은 이때 정철과 함께 委官으로 역옥을 처리하는
책임을 맡고 있었다.[82] 영남 유생을 당화로 얽으려는 정철의 의도와
이를 저지하여 영남 유생을 보호했음을 드러내려는 서술이었다.

전쟁 중의 민간 구휼책은 이준본에서만 자세히 서술되었다. 이준
은 류성룡이 민들의 飢荒을 구제하기 위해, 煮鹽을 시행하고 강화도
등의 섬 지역에 백성들이 농사지어 곡식을 얻을 수 있도록 하고,
국경 지대에 互市를 설치하여 상업 이익을 얻을 수 있도록 했음을
일일이 기록했다. 경성의 백성들이 수로를 따라 貿遷하여 생계를
유지할 수 있게 했었다는 사실도 특별히 기록했다.[83]

---

80) 『愚伏集』권20, 西厓行狀, 7나~8가, "己丑 歷大司憲 兵禮判書 冬 逆獄起
初 汝立盜名搢紳間 前後士類多與之交遊 獨公惡其浮誕使氣 踵門而不見 至是
汝立謀逆事發 獄辭蔓延 多被逮及禍 公姓字亦出於白惟讓與汝立書中 累乞遞
不獲 乃上疏自劾 御批甚優 有卿之心事可質白日等語 士類頗有賴."

81) 『蒼石集』권17, 西厓柳先生行狀, 7나~8가, "己丑 歷大司憲兵禮判書 冬(중
략)一日 鄭澈在賓廳 謂先生曰 聞嶺儒謂逆賊爲寃 吾將建請按問 先生曰 公欲
禍儒生如東漢黨錮之爲耶 按獄明愼則不喩而人服 何可家置一喙也 澈意少沮
而鉤黨之禍不至派及."

82) 북인들은 이발·정개청 등의 처벌에 류성룡이 적극적으로 보호하지 않았
다고 하여 그를 비판하고 있었다. 이를테면 『宣祖實錄』권93, 30년 10월
16일(癸酉)의 기사는 그 한 예이다.

전쟁 중에 제시한 류성룡의 時務策에 대한 서술 방식은 두 행장의 차이를 가장 잘 보여준다. 정경세본에서는 시무책을 간략하게 서술하였으며, 어떤 대책은 아예 언급하지도 않았다.[84] 반면 이준은 1593년 11월 이래 올린 여러 시무책에 대해 원문을 제시하며 소개했다.[85] 행장이 전하는 바, 류성룡은 이들 시무책을 통하여 영남과 호남에 중신을 보내어 군량을 확보해야 함을 거론하고, 호남을 보호하는 계책을 세워야 함을 역설했으며, 또한 『制勝方略』의 오류를 거론했다. 류성룡은 또한 각도의 貢物을 쌀로 거두자는 논의[貢物作米], 소금을 만들어 판매하고 이를 바탕으로 군량을 확보하자는 논의, 한강을 따라 屯保를 설치하자는 논의도 제시했다.

이준이 지은 행장은 류성룡이 '主和'의 의견을 주도했다는 비판과 공격에 대해서도 적극적으로 옹호하는 태도를 취하였다. 당시 류성룡은 주로 북인들로부터 秦檜처럼 賣國한 인물이라는 공격까지 받고 있었다. 이준은 정경세의 서술과 마찬가지로 주화 공방을 둘러싼 논의 과정을 간략히 제시한 뒤, 화의의 논의가 나온 것은 일본과 조선의 강약이 현저하게 차이가 나 국가의 운명이 화급한 상황에 몰렸기 때문이었으며, 화의의 논의가 현재의 위기를 완화하고 후일의 부흥을 도모하려는 데서 나온 것이므로, 진회처럼 '신하로 일컫고 폐물을 바침[稱臣獻幣]'의 행동은 아니라는 점을 적극 강조하

---

83) 『蒼石集』 권17, 西厓柳先生行狀, "時飢荒日甚 餓莩相枕 先生請煮鹽賑飢
又請海島如江華等處 勸民耕種 以廣得粟之路 又請設互市於遼界 綿布一匹直
米二十斗 其用銀銅者 尤得十倍之利 京城之民 從水路貿遷 數年之間 賴以全
活者不可勝數."
84) 『愚伏集』 권20, 西厓行狀, 17나~18가.
85) 『蒼石集』 권17, 西厓柳先生行狀의 18가~21가, 21나~23나, 24나~25나 참조.

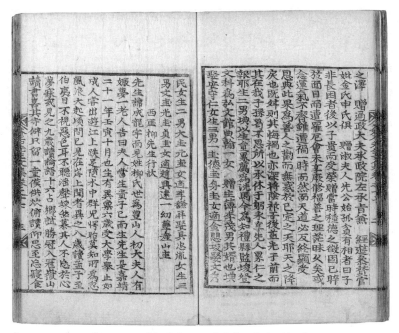

「서애류선생행장」『창석집』 서울대학교 규장각한국학연구원 제공

였다.86)

　요컨대, 문집 편찬 과정에서 류성룡의 행장 작성과 관련하여, 흔히 볼 수 없는 사태가 벌어지고 있었다. 스승의 행장을 두 제자가 각기 따로 작성했다는 점도 특이하고, 각각의 행장에서 강조하는 점이 차이나는 것도 예사롭지 않다. 정경세가 류성룡의 일생을 평이하고 간략하게 정리하였다면, 이준은 류성룡이 전쟁 중에 보여

---

86) 류성룡의 주화 논의에 대한 비판은 북인들만이 제기하는 것이 아니었다. 이황에게서 동문수학했던 月川 趙穆도 류성룡의 주화 논의에 문제를 느끼고 편지를 보내어 비판하기도 했다.(『月川集』, 附錄, 嘉善大夫工曹參判月川趙先生神道碑銘幷序, "西厓柳相國成龍 有同門之義 聞西厓在領台主和議 乃抵書曰 相國平生讀聖賢書 所得只此講和誤國四字耶.")

주었던 경세가적 면모를 적극 드러내려 했고, 또 '主和'의 인물로
공격당하는 현실에 맞서 그를 크게 옹호하려 했다. 비록 류성룡의
문집에는 제대로 실리지 않았지만 류성룡이 지니는 특장을 집중적
으로 밝힌 것은 이준의 행장이었다.

  이준의 학술 활동에서 류성룡 문집의 편찬이 가지는 의미는 적지
않았다. 그는 이 일을 통하여 스승 류성룡의 생각이 조선에 널리
퍼지고 이로써 조선 유학의 도를 넓힐 수 있기를 기대했다. 이준은
류성룡을 '經濟의 通儒'로 파악했다.

  奮發하는 충의는 하늘과 합하고, 慷慨한 말씨는 또 사람을 감동시
  켜서 끝내는 병화를 씻어내고 국가의 안정을 되찾게 하였으니, 선생
  이야말로 재능에 있어서 體와 用을 갖춘 이로써, 經濟의 通儒라고
  하겠다.[87]

  통유란 통상 세상의 일이나 학문에 두루 통달한 儒者를 말한다.
이를테면 세조가 "무릇 유자라 하더라도 天文·地理·醫藥·卜筮를
모두 알아야만 비로소 통유라고 이를 수 있다"[88]고 한 언급은 통유로
지칭되는 인물이 지니는 특징의 한 단면을 보여준다. 조선에서
통유로 지칭되는 인물은 그렇게 많지 않았다. 이준이 류성룡을
'경제의 통유'라 한 것은 경학과 성리학을 비롯, 경세에 두루 능했던

---

87) 『蒼石集』 권14, 西厓先生文集跋, "其忠義奮發 旣有以合乎天 其辭氣慷慨
   亦有以動乎人 卒能汎掃兵塵 奠安方極 先生之於才 可謂體用純備 爲經濟之通
   儒也."
88) 『世祖實錄』 권33, 世祖 10년 4월 26일(戊申), "上又論術數之學 謂右承旨李坡
   曰 凡爲儒者 盡曉天文地理醫藥卜筮而後 始可謂之通儒 汝其能之乎."

류성룡 학문의 특징을 적절히 포착한 것이었다고 할 수 있다. 류성룡을 정몽주와 함께 儒者로서 相業을 겸했던 인물로 평가했던 앞서의 판단도 이와 같은 맥락에서 나왔을 것이다.

류성룡의 문집 간행은 시간에 묻히며 흐릿해져 가던 류성룡의 생각을 조선 사회에 구체적으로 드러내는 주요한 계기였다. 이준은 그 사업에 직접 참여하며 류성룡을 '경제의 통유'로 명명했다. 그것은 이황에게서 배우고 그 영향을 강하게 받았지만, 또 그와는 다른 형태의 학문 영역을 개척한 인물의 특성을 적절히 드러내는 평가였다. 그러한 평가에는 류성룡이 남긴 학문의 시각과 방법에 대한 이준의 큰 관심과 호의가 자리 잡고 있었을 것이다.

이준이 류성룡을 평가한 '경제의 통유'적 면모는 류성룡의 후학들에게서 살아나며 계승되었을까? 계승되었다면 그 구체적인 성과는 무엇일까? 아니면 그 특성은 자연스럽게 소멸되었을까? 정경세, 이준 두 제자에 한정하여 본다면 이 질문에 대한 답변은 제한적이다. 그렇다면, 이러한 질문은 17세기 중·후반 이후로 활동하는 정경세나 이준의 후학들에게 던질 수 있을 것이다. 이에 대한 해명은 또 다른 연구 과제가 된다.

IV. 맺음말

이상 류성룡 후학들의 활동과 그들 학문의 성격에 대해 정경세와 이준을 중심으로 살펴보았다. 이들의 활동 무대는 중앙의 관료 사회와 경상도 상주 지역을 포괄하고 있었다. 류성룡의 큰 제자로 꼽을 수 있는 정경세와 이준의 활동 방식, 그리고 그들의 성취는 비슷하면서도 구별되는 점이 있었다. 두 사람은 비슷한 시기에 과거에 급제하며 發身했고, 선조, 광해군, 인조의 세 조정에서 주요한 역할을 담당했다. 광해군대 중엽에는 똑 같이 관직을 그만두고 낙향하여 생활하기도 했다.

정경세와 이준이 관직에 나아가 활동했던 시기는 당쟁이 치열하게 펼쳐졌던 16세기 후반과 17세기 초였다. 이들은 공통된 학연과 지연의 배경 위에서 南人으로 활동했다. 이들의 정치적 성향은 인조대 초반에 펼쳐졌던 복잡한 정치 현안, 특히 인조를 둘러싼 典禮 논쟁, 號牌法 논의에서의 대응 태세에서 확인할 수 있다. 두 사안은 각기 전례와 법제를 둘러싼 논의였기 때문에 개별적으로 본다면 성격이 달랐다. 그러나 두 사건에는 군주와 국가의 위상을 높이고 국가의 공권을 강화할 것인가 아니면 이를 부정할 것인가 하는 대립된 시각이 관통하고 있었다. 전례 문제는 군주의 특수한 지위를 강조하여 변례를 인정할 것인가 아니면 그것을 인정할 수 없는 것인가 하는 점에서 君權에 대한 태도가 연관되어 있었고, 호패법 시행은 국가의 공권을 강화하고 민인에 대한 통제를 엄격하게 할 것인가 그것을 늦추어야 할 것인가 하는 점에서 公權의 강화에 대한 이해 방식이 얽혀 있었다. 정경세와 이준은 똑 같이 군주의 특수한 지위를 인정하여 전례를 결정하거나 공권의 강화를 통하여 민인을 통제하고 이 과정에서 사족들의 이익이 침해 받는 사태에 대해 비판적이었다.

학문 활동과 관련해서 본다면 두 사람의 지향과 구체적인 성과는 많은 차이를 보인다. 정경세는 『朱文酌海』에서 보듯, 주자의 육성과

眞景을 쉽게 접할 수 있고 주자학 학습에 도움을 받을 수 있는 문헌의 편찬에 많은 공력을 기울였다. 이 책은 이황이 이룬『주자서절요』의 정신을 계승하면서 또한 그 한계를 보완하는 의미를 지니고 있었다. 이 책이 편찬되고 또 이후에 공간되면서 조선의 학자들은『주자대전』의 주요한 글들을 가려서 볼 수 있게 되었다.

이준의 학문적 성과는 정경세와 많이 다르다. 이준은 류성룡의 생애와 사상을 후대인들이 기억할 수 있는 여건을 만드는 일에 보다 많은 공력을 쏟았다.『서애집』의 편집에 적극적으로 참여하고 나아가 류성룡의 학문적 성격을 '經濟의 通儒'라고 평가하고 규정하는 점을 볼 수 있다. 깊은 학식을 갖춘 경세가로서의 류성룡의 사상과 정신을 드러내고 또 그 내용을 문헌적으로 보존함에 열중하는 모습이었다. 류성룡을 평가하는 태도 속에는 어찌 보면 그 평가 속에 자신의 학문 역량을 오롯이 투영하고자 하는 의식이 있지 않았던가 하는 생각도 든다. 이 지점에서 그는 자신만의 독자적인 세계를 만들지 못하는 한계도 드러내 보인다.

정경세와 이준 두 인물은 류성룡의 후학임을 강하게 의식했으며, 이를 바탕으로 스승의 업적을 보존하고 또 계승하고자 했다. 각자 개성 있는 독자의 세계를 구축했으며, 후학을 양성하며 영향력을 확대해 나갔다. 특히 정경세의 경우, 다수의 후학을 길렀는데, 그들 가운데 일부는 류성룡 학문의 외연을 확장하며 새로운 영역을 개척해 나갔다. 이를테면 17세기 중·후반에 활동했던 洪汝河는 정경세의 제자 洪鎬의 아들로, 역사 연구에 독보적인 업적을 내었다. 그는 류성룡으로부터 따진다면 4세대 학자가 된다. 류성룡의 학문은 17세기 여러 제자들을 거치며 다양한 형태로 변주되고 있었다.

참고문헌

『國朝文科榜目』,『潛冶集』,『蒼石集』,『愚伏集』,『同春堂集』,『月川集』
『修巖集』,『西厓全書』,『月澗年譜』,『月澗集』,『晩覺齋集』,『河陰集』
『宋子大全』,『芝峯集』,『息山集』

김용흠,『조선후기 정치사연구 I』, 혜안, 2006.
김학수,「17세기 영남학파 연구」, 한국학중앙연구원 박사학위논문, 2007.
이성무 외,『류성룡의 학술과 경륜』, 태학사, 2008.
정호훈,『조선의 소학 - 주석과 번역 - 』, 소명출판, 2014.

고영진,「17세기 전반 남인학자의 사상」,『역사와 현실』8, 1992.
김용흠,「인조대 원종 추숭논쟁과 왕권론」,『學林』27, 2006.
김학수,「17세기 서애 류성룡가의 학풍과 그 계승 양상」,『退溪學과 儒敎文化』
      55, 2014.
서인한,「인조초 복제 논의에 대한 소고」,『北岳史論』1, 1989.
설석규,「退溪學派의 分化와 屛虎是非(2) - 廬江(虎溪)書院 置廢 顚末 - 」,『退溪
      學과 儒敎文化』45, 2009.
申正熙,「五家作統法小考」,『大邱史學』12·13, 1977.
吳永敎,「朝鮮後期 五家作統制의 構造와 展開」,『東方學志』73, 1991.
우인수,「愚伏 鄭經世의 정치사회적 위상과 현실대응」,『退溪學과 儒敎文化』
      49, 2011.
柳鐸一,「『朱子書節要』의 編纂 流通과 朴光前의 位置」,『退溪學과 儒敎文化』
      32, 2003.
柳鐸一,「朱子書節要 注釋의 脈絡과 그 注釋書들 - 外來文獻의 韓國的 受容 II - 」,
      『書誌學硏究』5·6, 1990.
尹炳泰,「退溪의 著書와 그 刊行 - 朱子書節要를 中心으로」,『韓國의 哲學』7,
      1978.
李俸珪,「조선후기 禮訟의 철학적 함의 - 17세기 喪服論爭을 중심으로」,『한국학
      연구』9, 1998.
李俸珪,「金長生·金集의 禮學과 元宗追崇論爭의 철학사적 의미」,『韓國思想史

學』11, 1998.

이봉규, 「우복 정경세의 학문 활동과《朱文酌海》의 성격」,『(영인본)朱文酌海』, 서울대학교규장각, 2005.

이영춘, 「잠야 박지계의 예학과 元宗 追崇論」,『淸溪史學』7, 1990.

이현진, 「17세기 계운궁 복제론」,『韓國史論』49, 2003.

이수건, 「류성룡의 학문과 학맥」,『한국의 철학』23, 1995.

최채기, 「退溪 李滉의 朱子書節要 編纂과 그 刊行에 관한 硏究」, 성균관대 문헌정보학과 박사학위논문, 2013.

한국학중앙연구원, 한국역대인물종합정보시스템(http://people.aks.ac.kr/index.aks)

도현철

西厓 柳成龍에 대한 一 視線

-17세기『선조실록』과『선조수정실록』의 경우-

Ⅰ. 머리말

서애 류성룡(1542~1607)은 격변기였던 16세기 조선사회를 이끌어간 정치 지도자이면서 사상가였다. 조선 성리학의 원천인 퇴계의 학문을 계승하고, 동인과 서인 혹은 남인과 북인으로 분화하는 붕당기에 합리적인 정치 운영안을 제시하여 높은 수준의 지도력을 발휘하였으며, 폭넓은 인재 등용과 제도개혁, 외교 활동을 통하여 임진왜란이라는 국가적 위기 상황을 극복하고자 하였다.

류성룡에 대한 연구는 최근 들어 보다 다양한 측면에서 활발하게 진행되는 양상을 보이고 있다. 그의 생애와 경학사상, 시문학, 경제사상, 군사정책, 정치활동, 외교 활동에 대한 연구,[1] 리더십과 관련한 연구,[2] 퇴계학파 내에서의 위상과 관련한 연구[3] 등이 대표적이

---

1) 이재호 외,『西厓 柳成龍의 經世思想과 救國政策』上·下, 책보출판사, 2005 ; 권오영,「서애 류성룡 경학사상의 심학적 경향」; 이헌창,「서애 류성룡의 경제정책론」; 오종록,「서애 류성룡의 군사정책과 사상」; 정만조,「서애 류성룡의 정치활동과 정치론」; 한명기,「임진왜란 시기 류성룡의 외교활동」,『류성룡의 학술과 경륜』, 태학사, 2008 ; 이성무, 「서애 류성룡의 생애와 사상」; 이태진,「'누란의 위기' 관리 7년 10개월」,『류성룡과 임진왜란』, 태학사, 2008 ; 허남린,「명분과 실리의 정치역학 - 임진왜란 시기의 강화논의를 둘러싼 유성룡의 역할과 정쟁」,『안동학연구』11, 2012.

2) 송복,『위대한 만남 서애 류성룡과 임진왜란』, 지식마당, 2007 ; 이덕일,

다. 이처럼 기존의 연구는 개별 주제에 대한 미시적 분석에 초점을 맞추고 있고, 특히 임진왜란 기간을 전후한 시기에 집중되어 있다.

기존의 연구를 보다 진전시킨다는 점에서 보면, 일국사적인 시각을 넘어서 '16세기의 동아시아'라는 지평에서 조선의 16세기를 객관화하고 이를 토대로 류성룡의 대응이 갖는 의미를 입체적으로 조망하는 연구가 절실하게 요구된다. 이와 함께 류성룡에 대한 당대인의 인식은 물론 후대인의 평가까지를 세밀하게 살펴볼 필요가 있다. 일견하기에도 그의 행적과 사상에 대한 평가는 다양한 스펙트럼을 가진 것으로 나타나고, 특히 조선후기 당쟁의 과정에서는 自黨의 입장에서 사실을 왜곡하는 경우까지도 보이기 때문이다. 따라서 서애 류성룡에 대한 조선시대의 다양한 시선과 그 이면을 살펴보는 것은 그의 진면목을 확인하는 작업일 뿐만 아니라 조선후기 사회를 이해하는 방증자료로서의 역할을 할 수 있을 것이다.

본고는 이러한 두 가지 문제의식에 기반하여 『선조실록』과 『선조수정실록』 '卒記'에 기술된 류성룡에 대한 17세기의 '공통된 시선'을 제시하고 이를 朱子의 宰相論의 관점에서 살펴봄으로써 활발한 토론을 위한 작은 실마리를 제공하고자 한다.

『난세의 혁신 리더 유성룡』, 역사의 아침, 2012.

3) 徐廷文, 「『퇴계집』의 初刊과 月川·西厓 是非」, 『북악사론』 3, 1993 ; 김학수, 「17세기 嶺南學派의 정치적 분화 - 유성룡·정경세학맥과 정구·장현광학맥을 중심으로 - 」, 『조선시대사학보』 40, 2007 ; 최종호, 「『퇴계집』 刊行 과정에서의 西厓 柳成龍의 役割 - 退溪學派 내에서의 西厓 柳成龍의 位相 究明의 一端 - 」, 『民族文化論叢』 40, 2008 ; 정재훈, 「퇴계 이황의 학파 형성과 역사적 위상의 정립 과정」, 『역사문화논총』 4, 2008.

II. 생애와 사승

1. 생애와 정치활동

서애 류성룡은 중종 37년 외가인 경상도 義城縣 沙村里에서 부친 류중영과 모친 안동 김씨 사이에 3남으로 태어났다. 서애 집안은 고려시대부터 안동부 풍산현에 터를 잡고 살면서 지방 호장층에서 중앙 사족으로 진출하기도 하였지만, 가문의 정치경제적 기반이 확고하게 갖추어진 것은 조부인 류공작 때부터였다. 이후 지속적으로 관직에 진출하였을 뿐 아니라 혼인을 매개로 경제적 기반이 확충되었기 때문이다. 1527년에 작성한 류공작의 男妹和會文記에 의하면, 노비 33구 가운데 부변노비는 8구이고 모변노비는 25구이며, 군위 소재 토지는 류성룡의 조모변에서, 의성과 비안 소재 전답은 모변에서 유래한 것이었다. 류성룡은 모변 재산을 받기 전인 1567년(명종 22)에 登科條 노비 6구와 전답 1석 27두락을 이미 별급받았고 1586년에는 처가로부터 노비 90여구를 받았는데 그 노비의 소재지는 전국에 분포되어 있었다.[4]

류성룡은 1558년(명종 13) 광평대군 후손인 전주 이씨 李坰의 딸과 혼인하였다. 1561년 8월에 퇴계 이황 선생을 찾아가 수개월 머물면서『근사록』등 성리학을 배웠다. 1563년 가을에 생원진사시에 합격하고 이듬해 7월에 생원 1등, 진사 3등에 합격하였다.

---

4) 이수건,『영남학파의 형성과 전개』, 일조각, 1995, 157~160쪽 ; 이성무,「서애 류성룡의 생애와 사상」,『류성룡과 임진왜란』, 태학사, 2008, 11~16쪽.

1568년(선조 2) 인종을 文昭殿에 봉사하는 문제와 관련해서 류성룡은 국왕의 정통성을 존중하는 입장, 즉 인종을 연은전이 아닌 문소전에서 봉사해야 한다고 주장하고 이를 관철시켰다. 주지의 사실이듯이 문소전은 세종 때에 창건되어 태조와 四親을 봉안한 이후 역대 임금들의 신주가 모셔진 정전인 반면, 延恩殿은 성종이 왕위에 오른 적이 없었던 부친 덕종을 추존하여 모시기 위해 마련한 별전에 지나지 않았다. 그런데 인종을 인정하지 않으려는 문정왕후와 윤원형은 인종의 神主를 격이 낮은 延恩殿에 모셨던 것이다.[5]

당시는 을사사화의 여파로 사림이 위축되어 문제제기를 할 수가 없었지만, 명종이 죽고 선조가 즉위하자 이황이 앞장서 명종과 인종을 모두 문소전에 모셔야 한다고 주장하면서[6] 뒤늦게 논란이 되었다. 영의정 이준경이 '祖宗에서 정한 것을 함부로 변경할 수 없다'는 주장을 근거로 반대하였지만, 류성룡은 명종과 인종을 모두 문소전에 모셔야 한다고 주장하였고[7] 사림의 지지를 지렛대 삼아 인종의 문소전 奉祀를 실현하였다.[8]

선조 22년(1589) 10월에 동인인 정여립 등이 모반을 꾀하였다 하여 발고된 정여립 사건이 발생하였다. 이를 기회로 정철 등 서인은 동인의 세력을 약화시키려 하였지만, 서인의 지나친 세력 확대를 염려한 선조는 정철을 파직하는 것으로 옥사를 미봉하였다. 이 사건은 이후 동인과 서인의 갈등이 심화되는 계기가 되었다.

---

5) 이덕일, 앞의 책, 2012, 34~35쪽.
6) 『退溪集』 권7, 擬上文昭殿議.
7) 『西厓集』 年譜.
8) 이덕일, 앞의 책, 2012, 34~35쪽.

죄인들을 문초하는 과정에서 류성룡의 이름이 거론되었다. 정여립 사건에 연루된 부제학 백유양이 정여립에게 보낸 편지에서 류성룡에게 다시 관직에 나가도록 종용하는 내용이 들어 있었기 때문이다. 당시 지방에 있던 류성룡은 '정여립이 집으로 두 번 찾아 온 적이 있었는데도 역모를 미리 알아채지 못한 죄'를 들어 자핵소를 올려 사직하기를 요청하였다. 자핵소에서 '이경중 한 사람만이 정여립을 극력 배척했고 나머지는 같이 잘 어울렸다'고 설명하였는데, 이는 이경중을 제외한 대다수 사대부들이 정여립과 어울렸으므로 자신을 포함한 대다수의 사대부들을 정여립에 동조한 역적으로 모는 것은 무리라는 의미가 함축된 것이었다.[9] 선조는 사직을 허락하기는커녕 류성룡을 이조판서에 제수하였다.[10] 사건의 수습 과정에서 정여립과 친분이 있는 정인홍은 이경중을 탄핵했다[11]는 이유로 삭탈관직 되고, 동인이 남인과 북인으로 분기하는 단초가 되었다.

류성룡은 1590년 5월 우의정을 시작으로 좌의정, 곧 영의정 겸 도체찰사를 겸직하였고 최종 파직된 1598년 11월까지 7년 10개월간

---

9) 류성룡과 정인홍은 정치활동에 차이가 있었다. 류성룡 졸기에 의하면 "(류성룡)은 재상의 자리에 올라서는 국가의 安危가 그에 의지하였는데, 정인홍과 의논이 맞지 않아서, 인홍이 매양 공손홍이라 배척하였고, 성룡 역시 인홍의 속이 좁고 편벽됨을 미워하니, 士論이 두 갈래로 나뉘어져 서로 공격하는 것이 물과 불 같았다"(『宣祖實錄』 권211, 30년 5월 을해)고 하였다. 정인홍의 정치론에 대한 최근의 연구로 다음이 참고된[정호훈, 「爲民가 休息의 정치론 - 來庵 鄭仁弘의 정치의식과 현실인식 - 」, 『역사와 경계』 81, 2011)

10) 『선조수정실록』 권23, 22년 12월 갑술(25책 589면), "成龍上疏待罪, 略曰 …."

11) 『선조실록』 권15, 14년 3월 경오(21책 373면) ; 『선조수정실록』 권15, 14년 4월 갑자(25책 492면).

재상으로 조선을 이끌었다. 특히 이 기간에는 임진왜란이라는 국란의 시기가 포함되어 있었다.

1592년 4월 왜병이 북상하고 선조가 파천하게 되자, 류성룡은 이산해·이양원과 함께 세자를 정할 것을 요청하였고, 그 결과로 광해군이 세자로 세워졌다. 1593년 정월 명 장군 이여송이 평양을 탈환하고, 같은 해 4월 서울을 수복했으며, 10월 어가가 서울에 도착하였다. 1594년 11월 명나라 참장 胡澤이 사신으로 와 일본을 설득해 封貢케 하도록 할 것을 요청하였다. 당시 조선을 도운 병부상서 석성 등이 반대파의 공격을 받아 곤란에 처해 있었기 때문에 和議를 주선하라는 것이었다. 이때 류성룡은 명나라가 조선에 등을 돌리면 의지할 데가 없게 되니 그들의 뜻을 거스르지 말고 잘 대접해 보내자고 건의하였다. 이러한 태도는 1597~98년 이이첨과 조목에 의해 '화친을 주장하여 나라를 그르쳤다[主和誤國]'는 거센 비판을 불러왔다.

1596년 7월에 이몽학의 난이 발생하였지만, 류성룡이 위관의 직임을 맡아 공평하게 판결한 결과 억울하게 연루된 자가 적었다고 한다. 1598년(선조 31) 9월 主事 丁應泰가 와서 經理 楊鎬의 죄 20여 가지를 들어 명나라에 보고했다. 이에 조선에서는 최천건을 파견하여 양호를 옹호하였으나 실효가 없자, 대간이 時任大臣을 파견해 문제를 처리해야 한다[12]고 주장하였다. 이는 류성룡이 직접 가야

---

12) 이러한 사실은 후에 북인 계열의 류성룡 비판에서 알 수 있다. 그 내용은 다음과 같다.
성균관 생원 이호신 등이 상소하기를, "신들이 丁應泰의 參奏를 보니 차마 입으로 읽지 못하겠습니다. … 신들은 삼가 들으니 영의정 류성룡은 이번의 擧措를 평범하게 보고서 곧장 자신이 나서서 가지 않고 온갖

한다는 것이었다. 그러나 선조는 좌의정 이원익을 보냈고 정응태가
대노하였다. 이에 이이첨 등은 류성룡이 명나라에 가지 않은 것을
비난하였고, 11월 파직되었다.[13)

　류성룡은 1599년 3월부터 옥연서당에 초옥 3칸을 짓고 거처하였
다. 1600년 3월에는 『퇴계연보』를 작성하였다. 1601년 3월 형 류운룡
이 죽고 연이어 모친상을 당하였다. 거상을 하는 과정에서 『愼終錄』
과 『永慕錄』, 『喪禮考證』을 저술하였다. 1605년 1월에 「知行說」과
「知行合一說」을, 9월에는 「帝王紀年錄」[14)을, 1606년 3월에는 『聖諭
錄』을, 병이 심해서 돌아가기 직전인 1607년 3월에는 『勸化錄』을

구실로 회피하기를 꾀하여 다른 宰臣으로 대신시키려 하면서 단지 전하가
일을 보기만을 요청하여 책임만 모면하려는 계획을 한다 합니다. …
류성룡은 본시 올바르지 못한 인물로서 교묘한 말과 아첨하는 얼굴을
가지고 온 세상을 크게 그르치고 조정의 기강을 멋대로 농락하면서 자신의
생각을 마음대로 행하였습니다. 우리 나라가 이 왜적과는 한 하늘 아래에
서 함께 살 수 없는 원수인데 和란 한 글자로 국가의 큰 일을 그르치고
있으니 宋나라의 진회가 어찌 이보다 더하겠습니까? 그는 자신의 의견과
다른 사람은 배척하고 자기의 의논에 빌붙는 자는 끌어들이니 정치를
論辨하고 思慮하는 臺閣의 職任은 모두 아첨하는 무리들이고, 명나라
관원을 接伴하는 御史는 고루하고 편벽되지 않은 무리가 없습니다. 백성의
힘을 약탈하여 백성의 힘은 고갈되었고, 함부로 토목 공사를 일으켜 국가
의 비용은 탕진되었으며, 청탁하는 무리들이 문에 가득하여 뇌물을 공공
연히 주고 받습니다. 예컨대, 조목·정인홍 같은 무리가 시골에서 은거하며
경륜을 품은 채 세상에 나서지는 못하는 것은 모두 이 奸人이 그들의
길을 막았기 때문입니다. …"(『선조실록』 권104, 31년 9월 경술(23책 509
면), "成均館生員李好信等上疏曰. …"

13) 이성무, 「서애 류성룡의 생애와 사상」, 『류성룡과 임진왜란』, 태학사,
　　2008, 44~49쪽.
14) 중국과 우리나라를 합하여 一錄을 만들었는데, 중국은 唐堯 갑진년부터
　　시작하였고, 우리나라는 단군 무진년으로부터 시작하여 서로 비교해서
　　기술하여 역대에 미쳐 읽기에 편리하도록 만들었으나, 완성하지 못하였다
　　고 한다.

찬술하였다. 『懲毖錄』역시 이 무렵에 저술된 것으로 추정된다.
1607년 4월에 세상을 떠났다.

2. 사승과 『퇴계집』 간행

류성룡은 퇴계 생전에 학문
을 전수받고 이를 실천하고자
하였고 퇴계의 문인·제자들
과 함께 『퇴계집』을 간행하는
데 주도적인 역할을 하였다.
그 과정에서 『퇴계집』의 편집
원칙과 관련하여 월천 조목
(1524~1606)과는 다른 입장을
견지하였고 이러한 입장은 다
시 그의 제자들에게까지 영향
을 주게 되었다.

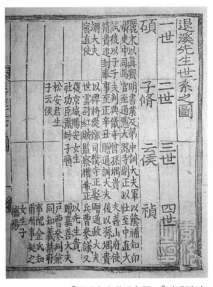

「退溪先生世系之圖」『퇴계전서』

선조 6년(1573) 선조의 명에
의하여 재경 문도인 류성룡이 중심이 되어 『퇴계집』 간행을 추진하
였으나 완성을 보지 못하였다. 이에 경상도에 있던 조목을 중심으로
각 지역의 제자들이 각자 정리한 자료를 기반으로 草本을 완성하였
다. 그런데 선조 19년 류성룡은 조목에게 "편집 원칙은 次第가 분명
해야 하고 상세하고 간명한 것이 모두 적당해야 한다."[15]고 주장하

---

15) 『西厓全書』권10, 與趙士敬(丙戌).

면서 刪節을 요청하였다. 선조 20년 5월 퇴계의 제자들이 모임을 가지고 산절에 부정적인 조목과 산절을 주장하는 류성룡의 의견을 김성일(1538~1593)이 중재하여 일단 류성룡의 의견에 따라 산절을 하기로 결정하였다. 이에 따라 조목이 참여하지 않은 상태에서 류성룡이 주도하여 中草本 간행 작업을 진행하였지만, 선조 22년 기축옥사와 선조 25년 임진왜란으로 중단되고 말았다.

『퇴계집』은 선조 33년(1600) 조목의 주도로 간행되었다. 조목은 류성룡이 산절한 中草本을 무시하고 산절하지 않은 草本을 기준으로 간행하였다. 이것이 庚子本이다. 경자본이 간행되자마자 류성룡을 중심으로 改刊이 논의되었고 류성룡의 제자인 정경세 등이 이를 교정하였지만 改刊을 하는데 이르지는 못하였다.16)

『퇴계집』의 간행은 단순히 편집원칙에 대한 제자들 사이의 이견 대립을 넘어서서 퇴계학의 嫡傳 논의17)이면서 동시에 중앙정계의 정파 간 대립과도 직결되는 것이었다. 조목을 중심으로 한 예안의 향촌 사림은 북인과 연계하기도 하였다. 선조 31년 6월 북인들은 류성룡을 '조목과 정인홍의 중앙 진출을 막고 화친을 주장하여 나라를 그르친 인물'로 탄핵하였고,18) 12월 류성룡은 삭탈관직 되었다.

---

16) 辛承云, 「『퇴계집』 해제」, 『韓國文集叢刊』 解題 2, 1998, 7~13쪽.

17) 徐廷文, 「『퇴계집』의 初刊과 月川·西厓 是非」, 『북악사론』 3, 1993 ; 최종호, 「『퇴계집』 刊行 과정에서의 西厓 柳成龍의 役割 - 退溪學派 내에서의 西厓 柳成龍의 位相 究明의 一端 - 」, 『民族文化論叢』 40, 2008 ; 김학수, 「17세기 嶺南學派의 정치적 분화 - 유성룡·정경세학맥과 정구·장현광학맥을 중심으로 - 」, 『조선시대사학보』 40, 2007.

18) 북인의 류성룡 탄핵은 선조 31년 9월 성균관 생원 이호신 등의 류성룡 비판을 통하여 본격화된다. 이호신 등은 류성룡은 군부의 원수를 갚아야 하는데도 '和'로 국가의 대사를 그르쳤고 이는 진회와 같은 奸人과 같으며, 植黨, 國用의 궁핍을 초래했으며, 정인홍, 조목과 같은 인재의 등용을

조목은 이보다 앞서 선조 30년(1597) 여름 류성룡에게 편지를 보내 "相國이 평생 동안 성현의 책을 읽고 배운 것이 다만 이 '講和誤 國' 넉자란 말이오?"라고 비판하였다.[19] 조목의 비판은 향촌사회의 대일감정 혹은 여론을 대변하는 것이었고 북인의 류성룡 비판을 촉발하는 계기를 만들어 주었다. 당시 조목은 서원을 매개로 사림을, 정인홍은 향약을 통해 경상우도 지역을 장악하고 있었으므로 류성 룡에 대한 비판은 향촌에서의 지지기반 상실을 의미하는 것이었다.

『퇴계집』 간행 과정에서 류성룡과 조목은 정국 운영상의 인식 차이를 노정하고 있었다. 류성룡은 일찍부터 중앙정계에 진출하여 중앙집권화에 의한 향촌 지배를 지향하면서 조제론적 붕당관에 입각한 왕도정치의 실현을 목표로 하였다. 따라서 『퇴계집』을 간행 하되 閑漫한 문자나 가득한 책이 아니라 분명하고 간결한 정치교과 서로서, 나아가 『주자대전』과 같은 성리학의 보전으로 만들고자 하였던 것이다.[20] 이는 류성룡이 『퇴계집』에서 중요시한 부분이 선조와 퇴계와의 관계, 곧 향촌보다는 중앙에서의 관료 활동이었다 는 사실에서도 확인할 수 있다.

반면 조목은 퇴계의 학통을 계승했다는 자부심으로 산림적 자세

막았다고 비판하였다.(『선조실록』 권104, 31년 9월 경술) 북인 정인홍의 정치론에 대해서는 다음의 최신의 연구가 참고된다.(정호훈, 「爲民과 休息의 정치론 - 來庵 鄭仁弘의 정치의식과 현실인식」, 『역사와 경계』 81, 2011)

19) 『月川集』附錄 嘉善大夫工曹參判月川趙先生神道碑銘幷序(정온)(『韓國文 集叢刊』 38), "乃抵書曰, 相國平生讀聖賢書, 所得只此講和誤國四字耶."; 구 덕회, 「선조조 후반 정치체제의 재편과 정국의 동향」, 『韓國史論』 20, 1988, 201쪽 ; 徐廷文, 앞의 글, 1993, 215~217쪽.

20) 徐廷文, 위의 글, 1993, 238쪽.

와 향촌사회에서의 주도적 위치를 유지하고자 하였다. 그는 퇴계가 죽은 1570년까지 30년 동안 퇴계 문하에서 수학하였고 퇴계가 죽은 후에는 도산에서 제생을 모아 강학하였다. 퇴계 제자로서 그의 자부심은 『퇴계집』 전고수록 원칙과 향촌 주관의 문집 간행 요구로 이어졌다. 그는 향촌 내의 구성원이 모두 참여하여 『퇴계집』을 간행함으로써 향촌사회의 결집과 안정을 도모하고자 하였던 것이다. 동일한 맥락에서 조목은 류성룡의 '調劑論的朋黨觀'에 반대하고 조선초기 이래로 지속된 '다른 당의 존재를 인정하지 않는 부정적 붕당관'을 견지하였는데, 이는 정인홍의 입장과도 유사한 측면이 있었다.[21]

Ⅲ. 『실록』의 '卒記'와 주자의 재상론

1. 『선조실록』과 『선조수정실록』의 평가

『조선왕조실록』은 편년체 역사서이지만 예외적으로 기전체의 열전에 해당하는 졸기를 두고 있다. 卒이란 말은 신분적으로는 대부의 죽음을 의미하는 것이지만, 내용적으로는 처음과 끝이 일관[有始有終]된 군자의 죽음을 의미한다. 『조선왕조실록』에는 약 2,100여 개의 졸기가 수록되어 있는데, 서술 방식은 졸, 가계, 행적, 시호, 평결(史臣曰), 자손의 순서로 소개되어 있다.[22]

---

21) 徐廷文, 앞의 글, 1993, 215~217쪽.

22) 신현규, 「『朝鮮王朝實錄』 列傳 형식의 卒記 試考」, 『語文論集』 27, 중앙어

실록에는 동일한 국왕에 대해 서로 다른 두 개의 기록이 존재하는 예외적인 경우가 있다. 『宣祖實錄』과 『宣祖修正實錄』, 『顯宗實錄』과 『顯宗改修實錄』, 『景宗實錄』과 『景宗修正實錄』이 그것이다. 이는 조선후기 당쟁으로 인해 찬술과정에 논란이 있었기 때문에 발생한 기형적인 결과이다. 그 때문에 동일한 인물의 졸기에 대한 평가가 상이한 경우가 많이 발견된다. 류성룡의 경우 실록의 평결은 『선조실록』과 『선조수정실록』 모두에 실려 있다.

『선조실록』은 광해군 원년(1609) 7월부터 동 8년(1616) 11월에 완성되었다. 총재관은 서인 이항복이 담당하다가 뒤에 북인 奇自獻[23]이 대신하였다. 『선조실록』은 계축옥사와 그에 이은 폐모론이 진행될 무렵 대북정권의 지지기반이 좁아지고 있는 사정을 반영하고 있는 것으로 평가된다.[24] 『선조실록』은 선조 즉위년(1567) 7월부터 동 41년(1609) 2월까지의 역사를 221권으로 기록하였다. 그런데, 선조 25년 4월 임진왜란 이후 약 16년간의 기록이 195권으로 대부분을 차지하고, 그 이전 약 25년간의 기록은 26권에 불과하다. 이는 임진왜란 이전 춘추관 일기와 승정원일기 및 각사등록 등 국가기록이 모두 난중에 소실되었기 때문이다.[25]

『선조수정실록』은 『선조실록』이 간략할 뿐 아니라 당파관계로 誣筆을 가하였다는 비판에서 수정 편찬되었다. 인조 원년(1623)

문학회, 1999.

23) 奇自獻(1567~1624)은 광해군 초반 영의정으로, 폐모살제에 반대하였는데, 인조반정에는 가담하지 않았다. 이괄의 난 때 자결하였다.

24) 吳恒寧, 「『宣祖實錄』 修正攷」, 『韓國史研究』 123, 2003, 89쪽.

25) 申奭鎬, 「朝鮮王朝實錄의 編纂과 保管」, 『韓國史料解說集』, 韓國史學會, 1964, 49~54쪽.

8월 경연에서 이수광·이정구·임숙영 등은 '『선조실록』은 賊臣의 손에 편찬된 사실이 왜곡된 역사(誣史)'라고 주장하였고, 이런 이해가 확산되면서 수정의 공감대가 형성되어 갔다. 하지만 이괄의 난이 일어나 인조반정 세력의 정통성 문제가 제기되자 『광해군일기』의 편찬이 보다 시급한 사업으로 떠오르면서 우선순위가 뒤로 밀렸다. 인조 19년(1641) 2월 이식의 상소로 인해 『선조실록』의 수정 논의가 다시 시작되었다.[26] 이식(1584~1647)은 광해군대에 간얼들이 왕명을 독단하여 이전 기록을 몰래 삭제하고 무필을 가하여 시비와 명실을 모두 바꾸어 놓았다고 주장하면서 『선조실록』을 수정해야 한다고 요청하였다. 그리하여 임란 이후의 기록은 수정을 가하고 전란으로 소실된 임란 이전 기록은 새로운 자료를 모아 보강하도록 하였다. 이때 후자의 경우 이식의 干與本에 실려 있는 '修史綱領'을 통하여 수집 대상 자료 목록을 파악할 수 있다.[27]

『선조실록』과 『선조수정실록』에는 동일한 인물에 대하여 상반된 평가를 한 경우가 많다. 전자는 북인의 입장이, 후자는 서인의 입장이 반영되었기 때문이다. 서인인 정철의 경우가 대표적인 사례이다. 『선조실록』에는 정철에 대해 "성품이 편협하고 말이 망령되고 행동이 경망하고 농담과 해학을 좋아했기 때문에 원망을 자초하였다. … 죽을 때까지 비방이 그치지 않았다"[28]고 평가되어 있는 반면, 『선조수정실록』은 "소인이 과연 그와 같이 할 수 있겠는가? 그는 단지 결백성이 지나쳐 의심이 많고 용서하는 마음이 적어 일을

---

26) 『인조실록』 권42, 19년 2월 정사(35책 109면), "大提學李植上箚曰 …."
27) 吳恒寧, 앞의 글, 2003, 72~79쪽.
28) 『선조실록』 권46, 26년 12월 경오(22책 193면).

처리해 가는 지혜가 없었을 뿐이었다."29)고 하면서 여러 가지 실례를 들어 정철을 옹호하고 있다.

특이한 것은 『선조실록』과 『선조수정실록』이 이처럼 동일한 인물에 대해 상이한 평가를 하고 있는 속에서도 류성룡에 대해서만은 모두 부정적으로 평가하고 있다는 사실이다. 이는 류성룡이 동인으로서 서인과 대립관계에 있었을 뿐 아니라, 북인 정권 특히 이산해와 경쟁관계에 있었던 사실을 반영하는 것이다.

『선조실록』에 실려 있는 류성룡에 대한 졸기는 다음과 같다.

전의정부영의정 풍원부원군 류성룡이 죽었다. 사신이 말하기를 … 류성룡은 조정에 선 지 30여 년 동안 재상으로 있은 것이 10여 년이었는데, 임금의 돌아봄이 조금도 쇠하지 않아 귀를 기울여 그의 말을 들었다. 경연에서 선한 말을 올리고 임금의 잘못을 막을 적엔 겸손하고 뜻이 극진하니 이 때문에 상이 더욱 중히 여겨 일찍이 말하기를 "내가 류모의 학식과 기상을 보면 모르는 사이에 마음으로 복종할 때가 많다."고 하였다. 그러나 규모가 조금 좁고 마음이 굳세지 못하여 이해가 눈앞에 닥치면 흔들림을 면치 못하였다. 그러므로 임금의 신임을 얻은 것이 오래였었지만 직간했다는 말을 들을 수 없고 정사를 비록 專斷하였으나 나빠진 풍습을 구하지 못하였다. ① 기축년의 변에 權姦이 禍를 요행으로 여겨 逆獄으로 함정을 만들어 무고한 사람을 얽어서 자기와 다른 사람을 일망타진하여 산림의 착한 사람들이 잇따라 죽었는데도 일찍이 한마디 말을 하거나 한 사람도 구제하지 않고 상소하여 자신을 변명하면서 구차하게 몸과 지위를 보전하기까지 하였다. ② 임진년과 정유년 사이에는

---

29) 『선조수정실록』 권27, 26년 12월 경술(25책 644면).

군신이 들판에서 자고 백성들이 고생을 하였으며 두 陵이 욕을
당하고 宗社가 불에 탔으니 하늘까지 닿는 원수는 영원토록 반드시
갚아야 하는데도 계획이 군세지 못하고 國是가 정해지지 않아서
和議를 극력 주장하며 通信하여 적에게 잘 보이기를 구하여서 원수를
잊고 부끄러움을 참게 한 죄가 천고에 한을 끼치게 하였다. 이로
말미암아 義士들이 분개해 하고 言者들이 말을 하였다. 부제학 김우
옹이 伸救하는 상소 가운데 '성룡은 역시 얻기 어려운 인물입니다마
는 ③ 宰輔의 器局이 부족하고 大臣의 風力이 없다.'라고 하였으니,
이것이 정확한 논의이다. 무술년 겨울에 辨誣하는 일을 어렵게 여겨
사피함으로써 파직되어 田里로 돌아갔다. 그후에 職牒을 돌려주었
고, 상이 그의 병이 위독하다는 말을 듣고는 의관을 보내 치료하게
하였었는데 이때에 이르러 죽은 것이다.[30]

그리고 『선조수정실록』의 류성룡 졸기 기록은 다음과 같다.

풍원부원군 류성룡이 죽었다. 류성룡은 안동 출신으로 호는 서애
이며 이황의 문하에서 수학하였는데 일찍부터 중망이 있었다. 병인
년에 급제하여 청요직을 두루 거치고 경연에 출입한 지 25년 만에

---

30) 『선조실록』 권211, 40년 5월 을해(25책 334면), "前議政府領議政豊原府院
君 柳成龍卒. 史臣曰, … 成龍立朝三十餘年, 爲相者十年, 上眷不衰, 傾耳以
聽. 獻替經幄, 言巽而意盡, 以此, 上尤重之, 嘗曰, '予觀柳某學識氣象, 不覺心
服之時多矣.' 然規模少狹, 脊樑不牢, 利害當前, 未免動搖. 故得君雖久, 鮮聞
謇謂之言, 爲政雖專, 不救偸靡之習. 己丑之變, 權姦幸禍, 以逆獄爲機穽, 羅織
無辜, 網打異己, 山林善人, 相繼殄戮, 而未嘗發一言救一人, 而至於分疏自明,
苟保身位. 壬辰丁酉之間, 君臣拔舍, 赤子殷盫, 兩陵遭辱, 宗社燒夷, 通天之
讎, 九世必報, 而謀猷不競, 國是靡定, 力主和議, 通信求媚, 使忘讐忍恥之罪,
貽羞恨於千古. 由是, 義士憤惋, 言者藉口. 副提學金宇顒申救疏中有曰, '成龍
亦難得之人. 但乏宰輔器局, 無大臣風力.' 斯爲之論也. 戊戌冬, 以辭難於辨誣
之事, 削其職, 歸田里. 其後還授職牒, 上聞其病危, 遣醫治之. 及是卒."

드디어 재상이 되었으며, 계사년에 수상으로서 홀로 京外의 기무를 담당하였다. 명나라 장수들의 咨文과 揭帖이 주야로 폭주하고 諸道의 奏牘이 이곳 저곳에서 모여들었는데도 성룡이 좌우로 酬應함에 그 민첩하고 빠르기가 흐르는 물과 같았다. 당시 신흠이 비변사의 낭관으로 있었는데, 문득 신흠으로 하여금 붓을 잡고 부르는 대로 쓰게 하였는데, 문장이 오래도록 다듬은 것과 같아 일찍이 點綴한 적이 없었다. 그래서 신흠이 항상 사람들에게 말하기를, 그와 같은 재주는 쉽게 얻을 수 없다고 하였다. <u>그러나 ③ 局量이 협소하고 持論이 넓지 못하여 붕당에 대한 마음을 떨쳐버리지 못한 나머지 조금이라도 자기와 의견을 달리하면 조정에 용납하지 않았고 임금이 득실을 거론하면 또한 감히 대항해서 바른대로 고하지 못하여 大臣다운 風節이 없었다.</u> 일찍이 임진년의 일을 追記하여 이름하기를『징비록』이라 하였는데 세상에 유행되었다. <u>그러나 식자들은 자기만을 내세우고 남의 공은 덮어버렸다고 하여 이를 기롱하였다. ① 이산해가 그 아들 이경전과 함께 오래도록 廢斥되어 있으면서 성룡을 원망하여 제거하려 하였다. 그 결과 ② 무술년에 主和하여 나라를 그르치고 辨誣의 使行을 피했다는 이유로</u> 탄핵을 받고 떠나게 되었는데, 향리에 있은 지 10년 만에 죽으니 나이가 66세였다. 류성룡은 임진난이 일어난 뒤 건의하여 처음으로 훈련도감을 설치하였는데, 戚繼光의 『紀效新書』를 모방하여 砲·射·殺의 三手를 뽑아 군용을 갖추었고 외방의 山城을 修繕하였으며 鎭管法을 손질하여 備禦策으로 삼았다. 그러나 성룡이 자리에서 떠나자 모두 폐지되어 실행되지 않았는데, 유독 훈련도감만은 존속되어 오늘에 이르도록 그 덕을 보고 있다.[31]

---

31) 『선조수정실록』권41, 40년 5월 계해(25책 701면), "豐原府院君柳成龍卒. 成龍, 安東人, 號西厓, 從學於李滉之門, 早負重望. 丙寅擢第, 敭歷華顯, 出入經幄二十五年, 遂入相. 癸巳以首相, 獨當中外機務, 天將咨揭, 日夕旁午, 諸道奏牘, 東西交集, 成龍左右酬應, 敏速如流. 時申欽爲備局郎, 輒使欽操筆, 口呼

『선조실록』과『선조수정실록』의 류성룡에 대한 평가는 부정적이다. 두 기록은 이러한 평가의 근거로 ① 기축옥사에 대한 대응 ② 임진년과 정유년 사이의 주화오국 ③ 재상으로서의 풍모 등 3가지를 들고 있다.

첫 번째 제시된 기축옥사(선조 22년, 1589)는 동인인 정여립 등이 모반을 꾀하였다 하여 발생하였다. 이를 기회로 정철 등 서인이 동인의 세력을 약화시키려 하였지만, 서인의 지나친 세력 확대를 염려한 선조는 정철을 파직하는 것으로 옥사를 미봉하였다. 이 사건은 이후 동인과 서인의 갈등이 심화되는 계기가 되었다.[32]

『운암잡록』[33]은 류성룡이 임진왜란 이후 동서분당의 시말을 남인 입장에서 정리한 책이다. 여기에서 류성룡은 기축옥사에 대하여 설명하면서 이산해(1539~1609)[34]와 정철(1536~1593)에 대한 비판적 입장을 개진하고 있다. 예컨대 "이산해는 원래 정철과 잘 지냈는

書之, 文如宿搆, 未嘗點綴. 欽每語人曰, '其才未易得也.' 然局量狹小, 持論不弘, 不能去朋黨之心, 稍涉異己, 則不容於朝, 君擧得失, 亦不敢抗言正告, 無大臣風節. 嘗追記壬辰事, 名曰懲毖錄, 行于世, 識者以其伐己而掩人譏之. 李山海與其子慶全, 久在廢斥, 衝成龍, 謀欲去之. 戊戌以主和誤國, 厭避辨誣之行, 被劾而去, 在野十年而卒, 年六十六. 成龍於壬辰亂後建議, 始置訓鍊都監, 倣戚繼光紀效新書, 抄選砲射殺三手, 以爲軍容, 修繕外方山城, 修鎭管法, 以爲備禦之策, 成龍去位, 皆廢不行, 獨訓鍊都監仍存, 至今賴之."

32) 최근의 연구는 선조 22년 정여립 모반 곧 기축옥사에 대하여『선조실록』은 서인인 정철이 치죄를 확대하였다는 붕당의 첨예한 대립의 연장선상에서 기록하고 있는 반면『선조수정실록』은 사건의 전개만을 중심으로 기록하고 있다고 한다.(오항녕, 앞의 글, 2003, 81쪽)
33) 『西厓全書』권3, 『운암잡록』;『大東野乘』『운암잡록』.
34) 이산해는 사장학을 바탕으로 경세에 비중을 두고 권과 권의를 중시하며 군주의 정치적 목적에 따라 융통성이 있는 정치를 지향하였다.(설석규, 「선조대 정국과 이산해의 정치적 역할」,『아계 이산해의 학문과 사상』, 지식산업사, 2010, 240~247쪽)

데 정철이 공격을 받을 때 이발과 함께 정철을 공격했다. 그러다 기축옥사 때 정철이 입조하게 되자, 이산해가 화를 면하기 위해 정철로 위관에서 쫓겨난 정언신을 대신하게 하고 자기의 아들 이경전을 정철의 집에 보내 밤낮으로 노예처럼 봉사하게 하면서 '당신을 공격한 것은 김응남과 류성룡 등이요, 나는 아니다'라고 했다고 한다."는 기록이 그것이다. 이는 이산해와 정철이 결탁하여 자신이 위기에 빠진 것으로 파악하고 있음을 보여주는 것이다. 류성룡은 동인 또는 남인으로서의 입장을 분명히 하고, 정국운영의 경우도 동인이나 남인 위주로 하면서 서인이나 북인과 공조하는 입장을 취했다.[35]

류성룡을 비판하는 또 하나의 논거는 화친을 주장하여 나라를 그르쳤다는 '主和誤國'(1598년 11월, 선조 31)이다. 임란이 끝나고 북인은 류성룡을 탄핵하는 상소를 올렸다. 류성룡이 기미설을 주장하고 강화를 이끌어 당시의 혼란을 초래했다는 것이 이유였다.

조선에 파병한 명나라는 전쟁을 한반도로 국한하는 가운데 조기에 강화협상을 맺기를 희망하였다. 이에 따라 1594년 명군 지휘부는 조선도 강화를 원하고 있다는 내용의 글을 올릴 것을 강요했다고 한다. 명은 벽제 전투에서 일본군에게 참패하자 일본군과의 결전을 포기하고 강화협상을 통해 전쟁을 끝낸다는 방침을 세웠기 때문이다. 당시 명에게는 朝鮮援軍→ 募兵→ 增稅→ 民困이라는 인식이 자리하고 있었다. 명군지휘부는 명 조정에서 입지가 약화되는 것을 막기 위하여 강화협상을 성공시키려 하였고, 조선으로 하여금 '강화

---

35) 이성무, 「서애 류성룡의 생애와 사상」, 『류성룡과 임진왜란』, 태학사, 2008, 78~79쪽.

永慶未上 啓草也貴言鄭相本心如此世人不知
而疑之太甚故其子弟使之來示云其後論者追言
渾噉澈殺永慶并奪渾官爵彼此論議至今未已云

雜記

竇左議政鄭澈于江界圍籬安置榜其罪于朝堂澈
字季涵小時受業於奇大升旣猶執弟子禮然大
升嘗曰季涵得志必誤國爲人剛褊喜言人過恩讐
分明人有不平于心者終不能忘以此敗初沈義謙
與金孝元交惡分黨李珥主論頗喜言人過李元
讓不合澈作詩云西風回首獨逡巡李珥主論頗喜
廻水似山俱是命西風回首獨逡巡官歸湖
南多聚游士之輕浮好言論者日夜飲酒議朝時事
傳播遠近益成屬階癸未年間珥在朝爲大司憲
上下論議及攻珥竇逐澈有力爲金宇顒上疏攻澈
陰竹驪州高陽之間不定處所快益甚沉冥酒色
而已丑鄭汝立獄事起澈自外入來詣政院陳疏
閔者大懼李山海少與澈交厚後澈爲人所攻山海
背澈與李澄等同攻澈至是澄等敗而澈復入山海
懼甚欲更與相合以免禍時鄭彥信罷相山海薦澈
代之與澈同治獄事澈甚遣其子言前日攻君者皆金應南柳某等所爲
門如奴隸且言前日攻君者皆金應南柳某等所爲

非我也欲以嫁禍他人而自免焉澈與山海宿怨旣
深而且知山海反復終不釋憾時澈黨滿臺閣日
事羅織凡平日所不悅一切陷入逆類上頗厭之
山海連結掖庭探知上意又與洪汝諄等密謀傾
之先使李慶全結遊士洪奉先等言澈專權亂政
閱請對上卽引見問之其始澈令臺諫論之不知
其事者疑懼遲回一二日山海卽令臺諫論之不知
日襃獎其忠山海卽上怒方盛欲速發且
啓卽洪汝諄爲大司憲并論尹斗壽尹根
壽李海壽等六七人分竇北道皆惡汝諄之黨也禹
禹性傳非其類而爲山海所惡汝諄等同論罷之
上仍命榜澈罪掛之朝堂又 命圍籬安置山海猶
與澈相問不絕且寄藥封云

又

以鄭澈爲下三道體察使辛卯竇江界至是赦之
道 召赴 行在謁見於平壤廬從義州一日在賓
廳諸宰會坐貴嬪金氏自內出退膳別監捧盤置諸
大臣之前澈首坐問何來別監對曰從金淑儀退膳所來
澈厲聲曰鄭澈雖貴豈食金淑儀退膳可送具知事
蓋 王子定遠君金出而知事具思孟女爲定遠夫
人時思孟在座盤至慚伏不能起左右相顧無言故
事退膳於朝廷惟 上及中殿爲之後宮不敢爲金

五七

『운암잡록』『서애전서』 3

를 원한다'는 내용의 주문을 올리게 하였다.

조선은 명군의 이러한 요구를 회피할 수 있는 입장이 아니었다.
재상이었던 류성룡은 불가피하게 "위엄으로써 완악을 제어하고,

계교로써 기미하여 화란을 없애는 것은 예로부터 제왕이 오랑캐를 방어하는 큰 방책입니다. 오직 황제께서 선택하시기에 달려 있습니다."[36]라는 애매한 표현으로 주문을 올렸다. 이를 근거로 류성룡이 主和誤國했다고 비판하는 것은 무리가 아닐 수 없다. 류성룡 자신도 和라는 용어를 사용한 적이 없었다[37]고 하면서, 힘으로 적을 도모할 수 없는 상황에서 명의 기미책에 따라 적세를 완화시키기 위해 어쩔 수 없이 취했던 고육지책이었다고 주장하였다.[38]

2. 주자의 재상론에서 본 재상 류성룡

『선조실록』과『선조수정실록』의 공통된 지적은 류성룡이 재상으로서의 역할을 다하지 못하였다는 것이다.『선조실록』은 이를 '宰輔의 器局이 부족하고 大臣의 風力이 없다.'고 기술하고 있고,『선조수정실록』은 '局量이 협소하고 持論이 넓지 못하여 붕당에 대한 마음을 떨쳐버리지 못한 나머지 조금이라도 자기와 의견을 달리하면 조정에 용납하지 않았고 임금이 득실을 거론하면 또한 감히 대항해서 바른대로 고하지 못하여 大臣다운 風節이 없었다.'고 기술하고 있다.

최근의 연구는『선조실록』과『선조수정실록』의 평가와는 정반대로 류성룡이 임진왜란을 포함한 국가적 위기 상황에서 보여준 행적을 통해 그가 명재상이었음을 확인시켜 준다. 사림의 주장을 대변하

---

36)『西厓全書』권3, 陳賊情奏文.
37)『西厓全書』권10, 答趙士敬(1597).
38) 한명기,「임진왜란 시기 류성룡의 외교활동」,『류성룡의 학술과 경륜』, 태학사, 2008, 296~300쪽.

면서도 국가의 이익을 도모하고 재상으로서의 역할을 충실하게
수행했다는 것이 그 근거이다.

첫째, 능력 중심의 인재 등용이다. 선조 24년 2월 이순신을 전라도
좌수사로, 권율을 광주목사로 추천하고[39] 하층민이라도 능력이
있거나 국가에 공이 있으면 발탁하도록 하였다. 둘째, 국방체제를
제승방략 체제에서 진관체제로 바꾸도록 하였다. 제승방략 체제는
유사시 각 수령이 군사를 이끌고 본진을 떠나 멀리 배정된 방어지역
으로 이동하여 중앙에서 파견된 京將의 지휘를 받는 체제로, 한번
무너지면 더 이상의 대비책이 없다는 치명적인 약점을 가지고 있었
다. 이에 류성룡은 진관체제, 곧 巨鎭을 중심으로 몇 개의 제진을
묶어 독립적으로 도 내의 감사와 병사가 自戰自守하도록 하는 방안
을 제시하였다. 셋째, 국가의 조세 수취에서 대동법을 실시하여
농민의 부담을 줄이도록 하였다.(1594년, 선조 27) 공납을 폐지하고
쌀로 통일해 백성들이 부담하도록 하였다. 넷째, 붕당론적 調劑論을
통하여 붕당간의 화합에 노력하였다. 율곡은 붕당에 대하여 주자의
양시양비론을 수용해 조제론을 주장하였는데, 서애도 동인의 영수
로서 동인과 서인에 각각 군자와 소인이 있을 수 있다고 보고 이중
군자만을 뽑아 쓰면 된다는 생각을 가지고 있었다. 서애는 재상의

---

39) 전란을 극복하기 위한 방안으로 능력 중시의 인재 선발을 주장했다.
이순신을 종6품인 정읍현감에서 정3품 전라좌수사로, 권율을 정5품인
형조정랑에서 정3품인 의주목사에 발탁하고, 서북인에 대한 차별도 없애
야 한다고 생각하였다. 이에 대하여 辛忠元은 관리도 아니고 문벌출신도
아니었는데 조령에서 군공을 세우자 수문장을 시켰다가 절도사로 발탁했
다. 柳祖訒이 私賤을 군사로 뽑아가는 것을 반대하자 "사천은 국민이
아니냐?" 하면서 양반들의 고식적인 태도를 비난했다.(이성무,「서애 류성
룡의 생애와 사상」,『류성룡과 임진왜란』, 태학사, 2008, 82쪽, 104~105쪽)

입장에서 당파와 관계없이 인재를 발탁해 적재적소에 썼던 것이다.[40]

이처럼 상반된 평가가 존재하는 상황에서, 조선왕조가 주자학이 지배하던 시기라는 점을 고려하여 주자학의 재상론에 비추어 재상 류성룡을 평가하는 일은 흥미로운 작업이라고 생각된다.

주자의 재상론은 君主一心成敗論과 君主聖學論으로 요약된다. 주자는 군주 일인에 의한 통치, 군주에 의한 정치운영을 인정하여 군주의 절대성을 자연의 질서로서 존중하였다. 그러나 군주의 專制정치, 독단정치는 비판하였다. 주자는 천하의 大小事가 모두 제왕의 裁決에 의해 결정되는 것을 비판하였다. 그는 군주는 剛明公正한 인물을 재상으로 선택하고 그와 더불어 정사를 의논해야 한다고 역설하였다. 군주의 임무는 오직 재상을 논하는데 있고, 재상은 獻可替否, 즉 군주의 옳은 일을 적극 봉행하여 왕을 옳은 길로 인도해야 한다고 하였다. 이 때문에 군주의 권력을 최대한 억제하면서 재상을 대표로 하는 신료의 발언권을 강조하는 입장을 취하였다.

주자는 천하의 일을 도모하는 최종결정권이 황제에게 달려 있다는 사실은 인정하면서도 재상이 그러한 황제를 바르게 인도해야 한다고 보고 있다. 따라서 재상이 된 자는 聖賢의 正道를 상고하여 天理의 所在를 구하고 이를 통해 그 마음을 바르게 하고 이를 기초로 미루어서 군주를 바르게 해야 한다[41]고 하였다. 주자가 "2, 3명의 大臣들은 人主에게 賢否를 분별하고 人才를 진퇴시키며 天下의 일을

---

40) 이성무, 앞의 글, 2008, 66~72쪽.
41) 『朱子大全』 권24, 與汪尙書書(己丑), "以求天理之所在, 旣以自正其心, 而推之以正君心."

도모해야 한다"[42]고 하거나, "재상이 天下의 公議의 所在를 살펴야
한다."[43]고 한 것도 같은 맥락에서 파악할 수 있다. 주자는 君主
一人이 권력을 장악하여 정치를 주도하기보다는 대다수 臣僚들의
公論을 집약한 재상 중심의 정치론을 지향하였다.[44]

　주자의 재상론[45]을 기준으로 놓고 볼 때, 류성룡은 재상으로서의
맡은 바 직무를 완수했다고 평가할 수 있는가? 주자 재상론의 핵심인
'공론의 통합자'로서의 재상이라는 점에서 류성룡의 대응은 비판을
받을 여지가 있었다.[46] 조선 사신(황윤길, 김성일)의 엇갈린 견해에
대하여 동인의 입장이 아닌 서인 측의 일본 침략 가능성을 예지하지
못한 것에 대해서 책임을 물을 수 있을 것이다. 또한 기축옥사로

---

42) 『朱子大全』권28, 與留丞相(10월 12일), "蓋二三大臣者, 人主之所與分別賢
　　否, 進退人才, 以圖天下之事."
43) 『朱子大全』권26, 與李誠父, "尊兄平日立志持身, 固有定論, 然區區更願一意
　　爲國, 無徇常日往還厚善之私, 深察天下公議之所在, 精慮而決行之, 使陰消於
　　上, 而陽長於下, 政事脩理, 而國勢尊安, 不亦老先生平日之所望於後人乎?"
44) 守本順一郎, 「朱子學의 歷史的 構造」, 『東洋政治思想史研究』, 1967 ; 張立
　　文, 「朱熹의 政治學說」, 『朱熹思想研究』, 1986 ; 金駿錫, 「17세기 正統朱子
　　學派의 政治社會論」, 『東方學志』67, 1990.
45) 주자가 언급한 송대의 재상은 조선의 재상과 동일시하기에 주저되는
　　점이 있다. 하지만, 재상이 국왕을 보좌하고 국정을 총괄한다는 점에서
　　유사점이 있고 상호 견줄만하다고 본다. 조선의 재상은 보통 정2품을
　　관리를 말하나 정3품까지 포함시키기도 한다. 성종대 간행된 『대전속
　　록』에 의하면 "봉명재상이 정1품이면 도체찰사, 종1품이면 체찰사, 정2
　　품이면 도순찰사, 종2품이면 순찰사, 정3품이면 찰리사라고 품계에 따라
　　칭호를 붙인다고 한다. 고종때에 간행된 『대전회통』에 의하면 재상은
　　相은 정1품 삼의정, 宰는 정3품 당상관 이상으로 실직에 있는 자로 설명하
　　고 있다.
46) 류성룡은 선조 22년(1589) 기축옥사 당시 예조판서로 있었고 곧 이조판서
　　가 되었다. 그 이듬해 5월에 우의정이 되었다. 선조 24년 2월에 좌의정이
　　되었다.

동인이 수세에 몰리는 상황에서 시시비비에 대한 명확한 판단으로 조정의 의론을 바로잡지 못하였다. 이러한 사실은 붕당의 대립 속에서 재상으로서 국가적 위기에 적극 대처하지 못했다는 비판을 받을 소지가 있다.

17세기 조선의 집권층은 주자학의 절대화를 통하여 人倫道德을 확립하고 체제 안정을 도모하였다. 광해군의 실용적이고 상황 중심적 정치운영도 유교를 지배이념으로 하는 조선의 정치사상의 범위에서 이루어졌다. 인조반정 이후 대명의리론이 중시되고 북벌론이 제기된 것 또한 주자학을 국정교시로 하는 지배이데올로기를 반영하는 것이라 할 수 있다.

즉 17세기에는 주자학의 이념이 강화되고 북인과 서인의 당파적 이해가 강하게 표출되고 있었고, 이런 배경에서 편찬된『선조실록』과『선조수정실록』은 정통주자학의 논리를 보수적으로 견지하게 되어, 서애 류성룡에게 보이는 실용적이고 포용적인 현실 대응자세를 인정하기 어려운 바가 되었다.

IV. 맺음말

16세기 조선사회를 이끌었던 정치 지도자 서애 류성룡(1542~1607)의 생애와 17세기『선조실록』과『선조수정실록』에 기술된 조선시대인의 시선을 살펴봄으로써 그의 올바른 모습을 밝혀보려는 것이 본고의 목표였다.

류성룡은 중종 37년 풍산 류씨 류중영과 안동 김씨 사이에 3남으로 태어났다. 서애 집안은 고려시대부터 안동부 풍산현에 터를 잡은 유력가문으로, 류성룡은 선대로부터 노비와 토지를 상속받았는데 그 토지와 노비는 전국에 분포되었다고 한다. 1558년 광평대군 후손인 전주 이씨인 李坰의 딸과 혼인했고, 1561년 퇴계 선생을 찾아가 성리학을 배웠으며, 1564년 과거에 합격하여 사환의 길로 접어들었다.

1568년 류성룡은 인종의 文昭殿 祔廟 논의에서 퇴계와 같이 인종과 명종은 재위한 왕이었으므로 문소전에 모셔야 한다는 입장을 취하였다. 선조 22년(1589) 정여립 사건이 발생하자, 동인인 정여립 등을 치죄하는 과정에서 서인이 동인의 약화를 도모하였다. 류성룡은 정여립이 집으로 두 번 찾아 온 적이 있는데도 역모를 미리 알아보지 못한 죄를 들어 사직을 청하였지만 반려되었다.

1590년 5월 우의정을 시작으로 7년 10개월간 재상을 맡아 조선을 이끌어 갔다. 이때 이순신과 권율을 추천하고 진관체제를 확립하며 대동법을 실시하였고 붕당론적 調劑論을 주장하였다. 재상으로서 원칙과 현실을 적절히 조율하였다고 할 수 있다. 1593년 정월 명장군 이여송이 평양을 탈환한 뒤 일본과 강화 협상을 맺으려는 명의 요구에 의하여 재상으로서 명에 주문을 올렸다. 이것이 이이첨과 조목에 의해 '主和誤國'으로 비판받게 되는 빌미가 되었다. 1598년 (선조 31) 11월에 파직되면서 1599년 3월부터 옥연서당에 초옥 3칸을 짓고 거처하다가 1607년 4월 세상을 떠났다.

류성룡은 퇴계 생전에 학문을 전수받고 이를 실천하고자『퇴계집』을 간행하고자 하였다. 『퇴계집』의 편집 과정에서 류성룡은 동문인 월천 조목(1524~1606)과 각기 다른 편집원칙을 제시하면서 대립하였다. 선조 6년(1573) 류성룡이 중심이 되어『퇴계집』간행을 추진하였으나 완성을 보지 못하자, 조목이 중심이 되어 草本을 정리하였다. 이에 류성룡이 刪節을 요구하면서 두 사람 사이에 이견이 노정되었다. 선조 33년에 조목의 주도로 산절하지 않은 草本을 기반으로『퇴계집』이 간행되었다.

『퇴계집』의 간행은 단순히 편집원칙에 대한 제자들 사이의 이견 대립을 넘어서 퇴계학의 嫡傳 논의이면서 동시에 중앙정계에서 정파 간의 대립과도 직결되는 것이었다. 조목을 중심으로 한 예안의 향촌 사림은 북인과 연계하였고, 조목과 정인홍은 류성룡을 주화오국의 인물로 탄핵하였다. 아울러 이는 류성룡과 조목의 현실 인식의 차이를 반영하는 것이기도 하였다. 류성룡은 중앙집권화에 의한 향촌 지배를 지향하면서 조제론적 붕당관에 입각한 왕도정치의 실현을 목표로 하였고, 그 토대로서『퇴계집』은 분명하고 간결한 정치교과서이기를 원했다. 반면에 조목은 산림으로서『퇴계집』 전고수록 원칙과 향촌 주관의 문집 간행 욕구를 통해 향촌사회의 결집과 안정을 도모하였다.

『조선왕조실록』은 편년체 형식이면서도 기전체의 열전에 해당하는 졸기를 수록하여 인물평을 제시하고 있는데,『선조실록』과『선조수정실록』에 실려 있는 서애의 졸기에는 부정적인 평가가 공통적으로 기술되어 있다.『선조실록』은 광해군 정권 때 북인의 입장이 반영된 것이고,『선조수정실록』은 인조반정 이후 서인의 입장이 반영된 사서로, 동인인 류성룡을 긍정적으로 보기 어려웠던 것이다. 두 기록은 부정적인 평가의 근거로 기축옥사에 대한 대응과 임진년과 경진년 사이의 주화오국 그리고 재상으로서의 풍모 등 3가지를 들고 있다. 이 가운데 기축옥사에 대한 대응과 임진년과 경진년 사이의 주화오국에 대한 비평은 최근의 연구를 통하여 해소가 되었다 할 수 있다.

재상으로서의 풍모에 대한 평가는 조선왕조가 주자학이 지배하는 시기라는 점을 고려할 때, 주자학의 재상론에 비추어 재상 류성룡을 평가해 볼만하다. 주자의 재상론은 君主一心成敗論과 君主聖學論으로 요약된다. 주자는 군주의 절대성을 자연의 질서로서 존중하는 한편으로, 군주의 專制정치, 독단정치를 비판하였다. 주자는 천하의 일을 도모하는 최종결정권이 황제에게 달려 있다는 사실은 인정하면서도 재상이 그러한 황제를 바르게 인도해야 한다고 보고 있다. 따라서 재상이 된 자는 聖賢의 正道를 상고하여 天理의 所在를 구하고 이를 통해 그 마음을 바르게 하고 이를 기초로 미루어서 군주를 바르게 해야 한다고 하였다. 주자는 君主 一人이 권력을 장악하여 정치를 주도하기보다는 대다수 臣僚들의 公論을 집약한 재상 중심의 정치론을 지향하였다.

주자의 재상론을 기준으로 놓고 볼 때, 재상 류성룡은 비판받을 소지가 있었다. 조선 사신(황윤길, 김성일)의 엇갈린 견해에 대하여 동인의 입장이 아닌 서인 측의 일본 침략 가능성을 예지하지 못한 점, 기축옥사로 동인이 수세에 몰리는 상황에서 시시비비에 대한 명확한 판단으로 조정의 의론을 바로잡지 못한 점 등이 그것이다. 이러한 사실은 붕당의 대립 속에서 재상으로서 국가적 위기에 적극 대처하지 못했다는 지적을 받을 수 있다.

서애 류성룡에 대한 조선시대의 인식과 평가는 녹록지 않다. 이를 조선후기 당쟁의 결과로서만 설명하는 것 또한 불충분하다.

류성룡의 진면목을 보다 정확하게 파악하기 위해서는 16세기 당대의 사회에 대한 미시적 분석과 함께, 17, 18, 19세기에 이루어진 류성룡에 대한 인식과 평가에 대한 다각적인 검토가 필요하다고 본다.

참고문헌

송 복,『위대한 만남 서애 류성룡과 임진왜란』, 지식마당, 2007.
이덕일,『난세의 혁신 리더 유성룡』, 역사의 아침, 2012.
이수건,『영남학파의 형성과 전개』, 일조각, 1995.
이재호 외,『西厓 柳成龍의 經世思想과 救國政策』上·下, 책보출판사, 2005.
守本順一郎,『東洋政治思想史研究』, 1967, 未來社(김수길 옮김, 서울 : 동녘,
         1985).
張立文,『朱熹思想研究』, 谷風出版社 1986.

구덕회,「선조조 후반 정치체제의 재편과 정국의 동향」,『韓國史論』20, 1988.
권오영,「서애 류성룡 경학사상의 심학적 경향」,『류성룡의 학술과 경륜』,
         태학사, 2008.
金駿錫,「17세기 正統朱子學派의 政治社會論」,『東方學志』67, 1990.
김학수,「17세기 嶺南學派의 정치적 분화 - 유성룡·정경세 학맥과 정구·장현광
         학맥을 중심으로 -」,『조선시대사학보』40, 2007.
徐廷文,「『퇴계집』의 初刊과 月川·西厓 是非」,『북악사론』3, 북악사학회, 1993.
설석규,「선조대 정국과 이산해의 정치적 역할」,『아계 이산해의 학문과 사상』,
         지식산업사, 2010.
申奭鎬,「朝鮮王朝實錄의 編纂과 保管」,『韓國史料解說集』, 韓國史學會, 1964.
辛承云,「『퇴계집』 해제」,『韓國文集叢刊』 解題 2, 민족문화추진회, 1998.
신현규,「『朝鮮王朝實錄』 列傳 형식의 卒記 試考」,『語文論集』27, 1999.
오종록,「서애 류성룡의 군사정책과 사상」,『류성룡의 학술과 경륜』, 태학사,

2008.

吳恒寧, 「『宣祖實錄』 修正攷」, 『韓國史研究』 123, 2003.

이성무, 「서애 류성룡의 생애와 사상」, 『류성룡과 임진왜란』, 태학사, 2008.

이태진, 「'누란의 위기' 관리 7년 10개월」, 『류성룡과 임진왜란』, 태학사, 2008.

이헌창, 「서애 류성룡의 경제정책론」, 『류성룡의 학술과 경륜』, 태학사, 2008.

정만조, 「서애 류성룡의 정치활동과 정치론」, 『류성룡의 학술과 경륜』, 태학사, 2008.

정재훈, 「퇴계 이황의 학파 형성과 역사적 위상의 정립 과정」, 『역사문화논총』 4, 2008.

정호훈, 「爲民가 休息의 정치론 - 來庵 鄭仁弘의 정치의식과 현실인식 - 」, 『역사와 경계』 81, 2011.

최종호, 「『퇴계집』 刊行 과정에서의 西厓 柳成龍의 役割 - 退溪學派 내에서의 西厓 柳成龍의 位相 究明의 一端 - 」, 『民族文化論叢』 40, 2008.

한명기, 「임진왜란 시기 류성룡의 외교활동」, 『류성룡의 학술과 경륜』, 태학사, 2008.

김도형

19세기 후반 河回 '屛儒'의 家學과 斥邪 활동

Ⅰ. 머리말

19세기에 들면서 조선사회는 왕조체제의 위기를 맞게 되었다. 안으로는 홍경래 난, 1862년 농민항쟁, 1894년 농민전쟁 등으로 이어진 반봉건 농민항쟁으로, 또 밖으로는 西敎의 전래와 두 차례의 洋擾(병인양요, 신미양요), 조일수호조규(강화도조약, 1876) 등으로 이어진 서양, 일본의 침략에서 비롯된 것이었다.

이러한 체제 위기는 1860년대 대원군 집권기에 더 심화되었다. 대원군은 왕조체제를 유지하기 위해 다양한 대책을 실시하였다. 집권 직전 정부에서 마련한 三政釐整策을 재정비하여 농민층의 항쟁을 해결하고자 하였고, 세도정권을 억압하고 왕권을 강화하기 위해 경복궁 중건, 四色 등용, 서원 철폐 등도 실시하였다. 또한 유교이념과 체제를 위협하는 서학(천주교)을 탄압하고, 이를 빌미로 침략해 온 프랑스, 미국과 싸워야 하였다.

체제 위기감은 정부에 몸담고 있거나(在朝) 혹은 지방에 있는[在野] 유생층에게도 마찬가지였다. 노론 집권층의 일각에서 18세기 후반부터 형성된 북학론을 계승하여, 차츰 서양의 기술을 인정하고 이를 받아들일 수 있다는 논의를 제기하고 있었지만, 대부분의 재야 유생층은 국정교학인 주자학을 강화하고 서양을 배척하였다.

재야 유생층이 당시의 사회변화 속에서 가졌던 이념은 철저한 주자학에 입각한 斥邪衛正論이었다. 본래 유교에서는 異端을 배격하고 正學을 숭배[闢異崇正]하고, 또 中華를 존중하고 夷狄을 배척[尊華攘夷]하는 원리를 기본으로 하였다. 이런 척사론은 당색, 학파의 연원에 관계없이 동일하였다. 특히 서양 세력의 침략과 천주교의 보급, 그리고 '서양화'된 일본의 침투는 유교사회를 근본적으로 위협하는 것으로 인식되었다. 재야의 유생층은 자신의 척사론에 따라 정부의 정책에 의견을 내기도 하고, 향촌사회에서 유교이념을 강화하고 지배권을 유지하기 위해 애를 썼다.1)

그러나 성리철학의 측면이나 처신에서는 점차 영남과 기호, 혹은 노론과 남인이라는 당색의 구분이 옅어지고 있었고, 따라서 척사론을 공유하면서도 자신들의 학문적 연원이나 당색, 사회경제적 기반, 정권과의 연관성 등을 둘러싸고 현실문제에 대한 처신에는 많은 차이를 보였다. 이런 점은 향촌사회에서 사족지배체제가 조금씩 변화되면서, 사족의 결속력도 당색, 학통보다는 소규모의 문인(학맥), 통혼과 집안(문중), 동족 부락 등으로 좁아지고 있었던 것2)과도 무관하지 않았다.

본고에서는 19세기 후반, 안동의 하회를 중심으로 형성되었던

1) 18~19세기 이들의 학문적 특징 및 대응 활동은 권오영, 『조선 후기 유림의 사상과 활동』, 돌베개, 2003 ; 김도형, 「개항 이후 보수유림의 정치사상적 동향」, 『1894년 농민전쟁연구(3)』, 역사비평사, 1993. 이 가운데 19세기 후반 영남 유림의 동향은 정진영, 「19세기 후반 영남유림의 정치적 동향 : 만인소를 중심으로」, 『한말 영남 유학계의 동향』, 영남대 민족문화연구소 편, 1998 참조.
2) 金成潤, 「안동 남인의 정치적 일상과 지역정치의 동향 - 철종대 金洙根서원 건립과 고종대 屏虎保合을 중심으로 - 」, 『영남학』 15, 2009, 76~80쪽.

풍산 류씨의 사상적 동향과 대응책을 검토하고자 한다. 이들은 크게 柳雲龍(謙庵, 1539~1601)과 柳成龍(西厓, 1542~1607)의 후예들로, 대체로 퇴계학통 안에서 家學을 바탕으로 학맥을 형성하였다. 19세기 후반에는 상주 우천의 柳厚祚(洛坡, 1798~1876), 柳疇睦(溪堂, 1813~1872) 등이 정치, 학문 활동의 중추적 역할을 담당하였다.3) 이들은 퇴계학통의 계승 문제와 관련해서 학봉 김성일의 후예들과 이른바 '屛虎是非'로 대립하였으며, 병산서원을 중심으로 결집된 '屛儒', '屛派'로 칭해지고 있었다. 이들 문중은 영의정을 지낸 류성룡의 후예답게 지속적으로 중앙정부의 관료로 진출하였으며, 고종 초기에 柳厚祚가 좌의정이 되었다. 이런 점에서 그들은 '世臣'의 자손이라는 자부심 속에서 가학을 계승하였다. 이는 19세기 후반의 격변기에 자신들이 처신하는 기준이 되었다. 재야의 유생들과 보조를 같이하면서도, 정부의 정책에 대해서는 일반 재야 유생층, 특히 안동의 '虎儒'들과 다른 대응을 하였다.

II. 家學의 계승과 世臣의 후손

안동지역 유학의 宗匠은 退溪 李滉(1501~1570)이었다. 일반적으로 퇴계의 수많은 제자 가운데 학맥은 유명한 4명의 제자들에 의해 확산되었다고 한다. 즉 月川 趙穆(1524~1606), 鶴峯 金誠一(1538~1593), 西厓 柳成龍(1542~1607), 寒岡 鄭逑(1543~1620)였다. 도산서원

---

3) 이를 자세하게 다룬 것은 金命子, 「조선후기 安東 河回의 豊山柳氏 門中 연구」, 경북대학교 사학과 박사학위논문, 2009 참조.

尙德祠에 배향된 조목은 예안을 중심으로 봉화, 영주 지역에서 활동하였고, 정구는 성주, 인동 지역을 중심으로 활동하였으며, 허목 등을 통하여 근기지방으로도 확산되었다. 안동지역에서 형성된 김성일과 류성룡의 학맥은 조선조 말까지 계속 발전하였다.

풍산 류씨는 고려말기 안동의 토회[戶長]에서 사족층으로 성장한 안동의 대표적인 가문이었다. 조선중기 이래 안동에는 풍산 류씨, 안동 권씨 등의 土姓을 중심으로 14~17세기에 移居해온 의성 김씨, 진성 이씨, 전주 유씨 등이 사족지배체제를 형성하였다. 풍산 류씨는 柳仲郢(立巖, 1515~1573)과 그 아들 柳雲龍, 柳成龍 대에 이르러 안동 지역에서 가장 영향력 있는 문중으로 자리 잡았다. 16세기 이래 19세기 말에 이르기까지 재상에 오른 류성룡, 류후조를 비롯하여 많은 사람이 과거나 음직을 통하여 중앙정계에 꾸준히 진출하였고, 학문적으로도 퇴계의 학문을 계승한 대표적인 학파, 학맥을 형성하였다. 이런 과정 속에서 학통과 향촌사회 주도권 차원에서 후술할 '屛虎是非'도 일어났다.

조선후기에 들면서 향촌사회의 변화에 따라 풍산 류씨도 문중 내부에서 분파가 일어났다. 19세기 말에 이르면 거주하던 지역을 중심으로 몇몇의 '分派'가 형성되었고, 큰댁인 '겸암파'에 속해 있던 '서애파'가 점차 분리되어 중심 세력으로 인식되었으며, 그 가운데 서애 찰방공파가 주도하였다. 19세기 초반에는 호조참판을 지낸 柳台佐(鶴棲, 1763~1837)가 그 역할을 담당하였고, 후반에는 재상의 반열에 오른 류후조의 상주 우천파도 부각되었다. 하지만 서애의 학맥은 '家學'으로 계승되면서 문중의 분화와 약간의 주도권 시비에도 불구하고 일계적인 학문계승 관계로 파악하였다. 이런 점은

1911년, 柳膺睦이 지은 「家學淵源世系圖」에서 정리되었다.

　　우리 立巖[柳仲郢] 府君께서 학문을 천명하여 자식을 가르치고 스승에게 나아가게 했고, 龜村[柳景深], 倦翁[柳贇], 巴山[柳仲淹] 여러 從弟와 함께 家學을 닦았다. 입암 부군이 謙庵[柳雲龍], 西厓[柳成龍] 두 부군에게 전하였고, 겸암 부군이 먼저 退溪의 문하에 나아가 편지로 장려를 받아 다른 사람이 얻기 어려운 바를 많이 얻었다. 서애 부군이 일찍이 퇴계 문하에 나아가니 "이 사람은 하늘이 태어나게 했다"는 칭찬이 있었는데, 博約하고 莊敬하여 마침내 그 도를 전하였다. 서애 부군이 한 번 전함에 修巖[柳袗] 부군이 있고, 두 번 전함에 拙齋[柳元之] 부군이 있으니 性理의 학에 조예가 깊다. 졸재 부군이 愚訥[柳宜河]에게 전하고, 悔堂[柳世哲], 寓軒[柳世鳴] 두 公이 졸재의 再從姪로서 그 문하에서 직접 배웠다. 우눌 부군은 主一齋[柳後章]에게 전하여 西湖[柳聖和], 花溪[柳聖曾], 懶翁[柳潗], 臨汝齋[柳㳫], 畏齋[柳宗春], 江皐[柳尋春], 鶴棲[柳台佐] 등 諸公에 이르기까지 상하 10世 안에 가학의 진수가 차례대로 한 세대도 간격이 없었다.[4]

라고 하였다. 풍산 류씨의 가학은 입암 류중영의 학문 활동부터 시작되어, 서애와 겸암을 거쳐 18세기 말에 한 세대도 거르지 않고 이어졌다는 것이었다.

　　가학으로 계승한 학맥은 안동 하회와 상주 우천을 중심으로 발전하였다. 하회에서는 류원지─류의하─류후장─류규─류이좌─류

---

4) 柳膺睦, 「家學淵源錄」, 발문(한국학중앙연구원 소장) ; 『鶴山文集』 권7, 「家學淵源世系圖錄跋」(二, 6~7쪽). 이 글을 쓴 류응목도 상주 류주목의 제자로, 가학을 이어갔다.

『가학연원록』 발문 『고문서집성』 43

도휘 등으로 이어졌고, 상주지역에서는 류성룡의 상주목사 시절 제자였던 정경세의 후손들과 함께 발전되었다. 정경세는 '陶山 再傳의 嫡統'으로 지칭될 정도의 학자로, 그의 학문은 상주로 이사한 류성룡의 셋째 아들 柳袗에게 계승되었고, 류진의 학문은 그의 사위이자 정경세의 손자인 정도응에게 이어졌으며, 후에 류심춘은 정경세의 6세손인 정종로 문하에서 배웠다. 그러면서도 그 가학의 학풍은 류심춘−류후조−류주목−류도수 등으로 이어졌다.5)

5) 『溪堂集』 권16, 「王考江皐府君家狀」(三, 412~413쪽). 우인수, 「溪堂 柳疇睦과 閭山 柳道洙의 학통과 그 역사적 위상」, 『退溪學과 韓國文化』 44, 2009, 14쪽. 우인수는 학봉이나 한강학파와 구분되는 서애학파 학통의 특징을 ① 가학으로 이어진 경향, ② 풍산 류씨와 진양 정씨의 교차, ③ 사승관계가

한편, 겸암, 서애의 학맥이 가학으로 계승되면서, 동시에 영남의
어느 문중 보다 활발하게 중앙정계에 진출하였다. 특히 류성룡이
영의정을 지낸 후 거의 2백 6십년 만에 류후조가 좌의정에 올랐다.
여타의 영남 남인에게는 없었던 일이었다. 그 동안 당상관이 된
사람도 柳台佐(참판), 柳相祚(판서), 柳進翰(동부승지), 柳光睦(공조
참의), 柳道彙(승지) 등이었다. 이 문중의 겸암파와 서애파의 분파와
出仕 경위를 정리하면 다음과 같다.[6]

겸암파, 서애파의 분화와 과거급제자 및 음사자

분파		지역	문과	사마시	음사
謙菴	察訪公派	하회		6	5
	狼川公派	하회	2	5	2
	教官公派	하회, 佳丘, 義城 沙村	1		1
西厓	察訪公派	하회	10	26	16
	生物派	상주 生物		1	
	愚川派	상주 愚川	2	6	5
	柳川派	예천 柳川, 문경 存道		1	1
	謙謹齋派	예천, 군위			

풍산 류씨들의 정치 활동은 줄곧 서울에 있는 남인, 곧 '京南'과
연결되었다. 인조반정 이후 북인이 몰락하면서 잔여 세력은 대개

간접적으로 연결되는 경우 있음, ④ 안동의 서남쪽 지역 분포, ⑤ 정승가로
서의 현실대응, 자세의 약간의 차이 등으로 정리하였다.(14~16쪽) 류주목
문하에 류도수(의성 사촌)를 비롯하여 많은 제자들이 배출되었는데, 이후
상소, 의병 등으로 활약했던 金輝鑢(영천), 李晚胤(예안), 權述鳳(안동),
許薰(坌村), 李晚鷹(예안) 등이 있으며, 풍산 문중 사람으로는 柳道獻,
柳道龜(하회), 柳寅睦, 柳道奭(우천) 등이 있었다.(『溪堂集』 부록 「及門錄」
참조)

6) 金命子, 앞의 글, 2009, 54~61쪽.

이황 계통의 남인으로 집결되었는데, 안동을 정점으로 한 영남의 남인[嶺南]을 이루었으며, 서울을 근거로 한 남인 '京南'으로 포진하였다. 숙종 때 갑술환국(1694)으로 정계에서 퇴출된 남인들은 주로 향촌지배세력으로 만족하였다. 재지지주로서의 경제적 활동은 물론, 향약이나 서원 등으로 그 지위를 유지하였고, 이런 정치적 처지 속에서 퇴계학맥은 내부 결속이 강한 편이었다.

영남 남인의 중앙정계 진출은 대개 노론 세력을 견제 혹은 억제하는 국면에서 활용되었다. 류성룡의 후예들도 그러하였다. 정조대에 '탕평'의 이념 하에 남인들이 대거 기용되면서 영의정 蔡濟恭이 류이좌 등을 천거하였으며, 순조대에 채제공이 삭탈관직 당하자 영남에서 채제공의 신원을 위해 노력하였는데, 이를 처음으로 거론한 곳도 병산서원이었다(1818). 채제공이 1823년에 신원되자 그의 문집을 간행하는 일도 류이좌 등 병유가 앞장섰다.[7]

우천파의 류후조가 좌의정이 될 수 있었던 것도 중앙정계의 변동 때문이었다. 영남의 남인을 등용한 것은 노론을 누르고 '四色'을 기용한 대원군 정치의 결과였다. 대원군은 왕실 재건, 왕권강화를 위해 세도정치의 노론 세력을 억압하고자 하였다. 경복궁 중건, 서원 철폐, 토호 징치, 속대전 편찬, 삼정 문제의 해결(양전, 호포제, 사창제 등) 등의 시책이 모두 그런 목표를 달성하기 위한 것이었다. 류후조는 이조참판, 공조판서, 우의정 등을 거쳐 좌의정이 되면서

---

7) 병유의 '京南'과의 관련 및 蔡濟恭의 伸寃, 문집 간행 등에 대해서는 金命子, 앞의 글, 2009, 194~208쪽. 당시 이미 안동지역은 병호시비가 진행되고 있었으므로 이런 일들은 병유가 주도하였으며, 호유 측에서는 비협조적이었다.

대원군 초기의 핵심적인 정책 추진에 동참하였다. 이런 점에서 대원군은 영남 남인의 든든한 정치적 후원자였다. 1871년 대원군을 지지하는 儒疏를 屛儒들이 주도한 것도 이런 연관 때문이었다.

한편, 영조대 이래, '영남'의 오랜 과제는 이인좌의 난(戊申亂, 1728년, 영조 4)에서 비롯된 '멍에'를 벗는 일이었다. 소론 세력이 주도한 이인좌 난에 경상우도 지역의 남인들이 가담하고 있었으므로, 영남이 '반역향'으로 인식되자 안동의 남인들은 그 혐의에서 벗어나려고 노력하였다. 이에 안동지역에서는 난이 일어나자 관군 편에서 '의병'을 조직하여 동참하였다.[8] 안동지역의 퇴계학파는 이인좌의 난과 연관이 없다는 점을 설명하는 것이 무엇보다도 중요하였다. 이런 점은 꾸준히 중앙정계에 진출하고 있던 풍산 류씨에게 더 큰 문제였다. 전후의 사정은 알 수 없으나, 안동의 유생들은 병산서원에 모여 '의병'을 논의하였다.[9]

난이 끝난 지 150년이 지난 다음에도 이인좌난을 성토하는 일이 중요한 사안으로 추진되었다. 1874년 류후조는 무신란 때, 의병을 일으킨 대장 柳升鉉, 부대장 權萬의 창의 사실을 정리한 『戊申倡義錄』을 간행하였다. 류후조는 "우리 영남은 본래부터 鄒魯의 고장으로 일컬어 윗사람을 존경하고 어른을 위하여 죽는 의리를 더욱 중하게 여겨 왔다. … 무신난에 영남의 父老들이 모두 발분강개하고 격문을 돌려 나라를 위해 의병을 일으키니 불과 열흘 만에 십 수개 군이 같이 일어났다"는 점을 강조하였다.[10]

---

8) 李樹健, 「17, 18世紀 安東地方 儒林의 政治社會的 動向」, 『大丘史學』 30, 1986, 208~211쪽.
9) 『영조실록』 4년 4월 11일.

한편 노론 정권에서도 줄곧 영남 남인을 제어하는 데 힘을 쏟았다. 난을 진압하고 1744년(영조 20)에는 경상감사 황선을 찬양하는 '平嶺南碑'를 경상감영 남문 앞에, 1784년(정조 8)에는 성주목사 이보혁의 공적을 찬양하는 '星山紀功碑'를 성주 읍내에 세웠으며, 1788년(정조 12)에는 합천지역에 '戊申平難事蹟碑'를 세웠다. 그러면서 경상좌도와 우도를 나누어, 안동지역에 대해서는 호의적으로 대응하면서도 '영남'의 중심지인 안동이나 성주지역에 노론 세력을 부식하고자 하였다.[11]

안동지역에도 노론계 서원 건립이 추진되었다. 이인좌의 난 직후인 1738년(영조 14)에 안동의 法尙洞에 金尙憲 서원을 건립하고자 하였다.[12] 그리고 1855년에는 안동 김씨의 핵심 인물로 안동부사를

---

10) 『洛坡先生文集』「戊申倡義錄序」(柳時瀁 편, 1995, 418쪽). 정조는 의병장 두 사람에게 관작을 내리고 관찰사에게 각 고을의 창의 실적을 보고하도록 하였으나, 관찰사가 이를 시행하지 않았고, 이에 李鎭東이 분개하여 각 고을 창의록을 수집하여 한 권의 책자를 만들고, 여기에 안무사, 호소사가 올린 啓辭를 붙여 임금에게 올렸다. 정조는 대신의 논의를 거쳐 그 책을 경상도에서 간행하라고 하였으나 이 또한 이때 간행하지 못하였다. 그리하여 80년이나 지난 후에 류후조가 『戊申倡義錄』으로 간행하게 되었다. 핵심이 되는 「慶尙道戊申倡義事蹟」에는 안동, 상주, 예천 등 13개 지역의 창의 사적이 수록되어 있으며, 각 지방 의병의 조직 상황, 활동 절목, 의병의 조직과정과 난의 경과를 기록한 일기, 의병조직에 참여를 호소하는 通文, 檄文 등이 정리되어 있다.
11) 이수건, 앞의 글, 1986, 208쪽. 성주에는 이미 1712년(숙종 38)에 노론이 송시열을 모신 노강서원을 성주 주변(고령군 다산면 송곡리)에 세워, 남인을 누르고 노론 세력을 부식하고자 하였다.
12) 鄭萬祚, 「英祖 14년의 안동 金尙憲書院 建立 是非」, 『韓國學硏究』1, 동덕여대, 1982 ; 이수건, 앞의 글, 1986. 이는 노론의 공세에 대해 소론 및 남인이 강하게 저항한 것이었고, 안동지역에서는 향전의 형태로 전개되었다. 노론의 시도는 영조 때에는 성사되지 못하고 이후 1786년(정조 10)에 남인이 정계에 등용되면서 西磵祠로 사액되었다.

지낸 바 있던 金洙根을 배향하는 서원(西湖書院)을 건립하고자 하였다. 서호서원 건립을 추진한 사람은 중앙정계와 깊은 관련이 있던 병파 계열의 하회의 柳祈穆(류이좌의 아들)과 오미동의 金重休 등이었다. 서원 건립이 지역 유림의 반발로 무산되자 류기목은 김수근의 동생인 永恩君 金汶根의 영정을 언양에 봉안하는 일이나(1858), 이듬해 예안현감으로 김수근의 位版을 예안 雲溪書院에 배향하는데 적극적으로 나서기도 하였다.[13]

이와 같이 풍산 류씨의 屛儒들은 중앙정계에서 활동하면서 노론세력과 직간접적으로 연관되었다. 병유들은 물론 당색을 벗어날 수는 없었지만, 다른 영남의 학파나 문중에 비해 당색의 굴레가 좀 덜한 편으로 보인다. 가령 류후조의 아들 류주목은 「朝埜約全」이라는 당쟁서를 편찬하였는데, 그는 남인의 입장보다는 여러 계통의 당쟁론을 객관적으로 정리하려고 노력하였다. 당쟁론이 주로 노론, 서인의 입장에서 작성된 것이 많았으므로 이를 수록하면서도 동시에 공정성을 위하여 남하정의 「桐巢漫錄」과 황덕길의 「朝野信筆」 등 남인 기록도 포함시켰다. 또한 류주목은 이황과 기대승 사이에 일어난 사단칠정 논쟁과 그 이후 이에 관해 진행된 자료를 정리하면서, 퇴계학파와 율곡학파, 그리고 영남 안에서는 병파와 호파를 가리지 않고 인용하여 실었다.[14]

---

13) 『羅巖隨錄』, 「河柳氏與美金氏相持」, 24쪽 ; 김성윤, 앞의 글, 2009. 이는 후술할 병호시비와 연관되면서 더욱 논란이 심해졌다.

14) 홍원식, 「서애학파와 계당 유주목의 성리설」, 『退溪學과 韓國文化』 44, 2009, 39~40쪽. 물론 율곡학파와 호파의 인물과 자료가 조금 소홀하게 수집되었지만, 이것 때문에 "편파적 관점에 따른 것으로 볼 필요는 없을 것 같다"고 하였다. 이런 점으로 서애학파의 성리학은 기본적으로 퇴계학을 잇고 있지만, 퇴계학과 율곡학의 극단적인 대립을 보였던 호파의 이현

병유들이 학문이나 정치 활동에서 고민했던 문제는 오히려 家學의 계승이었다.[15] 그들은 영의정을 지낸 서애의 후손으로 줄곧 관직에 나아갔다는 '世臣', '世祿之臣'의 후손이라는 점을 항상 강조하였다. 일찍 류진이 류원지에게 "우리 집안은 世臣이므로 山野로 자처하면서 偃蹇[거드름을 피우며 거만함]해서는 안된다. 너희들도 마땅히 이를 알아야 한다"고 한 점이었다.[16] 이는 후손들이 항상 명심하며 거론하던 지침이었다. 병유들은 당시 다른 '영남' 유생층과는 처신에서 달랐던 것이다.

이런 점에서 병유들은 학문적으로 퇴계학통을 계승하면서도 이를 심화 연구하기 보다는 도덕적 실천과 현실적 실현에 더 힘을 기울였다. 퇴계에 의해 성리학이 이론적으로 완결되었으므로 다시 여기에 매달릴 필요가 없다는 생각 때문이었다. 도덕적 실천을 위해서 『小學』과 『心經附註』 공부를 중시하고, 사회적 현실적 실현을 위해 禮學에 깊은 관심을 보였다. 이런 점은 특히 우천파의 류심춘-류후조-류주목-류도수의 학통에서 명확하게 보였다.[17]

___

일의 성리설에 비해 절충적이었다고 보았다.

15) 가학의 형성 및 계승에 대해서는 김학수, 「17세기 서애 류성룡가의 학풍과 그 계승양상」, 『퇴계학과 한국문화』 55, 2014. 전반적으로 조선후기에 가면서 당시 주자학의 학풍과 관련해서, 주자학이 강화되고 서애에서 강조된 경세론은 약화되어 갔으며, 心學, 放心, 易圖 그리고 讀書法과 토론 문화 등을 특징으로 지적하였다.

16) 『修巖集』 권2, 부록 「遺事」 ; 『溪堂集』 부록 권1, 「行狀」(柳道洙 狀. 七, 24쪽) ; 우인수, 「溪堂 柳疇睦과 閭山 柳道洙의 학통과 그 역사적 위상」, 『退溪學과 韓國文化』 44, 2009, 18쪽.

17) 이형성, 「江皐 柳尋春의 生涯와 思想」, 『退溪學과 儒教文化』 50, 2012 ; 姜文植, 「溪堂 柳疇睦의 교육활동」, 『退溪學과 儒教文化』 50, 2012 ; 홍원식, 「서애학파와 계당 유주목의 성리설」, 『退溪學과 韓國文化』 44, 2009. 그동안 한국유학사를 정리한 논저 사이에서 우천파의 학문을 '절충파'로 분류

류심춘은 류성룡 이래의 가학의 전통 위에서 理氣心性보다는 일상 현실 속에서의 '敬' 공부를 통한 마음의 다스림을 강조하였다. 1830년 세자 교육에 필요한 「東宮輔翼篇」을 지으면서, 세자를 보익하는 道는 『소학』이라고 하였다.[18] 류후조의 아들이었던 류주목은 조부 류심춘 아래에서 공부하였는데, 그도 학문의 목표는 "日用의 실천"이라고 하면서,[19] 특히 『소학』의 중요성을

『小學』은 비록 어린 아이들이 읽는 책이지만 『大學』의 근본이다. 주자는 이 책을 사람의 모양을 만드는 책이라고 말하였고, 寒暄堂 金宏弼 선생은 항상 소학을 表章으로 하여 小學童子라 하였다. … 선비가 五倫을 밝히고 百行을 돈독하게 하는 것으로 小學만한 것이 없다. 소학을 익히지 않으면 사람을 만들 수 없고, 소학을 읽지 않으면 대학을 읽을 수 없다. 집에 거할 때 부모를 사랑하고 어른을 공경하는 일, 밖에 나가서 스승을 높이고 벗과 친밀하게 지내는 일, 조정에서 임금을 바르게 하고 백성에게 혜택을 끼치는 일에 이르기까지 모든 것이 여기에서 나온다.[20]

하는 것도 이런 연유로 분석하였다. 이런 점은 철저한 주리를 견지한 虎派와 대비된다고 하였다.(홍원식, 34쪽)

18) 류심춘의 학문에 대해서 이형성, 위의 글, 2012.

19) 『溪堂集』 부록 권1, 「行狀」(柳道洙 狀. 七, 33~34쪽), "배우는 사람은 반드시 日用의 일상적인 행동에 진력해야 하고, 강론과 저술에 유의해야 한다." 혹은 "선비는 마땅히 仁民과 愛物하는 마음으로 해야 하며, 이런 마음이 없다면 백성을 감쌀 위치에 있고, 물건에 미칠 만한 힘이 있더라도 할 수 있는 것이 없다. 베풀고 구하려는 뜻이 있다면 반드시 日用 行事 사이에서 생각해야 한다." 등으로 정리하였다.

20) 『溪堂集』 권11, 「溪亭講會節目」(二, 416~417쪽). 류주목의 교육론에 대해서는 姜文植, 앞의 글, 2012 참조.

라고 하였다. 임금이나 동궁에게 필요한『대학』도 바로 이『소학』에
서 비롯되어야 한다는 것이었다.

또한 '世臣之孫'으로 병유들은 무엇보다도 임금의 聖學, 聖化를
보필하는 일을 중시하고, 이를 학문적으로 정리하였다. 1866년 류후
조를 우의정으로 삼은 고종이 강조한 것도 '재상의 자손으로 임금을
보필하는 학문을 가학으로 배웠을 것'이라는 점이었다.[21] 그리고
류후조의 족손이자 류주목의 제자였던 柳道洙는 역대 중국 정승의
공과를 분석한『相鑑博議』라는 글을 지어 류후조에게 바쳤다. 그는
그 서문에서 "임금은 재상의 재능을 論定하는 것을 직무로 삼고
재상은 임금을 바로 잡아주는 것으로 직무로 삼아야 한다"는 주자의
말을 인용하고, 나라가 잘 다스려지는 것은 임금이 바른 데 있고,
임금을 바로 잡는 직에 있는 사람(재상)이 大人이어야 한다는 점을
강조하였다.[22] 또한 류도수는『소학』을 바탕으로 임금의 정치를

---

21) 고종은 "나같이 덕도 하찮고 식견도 어둡은 사람이 어렵고 큰 국가의
   경영을 이어받았기에 아침저녁으로 조심조심하며 감히 한가하고 편안한
   마음을 갖지 못하고 있다. 그런데 천지를 감싸 안아 다스리고 널리 세상을
   구제하며 하늘이 내린 직분을 더불어 함께 하는 것은 오직 재상의 직분이
   다. 예전에 우리 宣祖의 재위 때 경의 선조 文忠公 柳成龍에게 내렸던
   융숭한 禮遇와 훌륭한 勸業은 國史에 전해지고 野史에 기록되어, 학덕이
   높고 노성한 선비들 사이에서 아름다운 명성이 또 대대로 이어져 오고
   있다. 그리고 세자를 모시는 벼슬을 역임하고 세 분 聖主의 은혜스런
   발탁을 두터이 입은 것은 바로 경이 가정에서 보고 듣던 바이니 傳襲해
   오는 아름다움에 깊이 물들어 가슴속에 품어 온 바가 있을 것이다. 내가
   경을 발탁한 것은 경이 선대의 일을 이어받도록 하려는 것이며, 경이
   나를 보필할 것도 또한 선대의 명성을 이어가면 될 것이다"라고 당부하였
   다.(『승정원일기』고종 3년 1월 8일)
22) 『閩山集』권6, 「相鑑博議序」(一, 416쪽, 418쪽). 류도수가『相鑑博議』를
   지어 류주목에게 주자 류주목이 무릎을 치면서 칭찬하고 相公(류후조)에
   게 드려 輔弼의 자료로 삼게 하였다고 하였다.(『閩山集』권8, 「行狀」,

위해서는 『대학』이 중요하다고 하였다.23) 또한 류후조도 임금에게 '학문에 힘쓰는 것이 임금의 근본'임을 여러 차례 건의하였다.24) 류주목이 예론에 관해 많은 연구를 행한 것도 이런 차원에서였다.25) 그는 예론에 관한 글을 모아 『全禮類輯』을 저술하였는데, 이 책으로 禮家의 원천이 되었다고 평가되었다.26)

III. 屛虎是非와 儒疏運動

1. 屛虎是非

19세기에 영남 남인 사이에 제기되었던 '병호시비'는 당시 안동 사족층의 '향권'의 추이는 물론 대원군 집권과 관련해서는 중앙정계

524쪽)

23) 『閩山遺稿』, 『北薦芹曝錄』, 「擬上大學圖請進講大學疏」. 류도수는 후술할 '대원군봉환소'로 길주로 귀양을 가는 길에서 大學圖를 임금에게 올리고 『대학』을 공부해야 한다고 강조하였는데, 이는 임금을 보필하겠다는 '가학'의 정신을 그대로 보이는 것이었다.

24) 『洛坡先生文集』, 「陳勉聖學啓辭」 정묘(1867) 정월 15일 등.

25) 홍원식, 「서애학파와 계당 유주목의 성리설」, 『퇴계학과 한국문화』 44, 2009. 이런 점 때문에 정경세 이래의 우천파의 학문을 '예학파'로 분류하게 된다고 소개하였다.

26) 후학들은 계당의 『全禮類輯』의 조속한 간행을 위해 안동지역 유생들의 도움을 호소하였다. 즉 1899년 7월 20일에 尙州鄕校 명의로 公事員 李時馨 등 44명이 도산서원에 통문을 보내, 溪堂의 저술을 판각하는 작업을 마무리하기 위한 道會(軍威 南溪 壇下)에 도산서원도 참석해 줄 것을 부탁하면서, 판각작업이 연기되는 것은 "賢人을 높이고 禮義를 중시하는 도리에 어긋나는 것"이라고 하였다.

의 동향에도 영향을 끼친 중대한 난제였다. 잘 알려져 있듯이, 이 시비는 영남학파 내부의 학문적 적통에서 비롯된 것이었다. 퇴계의 학맥을 계승한 류성룡, 김성일 가운데 누가 더 嫡傳인가라는 문제였다.

17세기 이래 안동지역의 퇴계학맥은 서애계와 학봉계가 주도하였다. 처음에는 수적으로나 정치적 영향력으로나 서애계가 주도하였다. 도산서원에 퇴계와 더불어 趙穆만 배향되자 안동의 퇴계학인들은 류성룡과 김성일을 배향할 서원을 건립하고자, 퇴계가 공부하던 백련사 절터에 廬江書院을 건립하였다(1620). 이 서원은 1676년에 虎溪書院으로 사액되었다.[27] 그런데 퇴계를 주향으로 하고 다음으로 종향할 학봉과 서애의 순서가 문제가 되었다. 나이는 학봉이 많으나 벼슬은 서애가 높았기 때문이었다. 당시에 일어난 논란은 '도산 재전의 적통'이라는 정경세(愚伏, 1563~1633)가 "나이에서 서애가 4살 적어 肩隨에 미치지 못하지만 벼슬의 차이는 絶席에 해당하니 아마도 이론의 여지가 없을 것 같다"라고 정리하였다. 정경세의 위상으로 서애, 학봉 순으로 하는 것에 별다른 이의가 일어나지 않았지만, 이 문제는 안으로 잠복해 있었다.

18세기에 들어 이현일이 학풍을 진작하면서 학봉계열의 학문적 위상과 역할이 증대하였다. 학봉의 제자였던 장흥효의 외손인 이현일의 아래로 외손 이상정, 또 이상정의 외증손 유치명으로 학문이 이어지면서 이른바 정재학파라는 큰 학맥을 이루었다. 유치명은 특히 이상정의 학문을 이상정이 살았던 안동 蘇湖里를 본 따 '湖學'이

---

27) 『숙종실록』 2년 2월 2일.

라고 규정하면서 이를 '退湖學'으로 정립하였다. 그러면서 학봉계에서는 김성일이 퇴계의 嫡傳이라고 주장하고 나섰다. 즉 퇴계가 心法의 要를 旨訣(「屛銘」)을 김성일에게 주었다는 점을 강조하였다.[28]

학문적으로 확산된 학봉계는 다시 학통 문제를 들고 나왔다. 1805년(순조 5)에 안동·영남 유림은 서애, 학봉, 한강(정구), 여헌(장현광) 등 영남 4현을 문묘에 陞廡해 주기를 청원하였다. 그런데 상소 속에 이름을 나열하는 순서가 문제가 되었다. 서애계는 호계서원의 순서가 '匡鶴'(서애가 동쪽, 학봉이 서쪽)이므로, 상소에도 이 순서에 따라야 한다고 주장하였고, 학봉계는 나이 순에 따라야한다고 주장하였다. 이듬해 안동 외 다른 지역의 유생들도 文廟陞廡를 추진하게 되자 안동 유림들은 호계서원에서 향회를 열고통문을 작성하였는데, 다시 통문 내용이 문제가 되었다. 이런 내부의분란 속에서 이들의 문묘종사도 좌절되었다.

이 시비는 1812년, 여강서원에 大山 李象靖을 추향하는 문제를둘러싸고 다시 불거졌다. 병파는 이상정의 위패를 모시려면 원래있던 위판을 옮겨야 하므로 불가하다고 주장하였다. 이때 서애의위패가 옮겨졌다는 '廟位遷動' 문제가 제기되면서 병호 사이의 골은더욱 더 깊어졌다. 이로 인해 마침내 병산서원 쪽에서는 호계서원과절연하였다. 이런 시비 속에서 양 파는 각각 자신들의 입장을 강화하여, 병파에서는 『廬江志』, 호파에서는 「廬江顚末」을 작성하였다.또 『대산실기』에서 이상정을 "퇴계 이후 제1인"이라고 하면서, '匡學', 곧 류성룡은 선생으로 할 수 없다고 기술하여 그 대립은 더욱

---

28) 권오영, 앞의 책, 2003, 304~305쪽.

격화되었다(1845). 그 후에도 유치명이 「갈암선생신도비」에서 퇴계
－학봉－갈암으로 학통을 정리하면서 또 다시 문제가 되었다.
호파 쪽에서는 안으로는 퇴계－학봉의 도통을 세워 나가면서
학맥의 결속을 다졌고, 밖으로는 병파와 적통 문제를 더욱 격화시
켜 갔다.29) 이는 안동지역 향촌사회의 주도권을 둘러싼 대립이면
서, 동시에 당시 사회문제에 대한 대응 태도를 결정하는 핵심적인
가치가 되었다.

그리하여 퇴계 적통 문제를 둘러싸고 안동 유림은 이른바 '屛派'와
'虎派'로 양분되었다. 병파는 풍산 류, 진주 정, 진주 강, 풍산 김,
순천 김, 안동 김, 순흥 안, 진주 정 등으로, 병산서원과 상주의
도남서원이 중심으로 상주, 영주, 예천 등 안동의 서부지역 유생들로
이루어졌다.30) 호파는 의성 김, 전주 류, 한산 이 등으로, 호계서원이
중심지였다. 그 외는 같은 성관이라도 내부에 그 입장이 다르기도
하였다. 특히 퇴계의 후손인 진성 이씨는 중립을 취했지만, 분파에
따라서는 병파와 호파로 나누어졌다.31)

이 대립으로 영남 남인의 힘은 분산될 수밖에 없었다. 이는 남인
세력을 등용하여 노론을 억제하려던 대원군에게도 크게 불리하였
으므로, 그 시비를 保合하고자 노력하였다. 때로는 대원군이 직접

---

29) 이상호, 「정재학파 성리학의 지역적 전개양상과 사상적 특성」, 『국학연
    구』 15, 2009.
30) 하회 문중의 통혼권, 학문적 교류도 이와 같아졌다.(金命子, 앞의 글,
    2009, 228~230쪽)
31) 韓相祐, 「조선후기 鄕戰을 통해본 양반층의 親族, 婚姻 - 안동의 屛虎是非
    를 중심으로」, 『大東文化研究』 81, 2013. 병호시비에도 불구하고, 개인적
    인 차원의 혼인 관계는 유지되는 측면도 있었다는 점은 흥미롭다.

병산서원 전경 안동 하회마을 보존회 제공

나서기도 하였고, 재상으로 기용된 병파의 류후조나 고위직의 호파 관료를 동원하기도 하였다.

　대원군은 1866년, 안동부사 沈東臣에게 병파, 호파의 보합을 실시 하도록 지시하였다. 그러나 이때는 별 효과를 거두지 못하였다. 그런 후 1870년에 대원군은 안동부사에게 이를 다시 지시하였다. 이에 병호 두 파의 유생들이 호계서원에 모여 보합의 방안을 논의하 였다. 이때에도 쉽게 보합되지 못했다. 성과가 없자 화가 난 대원군 은 이를 충역의 기준으로 논단하겠다고 하였다. 대원군은 병파의 강고한 입장 고수 때문에 보합이 되지 않는다고 파악하였다.32) 대원군은 류후조가 보합에 나설 것을 촉구하였다.

---

32) 대원군은 보합이 되지 않는 이유를 병론이 밖으로는 뜻에 따르지만, 속으 로는 이기려는 마음이 있기 때문이라고 판단하고 있었다.(『羅巖隨錄』, 50. 「雲峴宮抵崔判書書」, 51. 「雲宮下花伯書」, 79~80쪽)

이런 사정 속에서 류후조는 대원군에게 편지를 보내

　　근일에 안동부사가 병산서원에 내릴 帖紙를 보니 병호 양 서원에
　　소속된 문중 유생이 금월 27일에 호계서원에 모이게 되는 바, 관청에
　　서도 그때 참석한다고 일렀습니다. … 지난 병인년 봄 내가 병산
　　호계 양쪽이 보합한 사실을 전달한 바 있어 閤下께서도 역시 유념하
　　신 것이 있으시어, … 소생이 비록 병산서원 쪽 사람이오나 보합하는
　　일에 있어서는 참으로 많은 고심을 하였으니 어디까지나 사심 아닌
　　공도를 위한 것이었습니다. … 제가 어찌 감히 사사로운 욕심으로
　　호계 쪽을 욕되게 하겠으며, 또 어찌 감히 사사로운 욕심으로 閤下에
　　게 바라겠습니까? 합하께서는 똑같이 보시어 한 쪽을 두둔하여 승리
　　를 안겨주고 한 쪽을 억제하여 굴복토록 하시지 않으실 것입니다.
　　어느 한쪽을 이기게 하고, 어느 한쪽을 굴복토록 하지 않아야만
　　앞날의 화평을 점칠 수 있습니다.[33]

라고 하였다.

　　대원군의 명으로 병호시비는 겉으로 어느 정도 보합되었다. 1870
년 12월 병호 각각의 입장을 강조한 『대산실기』와 『여강지』를 대구
감영 관청 뜰에서 破板하였으며, 이후에는 외견상 별 문제가 제기되
지 않았다.[34] 그러나 이 보합 문제는 곧 이어 터진 대원군의 서원

33) 『洛坡先生文集』, 「上大院君別紙」 庚午, 34~35쪽.
34) 『羅巖隨錄』, 13쪽. 이듬해 류후조가 대원군에게 "병산 호계 양 서원의
　　보합에 관한 일은 보합한 뒤로 별다른 일이 없으며 이미 명령을 받들어
　　보합하였으니 누가 감히 장차 떠들겠습니까. 연소한 무리들이 제각기
　　하는 말은 불과 그 때의 일이었을 뿐입니다"라고 하였다.(『洛坡先生文
　　集』, 「上雲峴宮書 別紙」, 36쪽)

철폐, 대원군 봉환 문제 등으로 다시 표출되었다.

또한 1883년에 다시 호파를 중심으로 영남 4현 문묘승무를 추진하면서 서원 복설을 들고 나왔다. 김도화는 '屏銘'을 거론하고 김성일이 퇴계의 '嫡統'이라는 점과 임진왜란 당시의 의병활동과 '文忠'의 시호를 거론하면서 문묘에 승무해 주기를 청하였다.[35) 그러자 병파 쪽에서는 서애가 "도산의 적전을 이어 백세의 宗師가 되었다"라고 하면서 단독으로 류성룡의 문묘종사를 청하는 상소를 올리기로 하였다. 이에 진사 이재철 등이 상소를 올렸다.

우리 조정도 治敎가 아름답고 밝아서 儒賢들이 배출되었는데, 영남은 본래 鄒魯로 일컬어져서 군자가 온 나라에서 많았으며, 문묘에 배향된 자가 계속 이어졌고, 先正한 文純公 李滉은 海東夫子라고 일컬어지기까지 했습니다. 儒化가 크게 드러나고 德敎가 더욱 밝아져서 당시에 先正 臣 文忠公 柳成龍 같은 분이 있어 직접 가르침을 받아 道統의 正嫡을 계승하였으니, 그의 학문이 諄諒하고 문장이 심오하고 사업이 빛나는 것은 竹帛에 기록되고 鼎彝에 새겨져서 사람들이 모두 잘 알고 있으니, 실로 聖代의 王佐요 百世의 儒宗입니다. 聖廟에 從享하자는 의논이 여러 차례 선비들에게서 나와서 수백여 년이 되었으니 후학이 울분을 품은 것이 어찌 끝이 있겠으며, 昭代의 결점이 되는 일이 또한 어떠하겠습니까.[36)

라고 하였다. 이런 상소는 뒤에도 이어졌다.[37) 류성룡이 퇴계의

---

35) 『拓菴集』 권3, 「請鶴峯先生陞廡疏」.
36) 『承政院日記』 고종 20년 10월 12일.
37) 『承政院日記』 고종 25년 4월 17일. 송태인 등의 상소에서도 "모두 陶山의 心學은 문충공이 전해 받았다고 여기고 있으니, 백세토록 전해져서 오래되

적통으로, 나라에 공도 많고, 제자도 많고, 또 학문도 뛰어나다는 점을 들어 문묘종사를 청하였다.

병호시비로 인한 병파와 호파의 대립은 19세기 말엽까지 해결되지 않고 격화되어 갔다. 이 대립은 앞서 본 노론계 서원 건립과 영정 봉안 문제, 그리고 후술할 서원 훼철 문제와 결합되어 더욱 복잡한 양상을 띠었다. 특히 전자의 문제와 연관되어 일어난 것이 臨川事變(臨川鼓變)이었다. 서원 건립을 병호보합의 기회로 활용하고자 하는 논의도 있었으나, 서원 건립에 향중의 여론은 그렇지 않았다. 서원 건립에 대한 반발은 하회 내부에서도 제기되었다. 급기야 퇴계의 종손인 李彙寧이 옷이 벗겨지는 변을 당하였다. 이휘녕은 영정을 봉안할 봉안문을 작성한 바 있었는데, 그가 임천서원에 참석했다가 봉변을 당하고, 그 분을 풀기 위해 북을 울리고 이름을 거론하게 되었던 것이다. 가해를 한 사람은 예천의 권씨들이었지만, 그 배후는 金溪의 학봉 후손들이라고 지목되었다. 이 사변의 핵심은 병파에 속한 그가 병호시비를 보합하려던 것에 대한 호파의 반발이었다고 할 것이다.[38]

어도 폐단이 없다는 말이 참으로 的實한 말인 것입니다"라고 하였다.
38) '임천고변' 문제는 퇴계의 위상과 관련되면서 안동, 예안 향중에서 매우 큰 논란과 공방이 일어났다. 또한 서원 건립을 추진하던 하회의 류씨와 미동의 김씨 사이에도 책임 공방 속에서 절친했던 사이를 깨고 절교하게 되었다. 이에 대해서는 『羅巖隨錄』, 24쪽, 54~60쪽 ; 金成潤, 「안동 남인의 정치적 일상과 지역정치의 동향 - 철종대 金洙根서원 건립과 고종대 屛虎保合을 중심으로 - 」, 『영남학』 15, 2009, 58~64쪽.

2. 유소운동

1) 서원 훼철 반대 운동

대원군 정치의 핵심은 추락된 왕실의 권위를 세우고, 나아가 왕조체제를 안정화 시키는 것이었고, 이에 대원군은 노론 세도정권을 억압하면서, 각 지방의 토호 懲治 및 서원을 훼철하였다. 서원 훼철을 위해 대원군은 집권 첫 해부터 疊設되거나 私設된 서원과 사당을 일괄적으로 조사하였고, 이듬해(1865) 3월에 당시 가장 영향력이 있던 萬東廟를 철폐하였다. 많은 반대에도 대원군의 시험 정책이 성과를 거두자 다음 수순으로 1868년(고종 5)에 미사액서원, 향현사를 철폐하도록 명하였다. 그리고 마침내 1871년, 사액서원이라도 문묘종향인, 忠節大義之人를 배향하는 47개 원사를 제외한 모든 원사를 훼철하도록 하였다.[39]

안동지역의 원사는 1868년 대원군의 명령에 의해 대개 훼철되었다. 이때 살아남은 것은 호계서원, 삼계서원, 주계서원, 병산서원, 西澗祠 등이었다. 그러다가 1871년 4월에 들어 예안의 도산서원과 안동 하회의 병산서원을 제외하고 모두 훼철되었다. 이에 당연히 유생들의 광범한 반대 상소 운동이 전개되었다. 그런데 안동지역의 경우에는 병호시비와 연결되어, 훼철되지 않은 병산서원 쪽에서는 소극적으로 대처하였다.

1868년 서원 철폐 문제가 제기되어 나오자 각 문중이나 학파에서는 이를 피하거나 혹은 항의하였다. 2월에 호파 쪽에서 안동에서

---

39) 김병우, 『대원군의 통치정책』, 혜안, 2006, 244~307쪽 ; 이수환, 「대원군의 서원훼철 반대와 영남 유소」, 『교남사학』 6, 영남대, 1994.

典祀 문제로 道會를 열었고,[40] 이듬해 훼철된 이후에도 안동지역 청년 유생들이 魯林書院에 大同道會를 열기 위한 통문을 발하기도 하였다.[41] 병산서원 쪽에서는 류후조가 앞장섰다. 류후조는 대원군에게 편지를 보내

근자에 사당과 서원을 훼철하고 (위패를) 땅에 묻으라는 명령을 잇달아 내리시니, 이 거사가 국가를 위하여 서원의 폐단을 깊이 통찰하신 일이라 재야에 있는 몸으로 황송한 마음을 이길 수 없습니다. 그런데 병산서원의 사액도 역시 훼철하는 그 가운데 들어 있으니 이 서원은 지난날 철종 계해년에 사림들이 사액을 통하는 소를 올려 특별히 윤허의 명령을 받은 것은 온 조정이 다 같이 듣고 본 사실이옵니다. 사액의 이름을 비록 宣下 하심을 얻지 못하였으나, 또한 시행하지 말라는 하교도 없었으니 先王이 내리신 명령은 그대로 있습니다. … 국법을 밝히는데 지나친 한탄이 있을까 두렵습니다. … 문충공을 봉향한 서원으로 사액을 받지 못한 南溪書院 같은 곳은 일시에 다 같이 훼철하였으나 동일한 선조의 서원이었는데도 감히 아무 말씀도 아뢰지 않았습니다. 다만 병산서원은 지난 날 사액의

---

40) 『羅巖隨錄』, 4쪽. 이때 대원군은 남인인 韓啓源, 姜蘭馨에게 편지를 하여, "영남의 이른바 虎論 명색이 典祀 문제로 모인다고 하는데, 이는 午人(남인)이 반드시 망하는 때이다. 이런 일은 우리 앞 왕조에서 하지 못하던 일이다. 우리 아들, 손자들이 행할 수 없는 일을 나의 생전에 영남 유림이 천 번, 만 번 해도 반드시 이루지 못할 것이라"고 하였다.

41) 이 때, 통문 속에 "天日復明 覆盆均照"이라는 말이 있어, 대원군이 진노하였다. 대원군은 영남 출신의 승지 李晚運에게 편지를 보내, "이 8자가 무슨 의미인가? '日'은 임금이니, '復明'한다고 하면 누가 임금이 된단 말인가? 그 이름은 무엇인가? … 복명하는 날은 과연 언제인가?" 등의 노여움을 드러내었다. 그리고는 이런 통문을 지은 유생들을 결박하여 잡아 올리라고 명하였다.

명령이 내려졌으며, 지금 사액된 서원은 제외하라는 명령을 받든
까닭입니다. … 특별한 처분을 내려 주시길 …[42]

이라고 하였다.

이때는 사액서원이었던 병산서원, 호계서원은 살아남았지만, 호
계서원은 1871년에 훼철되었다. 이런 조치가 나오자 먼저 성균관의
영남 유생이 捲堂을 행하였다. 장의 趙寅植이 먼저 통문을 내자,
성균관에서 수학하던 안동 출신 진사 金喆銖가 분개하여 '掛巾食堂'
하였다. 성균관 泮長 大司成 정태호가 이를 대원군에게 알리자 대원
군이 크게 화를 내고 성균관의 僉座에게 편지를 보내 "서원의 훼철,
불철 문제는 소인(鰍生 : 송사리)이나 하는 일"이라고 하고, "병인양
요 시절에도 首善의 땅에서는 말 한마디 없었다"고 불만을 토로하면
서, 권당에 참여한 유생들은 축출하고 다른 유생들을 들이라고
지시하였다. 권당으로 28명이 나갔으나 당일에 들어온 사람은 8명
뿐이었다. 대원군이 다음날에 더욱 노하여 4색의 영수들에게 편지
를 보내 이를 '忠逆'의 문제라고 표현하였다. 또한 같은 남인이지만
상주의 柳寅睦(류후조 조카), 예안 李晩起(참판 이만운의 동생), 경주
孫相駿, 상주 金奎學 등은 권당을 비판, 배척하는 통문을 내고, 진사

---

42) 『洛坡先生文集』, 「上大院君 別紙」, 戊辰(1868), 32~33쪽 ;『羅巖隨錄』…
   대원군은 류후조에게 답하기를 "서원은 망국의 근본"이라고 하고, "소생
   은 나의 손으로 먼저 인평 선조의 서원을 훼철하여 불초한 점이 극에
   달하였다. 합하는 그러하지 않으니 그 孝心이 간곡한 것이니, 지극한
   효심이라 할 수 있다. 나와 같은 불초한 자손의 마음으로 실로 합하의
   지극하고 큰 효심에 부끄럽다. 대개 지금은 먼저 사액 받지 못한 것을
   철거하지만, 필경에는 풍기 안문성공 사원에 앞서 일일이 훼철한 연후에
   나라가 가히 나라다워질 것이다"라고 하였다.

호계서원 근경

吳䎘相도 역시 發通하여 권당을 발의한 李寅和, 李相翼, 李承濟 등과
掛巾한 金喆銖를 論罪하자는 통문을 돌렸다.[43] 영남 유림 내부에서
도 입장의 차이가 있었고, 이는 병호시비에서 연유된 것이었다.

　4월에 '호계서원을 훼철한다'는 關文이 호계서원으로 왔다. 호파
에서는 권당을 비판한 사람이 류인목, 이만기 등이었던 점에서
무엇보다도 병산서원 측에 의혹을 품었다. 그리고는 곧 바로 서원
존속을 위한 상소 운동을 전개하였다. 이 상소 운동의 핵심은 훼철된
안동의 호계서원과 상주의 도남서원이었다. 이들은 영남 유생을
결집하여 1만 27명의 이름으로 반대 상소를 행하였다. 4월 15일
영남좌도 유생은 안동 西岳寺에, 우도 유생은 25일 상주 도남서원에

---

　43) 『羅巖隨錄』, 15~16쪽. 김철수는 충청도 문의로 정배되었다가, 대원군의
　　　명으로 惡地인 명천으로 移配되었다.

서 모였다. 그들은 "국가의 존망이 吾道의 존망에 달려있고, 오도의 존망이 사원이 훼철되느냐 훼철되지 않느냐에 달려있다"고 하였다. 그리고는 4월 28일, 의성에서 좌우도 유생 200여 명이 모여 정민병을 소수로 추대하였다. 정민병은 도남서원에 모셔진 정경세의 후손이 었다. 이때는 마침 신미양요가 일어난 즈음이었다. 따라서 유생들은 內修外攘이 나라의 본무라고 하고, 외세의 근심이 있는 상황에서 서원을 훼철하는 것은 儒風을 없애 원기가 흩어져 사학이 그 틈을 타고 들어오게 될 것이라고 주장하였다.[44]

영남의 유생들은 6월 2일 소행을 시작하였다. 이 소행에는 같은 병파였던 병산서원 쪽에서는 참여하지 않았다. 소수 정민병은 상주 우천의 동문인 류주목에게 편지를 보내 "足下는 당세의 大賢으로 자처하는데, 오히려 당세의 대현이 죄를 얻었다"라고 하면서 동참을 권하였으나 류주목은 오히려 상소를 막기 위한 防疏 통문을 돌렸 다.[45]

유생들의 상소에 대해 대원군도 강경하였다. 대원군은 양요와 같은 외침이 있는 때에 안동의 유생들이 서양 세력 배척보다는 서원 훼철 문제에 힘을 쏟고 있는 사실에 화가 나 있었다. 대원군은 류후조에게 편지를 보내 "이는 無父無君의 부류이다. 내가 霹靂을 숨기고 입성하는 것을 기다리겠으니, 이런 뜻을 전하라"고 하고,[46] 소수 정민병은 잡아 경기감영을 거쳐 경상감영으로 넘겼다. 그리고 는 7월 9일에 도남서원, 8월 2일에 호계서원을 훼철해 버렸다.[47]

---

44) 권오영, 앞의 책, 2003, 369~370쪽.
45) 『羅巖隨錄』, 16쪽.
46) 『羅巖隨錄』, 16쪽.

대원군이 정권에서 물러난 이후, 형식적으로 만동묘는 복설되었지만, 그 외 서원을 복원하는 조치는 취해지지 않았다. 서원 복설 문제는 이후 호파를 비롯한 영남 유생의 가장 중요한 과제가 되었다. 유생들은 시무책을 건의할 때나, 正學인 유교를 지키자는 논의를 할 때는 언제나 서원 복설을 청원하였다. 가령 1877년에도 호유들을 중심으로 대규모 상소 운동이 추진되었다. 8월에 의성[聞韶]에서 대회를 열고, 봉화 酉谷의 權璉夏를 소수로 추대하고 각 문중, 지역에 통보하였다. 그러나 병유들은 소를 정지하고, 다음해 봄에 소를 올리자고 주장하였다. 이에 상주의 정씨, 인동의 장씨 등 병파는 나오지 않았다. 그러나 호파들은 10월에 소수서원에서 다시 모여 병으로 나오지 못한 소수를 대신하여 금곡의 朴周鍾을 소수로 천망하고 서울로 올라갔다. 이때에도 병유들은 몰래 投牌하여 본래 병유인 박주종과 절교하기도 하였다. 이들은 이듬해 정월 초에 상소를 올렸다.[48] 여전히 서원 복설 문제는 병호시비 속에서 추진되고 있었던 것이다.

1883년, 신사척사상소운동으로 병호시비가 약간 잠잠해진 때였지만, 호파에서는 1805년 추진했던 4현의 문묘승무를 다시 추진하면서 서원 복설 문제도 들고 나왔다.[49] 봉화의 權世淵은 선비의 士氣가 나라를 지탱하는 원기라고 하면서

---

47) 이수환,「대원군의 서원훼철과 영남유소」,『嶠南史學』6, 1994.

48)『羅巖隨錄』, 200~205쪽. 132「朴周雲 상소」, 133「朴周鍾」등 ;『高宗實錄』 15년 1월 24일 ; 1월 25일 ; 권오영, 앞의 책, 2003, 376~377쪽.

49) 권오영, 위의 책, 2003, 380~381쪽. 이에 비해 앞서 서술한 바와 같이, 병파에서는 서원 복설과는 관계가 없으므로 류성룡 단독 문묘승무를 추진하였다.

선비의 기운을 세우고 기강을 진작시키는 방법은 道學을 존중하여 받드는 데에 있고, 도학을 존중하여 받드는 일은 선현에게 보답하여 제사하는 일에 달려 있습니다. … 이제 사원을 훼철하고 나자 선현들의 풍교와 덕화가 날마다 막히고 많은 선비들을 이끌어 인도하는 방향이 갈피를 잡지 못하여, 올바른 것이 어지럽혀지고 의리가 무너져 내리며 염치가 없어지고 윤리가 사라지게 되는 것들이 모두 이것에서부터 빌미가 되고 있습니다. 예를 지켜 사양하는 풍속이 위에서 점차 침체하게 되고 보고 들어 본받는 효과가 아래에서 점차로 쇠미해져서, 사기가 이로 말미암아 없어지고 시대의 풍속을 숭상하는 일이 이로 말미암아 점차로 무너지게 되니, 우리 성조에서 시폐를 구제하기 위해 마땅히 힘써야 할 것으로는 사원을 다시 설립하도록 허락하는 일보다 급한 일이 없습니다.[50]

라고 하였다. 유생들이 견지했던 척사위정론의 핵심이 바로 서원 복설에 있었던 것이다.

2) 대원군 봉환 상소 운동(1875)

고종은 1873년 10월, 同副承旨 崔益鉉 상소를 빌미로 대원군을 밀어내고 親政을 시작하였다. 그러자 원로대신들의 사직 청원과 안기영 이하 남인들의 최익현 규탄 상소가 이어졌다.[51] 남인들에게

---

50) 『承政院日記』 고종 20년 12월 11일.
51) 대신들의 사직 청원 외에 安驥泳, 許元栻, 성균관 유생 등이 최익현을 비난하는 상소를 하였다.(『高宗實錄』 10년 10월 28일 기사 참조) 1881년 이재선 사건의 주모자였던 안기영이 최익현 규탄에 앞장 선 점이 흥미롭다. 이런 점에 대해서는 정진영, 「19세기 후반 영남유림의 정치적 동향」, 『한말 영남 유학계의 동향』, 영남대출판부, 1998, 131~133쪽.

대원군의 퇴진은 정치적 후원자를 잃는 것이었다.

대원군은 왕실의 권위를 높이기 위해 四色을 고루 등용한다는 명분 아래 노론 세도 세력을 억압하였다. 북학파의 후예 박규수를 비롯하여 노론 세력 가운데 자신을 지지하는 세력은 계속 등용하면서 동시에 그동안 정권에서 배제되었던 남인, 북인도 등용하였다.[52] 대원군은 집권하기 전에 영남지역을 두루 돌아다니면서 인적 관계를 형성한 바 있었다. 대원군이 등용한 남인 세력은 주로 '京南'이었고, 몇몇은 영남 남인 가운데 중용하였다. 그 대표적인 사람이 류후조였다. 그는 공조판서를 거쳐, 우의정, 좌의정에 올랐다. 그 외 한주 이진상의 숙부였던 이원조가 공조판서에 기용되었다.[53] 물론 서원 훼철 등에서는 입장을 달리하였지만, '영남'은 대체로 척사론적인 입장의 대원군의 정책에 심정적으로 동조 하고 있었다. 따라서 대원군을 든든한 후원자로 여기던 남인, 특히 병유들에게 대원군의 실각은 정치적 위기였던 것이다.

친정을 시작한 고종은 민씨 세력을 등용하면서 대원군에 의해서 추진된 몇몇 정책을 수정하였다.[54] 무위소를 신설하여 훈련도감·금위영·어영청의 군사를 소속시키고, 병인양요 후에 설치된 강화진무영을 폐지하였다. 또한 서원 철폐의 상징이었던 萬東廟도 다시 세웠다(1874). 이런 조치에 대해 물러나 있던 대원군이 반발하였다. 특히 강화 진무영이 폐지되자, 대원군은 불가하다고 주장하고는

---

52) 김병우, 앞의 책, 2006 참조.
53) 정진영, 앞의 글, 1998, 109~115쪽. 물론 남인의 등용은 상대적으로 중요성이 떨어지는 자리였고, 노론 유력 가문 사이에서 그 역할은 한정적이었다.(164쪽)
54) 정진영, 앞의 글, 1998, 133~135쪽.

덕산의 남연군 묘를 참배하고 바로 양주 직곡으로 거처를 옮겨 버렸다. 이는 고종의 정치에 대한 시위였다. 이 문제로 전국 유림들에서는 대원군이 돌아오게 하여야 한다는 여론이 일어났다. 특히 영남 남인이 대원군 봉환 상소 운동을 행하였다. 이를 주도한 세력은 대원군과 관련이 깊던 병유들이었다.

1874년(고종 11) 10월, 예안의 李彙林이 상소하여 "아버지가 된 정분으로 오랫동안 떨어져서 계시는 것이 마땅하지 않다"고 하였다.[55] 그리하여 25일 안동의 崇報堂에서 250여 명의 유생이 모여 道會가 열렸다. 유생들은 상주의 鄭民采를 疏首로 추대하고, 11월 20일 문경 유곡에서 소행을 시작하기로 하였다. 그러나 떠나기 전에 정민채와 안동의 李中麟 등이 안동부에 구금되었다. 이에 유생들은 다시 李中振을 소수로 뽑아 상소 운동을 추진하였다. 12월 8일 서울에 도착한 소유들은 다시 사퇴한 이중진을 대신하여 柳道洙를 소수로 뽑았다. 이들 유생은 상경하여 이듬해 3월 초에 伏閤 상소를 시작하였다.

의성 사촌 출신인 류도수는 류후조의 아들인 류주목의 제자로, 병파의 중심적인 학자 가운데 한 사람이었다.[56] 그는 안동의 安東疏會에 참석하여, "이는 한 나라의 흥폐가 달려 있는 때이다. 비록 出位의 말이라도 어찌 침묵하고 있을 수 있겠는가" 하였다. 그리고는 류후조와 이를 상의하였는데, 류후조도 "이 일은 마땅히 성의로써

---

55) 『承政院日記』 고종 11년 10월 20일. 조정에서는 이휘림에게 벌을 내려, 멀리 정배(강진 고금도)해야 한다는 질책이 계속 이어졌다.

56) 류도수의 상소 운동과 그 의미에 대해서는 설석규, 「조선시대 嶺南儒生의 公論形成과 柳道洙의 萬人疏」, 『退溪學과 韓國文化』 44, 2009 참조.

天聽을 感回시켜야 한다. 혹시 풍문을 듣고 놀라서 분산하면 우리들이 수치이다"고 하면서 빨리 달려가라고 권하였다. 그는 소두 정민채가 상소를 올렸다가 체포되었다는 소식으로 위축된 유생들을 독려하였으며, 대원군의 만류 의사도 거부하였다.[57] 그리고 1875년 2월 3일 소두로 천망되자 사양하다가 2월 20일에 出座하여, 3월 3일 伏閤하였고, 5일에 상소문이 올려졌다. 그는 이 상소가 "비단 저희들의 한두 사람에게서 나온 말이 아닙니다. 이는 一道의 공론이며, 일도의 말이 아니라 전국 모든 백성들이 한결같이 바라는 바"라고 하였다.[58]

유생들이 대원군 봉환을 주장하는 명분은 '효'의 문제였다.

> 엎드려 생각하옵건대, 대원위 閤下께서 교외의 집으로 행차하신 것이 오직 쾌적하신 휴양을 위하신 거동이시오니 우리 聖上께서 承順無違(순종하여 어김이 없는 것)의 탁월하신 효성이옵기에 더욱 欽誦하옴을 다 할 수 없습니다. … 전하께서 하루 속히 어가를 움직이셔서 환차를 청하시와 위로는 융성하신 봉양의 효성을 독실하게 하시고 아래로는 백성들의 기도하는 여망에 보답하여 주옵소서.[59]

라고 하였다. 이 '효' 문제는 이미 대원군이 실각한 때부터 제기되던 문제였다.

또한 류도수는 「擬疏」에서 신하와 자식의 충효를 거론하면서 동시에 대원군이 행한 일련의 정책을 높게 평가하였다.

---

57) 『閒山集』 권8, 「行狀」, 525~526쪽.
58) 복합상소의 과정과 류도수의 활동은 『閒山遺稿』, 「疏廳日錄」 참조.
59) 『閒山遺稿』, 『北薦芹曝錄』, 「請奉還大院位疏」(『閒山別集』, 37쪽).

대원위께서는 전하 친아버지이시며 東方의 大老이십니다. 조정의
정사를 대리하시와 조정을 바로 잡으셨으며 기율을 진기숙정하시와
紀綱을 세우셨으며, 전하를 保養하시와 임금으로서의 덕을 닦게
하셨으며 안팎을 진정 안무하시와 인심이 열복토록 하셨으며, 軍備
를 보수하시와 兵禍를 대비하셨으며, 양학을 물리치시와 간사한
기류를 끊으셨으니, 이러한 업적은 실로 楊朱(춘추시대 극단적인
이기주의자)를 물리쳤던 孟子의 공과 같음이 있으셨으니, 이른바
공이 우임금의 아래 있지 않으셨습니다.[60]

라고 하여, 대원군을 동방의 大老이면서 내외의 업적은 맹자와 같으
며, 우임금의 아래에 있지 않다고 하였다. 그런데 이런 대원군을
간사하고 사특한 무리들이 교묘한 말을 퍼뜨려 부자 사이를 이간시
켰다고 하였다.

그리고 부자 사이의 '효'를 들고 나온 것도 임금에 대한 영남
유생의 도리라는 점을 부각하였다. 영남의 남인이 크게 은총을
입었으므로, 이에 대한 보은으로 상소를 행했다는 것이었다. 곧
"역대 임금께서 영남을 돌보시와 생각하였음이 그처럼 오래되었으
며, 영남을 예의로 대우해 주신 것이 그처럼 은근하였사오니, 영남의
선비로서 전하를 위하여 몸을 버리고 한번 보답할 성의를 갖고
있지 않을 수 없사옵니다"라고 하였다.

그러나 고종의 의사는 확고하였다. 오히려 고종은 이를 왕권에
대한 도전으로 받아들였다. 그리하여 유소의 주도자 류도수는 吉州
에, 이학수는 楚山에, 이상철은 甲山에, 서승렬은 碧潼 등, 遠惡地에

---

60) 『聞山遺稿』, 『北薦芹曝錄』, 「擬疏」(37~38쪽).

귀양 보내고, 그 밖에 여러 유생들은 모두 쫓아 보내버렸다.[61]

만인소의 주모자들이 유배에 처해진 이후에도 상소 운동은 계속되었다. 영남 유생뿐만 아니라 호남, 관서, 황해 유생 등도 가담하여, 5도 유생 천여 명이 복합상소를 행하였다. 이에 대한 고종의 태도는 여전히 강경하였다. 奉疏하기 전에 모두 유배 처분을 내리고, 주모자 최화식 등을 처형하겠다고 하였다. 대원군을 지지하는 세력이 곤경에 빠지자 대원군은 운현궁으로 스스로 돌아왔다. 이에 고종도 주모 유생들은 처형하지 않고 모두 원악도에 유배시켰다.[62]

대원군 봉환 상소 운동은 넓은 의미에서, 대원군과 그 지지 세력과 정부, 민씨 세력 사이의 정치적 대결의 한 과정이었다. 대원군이 민씨 세력의 개혁 사업에 불만을 표하면서 서울을 떠나 버리고, 이를 기회로 보수적 유생들의 상소가 이어졌으며, 또 그런 과정에서 민씨 세력의 수령 민승호가 11월에 집에 배달된 폭약이 폭발하면서 사망하였다. 때문에 고종과 민씨 세력은 더욱더 강경하게 상소를 행한 유생들을 진압하였던 것이다.

이러한 정치 세력 사이의 대립은 1881년에 '이재선 사건'으로 불리는 '역모사건'으로 비화되었다.[63] 이때는 후술할『조선책략』을

---

61) 『高宗實錄』 12년 3월 6일. 류도수는 외세의 침투에 대해서는 군사력 강화보다는 도덕과 명분에 입각한 나라의 결속이 중요하다고 하였으며, 이를 위해서는 군주가 경연을 통해 이를 실천해야 한다고 하면서 「대학도」를 올렸다.(「북천근폭록」) 류도수는 이후 18년간 귀양살이를 하였다. 1880년에 길주에서 평해로 옮겼다가, 1882년 8월에 석방이 되어 잠시 돌아왔다가 다시 몇 달 뒤 유배되었다. 1884년 10월에야 완전하게 해배되었다.

62) 『承政院日記』 고종 12년 6월 24일.

63) 조성윤, 「개항 직후 대원군파의 쿠데타 시도」, 『한국근대정치사연구』(양상현 편), 사계절, 1985 ; 宋炳基, 「辛巳斥邪運動 硏究」, 『史學硏究』 37, 1983.

반대하는 영남 유생의 만인소 운동이 전개되던 때였으므로, 대원군 세력은 이런 反外勢, 斥倭의 여론을 배경으로 다시 정권을 잡기 위해 급기야 고종을 폐위하자는 역모를 꾸몄던 것이다. 『梅泉野錄』에는 이 사건에 대해 다음과 같이 기술하고 있다.

　辛巳(1881년) 겨울에 李載先의 옥사가 일어났다. 이재선은 운현(대원군)의 庶子로, 甲子(1864) 이후 別軍職직에 있었지만, 머리가 아둔하고 콩과 보리를 가리지 못했고, 사람들도 그를 알지 못하고 다만 "운현에게 庶子가 있다"는 것만 알았다. 대원군이 실세한 지 오래되어 그 가까운 사람들도 정권에서 소외되어 廢籍된 것과 다르지 않았고, 모두 답답하여 분통하게 생각하였다. 前承旨 安驥泳, 權鼎鎬가 儒生 任哲鎬, 丁健燮 등과 이재선을 추대하려고 하였다. '九日 중양절에 높은 산에 오른다'라는 말에 가탁하여 그 친구 蔡東述을 끌고, 南漢山城에 놀러가서 자초지종을 말했는데, 채동술이 응하지 않았으며, 다만 누설하지 말 것을 약속하였다. 전 현감 柳道錫[柳道奭]은 故 재상 柳厚祚의 손자로, 모의에 참여하여 10년간 慶尙監司를 약속받았다. 동맹한 사람은 모두 南人과 北人으로, 노론으로 참여한 사람은 北村의 庶蘖 몇 사람으로, 거사를 같이 하기로 약속하였다. 廣州의 장교 李豊來도 모의에 참여한 사람이었는데 이를 위에 고변하였다. 驥泳, 鼎鎬, 哲鎬, 健燮 이하 모든 역적은 사형되었고, 처자는 노비가 되었다. 동술은 이런 사정을 알면서 고하지 않았다는 것으로 처형되었고, 류도석은 그 조부가 임금이 처음 등극하였을 때 공을 세운 사람이라 감형하여 섬으로 유배되었다. 이재선은 서문 밖의 민가에서 사약을 받고 죽었는데, 재선은 죽음에 임해서도 무슨 죄에 연루되었는지 알지 못했다. 혹자는 말하기를 이 옥사는 왕후가 꾸민 것이라고도 하고, 안팎에서 자자하게 雲峴이 화근이라고 하였으나, 운현은

눈 하나 깜짝이지 않고 말 한마디 하지 않았다. …[64]

이 사건의 핵심 인물인 이재선에 대해서는 평가가 엇갈리지만,[65] 주로 대원군을 지지하는 남인 관료, 유생들이 고종을 비롯한 민씨 집권 세력을 축출하려고 모의했던 것은 사실이었다. 그리고 이 모의에 당시 정부의 개화정책에 불만을 가진 민중층을 동원하려고 하였다. 성사의 가능성을 낮게 본 대원군의 소극적 대응과 내부의 고변으로 발각되어 실패하였다. 세간에서 이 사건을 왕후가 꾸몄다고 본 것처럼, 정권을 둘러싼 민씨 세력과 대원군 세력 사이의 대립에서 대원군 세력이 패배한 것이었다.

이 사건을 주도한 것은 남인 세력이었다. 핵심 주모자였던 安驥泳(前承旨), 權鼎鎬(前承旨)를 비롯하여 蔡東述(前承旨)은 정조 때 남인의 영수 채제공의 후손이었다. 여기에 류후조의 손자이자 류주목의 아들인 柳道奭(前縣監)이 연루되었던 것이다. 모의 집단에서의 역할은 명확하게 알 수 없으나 심문 과정에서 그의 이름이 나와 결국 유배되었던 것이다.[66] 또한 이들은 대개 대원군 봉환 상소의 소수였

---

64) 『梅泉野錄』, 국사편찬위원회, 1955, 61~62쪽.
65) 조성윤은 이재선이 적극적으로 참여하여 이를 주도했다고 분석하였으나, 송병기는 주로 『매천야록』에 기술한 것에 근거하여 이재선을 '天痴' 수준으로 파악하여, 이 사건을 '안기영 사건'이라고 해야 한다고 주장하였다.(송병기, 앞의 글, 1983)
66) 류도석은 姑從 丁建燮의 생일에 갔다가 연류된 것으로 보이며, 류후조의 후손이라는 점 때문에 참형을 면하고 전라도 녹도에 유배되었다.(柳時澯 編, 『愚川四百年』, 豊山柳氏愚川門中, 2010, 109~110쪽) 그러나 노론 집권 세력은 집요하게 주로 남인 세력을 견제하기 위해, 정조 이래 남인으로 죄를 받은 홍국영 이하 류도석을 포함한 죄인에게 노적법을 시행하고 요구하였다. 『승정원일기』에만 1894년 7월 10일 석방될 때까지 무려 170

던 류도수와도 밀접한 관련이 있었다.[67] 이 사건으로 대원군 세력이 대거 제거되었고, 또한 활발하게 전개되던 만인소 운동도 타격을 받아 끝나게 되었다. 그러나 이듬해 임오군란으로 대원군은 다시 잠깐 동안 재집권에 성공하였다.

IV. '병유'의 유교사회유지론과 척사운동

1. 개항 전후의 병유의 척사운동

1) 병인양요 시기의 척사운동

1860년대, 당시의 사회변화 속에서 재야 유생층은 주자학 이념에 따라 서양 침략을 인식하고, 內修外攘 차원에서 이에 대응하였다. 이항로, 기정진이 보였던 척사론이 그러하였다. 이런 점은 집권한 대원군과 그 정치 세력도 마찬가지였다. 대원군의 학문적 뿌리는 북학론이었다. 북학론에서는 서양의 기술은 '이용후생' 차원에서 가능할 수 있으나, 서양의 종교는 유교사회체제를 부정한다는 점에서 철저하게 반대하였다. 대원군도 왕조체제를 위협할 수준인 西敎를 철저하게 탄압하고, 또한 무력적인 침략을 감행하는 서양에 힘을 다해 대항하였다. 대원군에 의해 등용된 류후조와 그 후손들, 그리고 영남에 있던 재야 유생들도 이런 점에서는 공통적이었다.[68]

여 차례나 계속되었다.

67) 이런 점에 대해서는 정진영, 앞의 글, 1998, 150~151쪽.

68) 유치명 학파의 척사론에 대해서는 권오영, 「유치명 학파의 형성과 위정적

1866년 우의정 시절 류후조는 王妃奏請使로 청국에 다녀왔다 (4.9~6.6). 이때 그는 청의 문화를 보고 감탄하였다.[69] 자제 군관으로 류후조를 수행했던 조카 柳寅睦도 마찬가지였다. 그는 사행의 전 과정을 한글 가사로 「북행가」를 지었는데, 그 속에는 먼저 청국에 대한 감탄과 동시에 청국이 오랑캐의 후예(의복, 머리 모양, 언어 등)라는 점을 거론하고 조선에 대한 자존 의식도 보였으며, 또한 북경에 와 있던 서양에 대해서도 매우 비판적으로 보았다.[70]

류후조는 이 사행 중에 제너럴 셔먼호 사건을 들었다.[71] 서양의 위협에 그는 그 위험성과 동시에 이를 배척해야 할 것으로 생각하였 다. 그리고 귀국 후에 바로 병인양요가 일어났다. 그는 서양의 침략 에 대비한 여러 방안을 제시하였다. 즉 "洋醜들이 멀리 달아나 당장 은 다행"이라고 하면서, 서양의 침략에 대한 대비책으로는 "오직 防守의 엄밀, 軍實(병기, 군량, 장비 등) 검열, 기계 수리, 군량 축적 등에 있을 따름"이라고 하였다. 그리고 민심을 수습하기 위해서는 지방 수령을 선택하여 백성들을 회유 보호, 안정시키도록 하였다. 또한 사교를 다스린다고 그 근본을 다스리지 않으면 외국들이 전과 같을 것이라고 하고 엄중한 방어와 搜捕를 건의하였다.[72] 곧 안으로 군기, 군사를 정비하여 엄밀하게 방어하는 것, 국가의 재정을 충실하

사운동」, 앞의 책, 2003.

69) 류후조, 「燕行日記」, 林基中 편, 『燕行錄全集』 75, 동국대학교출판부, 2001, 369~370쪽.

70) 홍재휴, 『北行歌 硏究』, 효성여대출판부, 1991, 53~54쪽 ; 鄭柄國, 「此山 柳寅睦의 北行歌 硏究」, 한국교원대학교 대학원 국어교육전공 석사학위논 문, 1999, 74~81쪽.

71) 류후조, 「燕行日記」, 林基中 편, 『燕行錄全集』 75, 369~370쪽.

72) 『洛坡先生文集』, 「陳時務仍乞辭免啓」 병인 10월 20일, 150쪽.

게 하는 것, 그리고 백성을 안정, 보호하는 것 등이었다.

이런 대비책은 병인양요 직후에도 여러 차례 개진되었다. "내탕을 덜어서 백성들의 곤궁을 구제하고, 조세를 감면하여 백성들의 어려움을 풀어주시어" 백성들이 恒産을 갖고 안정될 수 있도록 해야 한다고 하였다. 또 '節儉' 두 글자를 정치의 근본으로 삼아야 한다고 건의하면서, "오직 전하께서는 검소함을 숭상한 옛 임금의 덕을 본받으시고 외부의 사치를 숭상하는 폐단을 살피시어, 독실, 소박에 더욱 힘쓰시어 모든 신하에게 솔선수범" 하도록 진언하였다. 그리고 이 모든 대책의 근본은 임금이 聖學에 힘써야 한다고도 하였다.[73]

류후조는 자신이 재상으로서 이런 방안을 임금에게 촉구하는 한편, 상주에 있던 아들 류주목에게 상소를 올리게 하고, 또 서양을 막기 위한 의병을 일으키라고 지시하였다.[74] 그리고 외적을 방지하기 위해 소요되는 군수를 위한 자금 모금도 주도하였다. 특히 대원군과의 관계 속에서 영남지역 유생들이 나서야 한다고 생각하였다. 류후조, 허원식 등 영남 남인은 병인양요 후 國用과 軍需 조달을 위한 통문을 보내고, 류후조는 신석호를 捐補錢都有司로 천거하여

---

73) 『洛坡先生文集』, 「陳勉聖學啓辭」 정묘(1867) 정월 15일, 151~152쪽 ; 「陳抑奢節財之道啓」 정묘 4월.

74) 『溪堂集』 부록 권1, 「行狀」(七, 23~24쪽). 이때에도 류후조는 "우리 집안은 나라로 후한 은덕을 입었는데, 털끝만큼의 보은이 있어야 하니, 어찌 사양할 수 있으랴"라고 하였다. 이에 류주목은 의병장으로 추대되어 낙동진에 진을 치고 진군할 준비를 행하였다. 류후조는 당시의 편지에서도 "외국 열강의 세력들이 강화도를 침공했지만 막을 도리가 없다고 염려하며, 신하들은 나라의 안위를 위해 봉기해야 한다"고 했다.(「1866년 류후조가 외국세력의 강화도 침공에 대해 전하는 간찰」, 開城高氏 鹿門宗宅, 한국국학진흥원 소장) 허원식도 병인양요 후에 창의할 것을 주장한 격문을 지었다.(『三元堂集』 권3, 「倡義檄文」)

영남 유생들에게 원납 참여를 호소하였다.[75]

류주목은 아버지를 대신하여[76] 「擬上六條疏」라는 상소를 작성하였다. 당시 유생들의 유교이념과 척사론의 성격을 가장 잘 드러내는 것이었다.[77] 그 내용을 요약하면 다음과 같다.

① 勸聖學 : 임금은 한 나라의 사표이니, 경연을 열심히 하면서 동시에 「통감」, 「강목」 등을 숙독하며, 교화의 근본인 학교를 일으켜 삼대의 융숭한 법을 숭상할 것.

② 嚴邪禁 : 이단은 誣惑의 邪術이자 禍亂의 근본이므로, 서양의 종교를 배척하고, 양이의 물품을 불태우면 그 효과가 커서 백성들이 따르게 될 것임.

③ 得賢才 : 나라를 위하는 길에 어진 인재를 얻는 것보다 더 급한 것이 없음. 지연이나 혈연에 구애되지 말고 실제 능력 위주로 추천하여 쓸 것.

④ 修武備 : 군병과 군비를 위한 평상시의 훈련, 점검과 이를 위한 재정 확보가 필요하고, 이를 위해 주자의 사창법을 실시할 것. 방어를 위한 산성 축조(문경 조령 등), 배를 만들어 바다를 방비할 것(교동, 통영, 거북선 등).

⑤ 淸仕路 : 벼슬길이 문란해지면 요행을 바라고 나라의 체면이 손

---

75) 이에 대해서는 정진영, 앞의 글, 1998, 119~123쪽 참조.

76) 「상소」 속에는 류후조의 행적이 표기되어 있다. 즉 "신이 요동 땅으로 가는 길에 서양 오랑캐가 침략하여 소동을 일으킨다는 말을 처음 들었다" 또는 "연경의 숙소에 이르러 늦게야 돌아오라는 보고를 들음" "오직 마음만 급히 달리니 애간장이 타서 날마다 동쪽을 바라보며 눈물만 흘렸었는데, 책문에 돌아와서야 비로소 砲煙이 걷혔다는 소식과 대동강에서 적선을 불태웠다는 보고를 접했습니다." 등이 그러하였다.

77) 이에 대해서는 白道根, 「擬上六條疏를 통해 본 溪堂 柳疇睦 선생의 사상」, 『尙州文化硏究』 5, 1995.

상되며, 사대부로 하여금 염치를 손상하게 하고 예의를 버리게
하는 것이므로 小人輩들을 경계하여야 함.

⑥ 定民志 : 백성이 나라의 근본이므로, 농사를 장려하고 가난한
백성을 널리 구휼할 것. 생업을 두터이 하고 백성의 마음을 안정
시켜야 하고, 公을 빙자하여 조세를 독촉하는 것은 금할 것.

류주목이 강조한 것은 임금의 聖學 확립, 사교의 금지, 그리고
정치권의 원칙적 운영과 백성 안정이었다. 그 가운데 특히 武備를
위해서 강조한 山城의 축조는 그들의 학문의 연원이었던 류성룡의
예를 들어 이를 제안하였다.

> (산성은) 싸우고 지키는 데에 이로우니 실로 保民守國의 가장
> 좋은 계책입니다. 이 일은 먼저 文忠公 鄭夢周의「金海山城記」및
> 신의 선조 文忠公 成龍의「山城說」에서 이미 말한 것입니다. 진실로
> 원컨대, 이 일을 각도에 지시하여 군읍에 산성이 있으면 본진 외에
> 오래되어 폐지된 성이나 성을 쌓은 만한 곳에 계획하여 들여 수축하
> 게 하고, 그 가운데 사창을 설치하여 민호를 모집하여 살게 하면서
> 지키게 하고, 그 부근의 邨民들은 평소에는 耀糴으로, 변고가 있으면
> 들어가 근거하게 하여, 별과 같이 포진하고 여러 곳에서 그렇게
> 한다면 이름만 있고 실효가 없는 평지의 城壕보다는 크게 나을 것입
> 니다.[78]

라고 하였다. 산성을 쌓아 서양의 침략에 대비해야 하고, 그 논리를
류성룡의 주장을 근거로 하고 있었던 것은 영남의 여러 유생들도

---

78)『溪堂集』 권2,「擬上六條疏 代家大人作」(一, 146쪽).

제기하던 바였다.[79)

다음으로 류주목의 상소에서 주목되는 것은 백성들을 안정시키는 일이었다. 이는 유교이념 아래 백성들의 부담을 덜어주는 일이면서, 동시에 유교 질서 아래 농민층을 묶어 두는 방안이었다. 이런 방안은 그의 부친 류후조가 이전에 시행했던 대농민 통치책을 계승하였을 것이다.

류후조는 강릉부사 시절 '강릉향약'을 제정, 실시하였다(1857). 향약은 "교화를 잡아 세워 彰善懲惡하는 뜻"이라고 하고, 그 내용은 藍田鄕約을 增損한 朱子와 여러 논의를 절충한 退溪鄕約을 '전용'하여 마련하였다. 그런 가운데 특히 농민층에 대해서 "향론에 따르지 않는 자", "조세 부역에 근실하지 않는 자", "명분을 문란하게 하고 사족을 능멸하는 자" 등에 대한 규제를 규정하였다.[80)

류후조는 1862년 전국적으로 일어난 농민항쟁의 수습에 관여하였다. 농민항쟁 당시, 자신의 고향이었던 상주의 목사(조영화)의 항쟁

---

79) 『承政院日記』 고종 3년 9월 3일. 전 헌납 朴周雲 상소. 그는 "임진왜란 때 선정 文忠公 柳成龍이 일찍이 山城에 관한 말을 하였는데, 그 결론에 '만약 이 방법을 놓아두고 따로 나라를 보존할 수 있고 백성을 편안히 할 수 있는 기발한 방책이 있다고 한다면 하늘로 올라가거나 땅으로 들어가는 것 외에는 불가할 것이다'고 말하였습니다. … 류 문충공은 임금을 도와 세상을 구제할 만한 재주를 가진 인물로 中興의 온갖 책임을 담당하여 그 몸을 다 바치며 대비하여 막고 싸워 지킬 알맞는 계책에 정성을 기울여 수천 만 마디의 진언을 올렸는데, 形勢에 관한 통설의 큰 요점에서 첫째도 산성을 말하였고 둘째도 산성을 말하였습니다"라고 강조하였다.

80) 『洛坡先生文集』, 「江陵鄕約 哲宗丁巳施行各面」, 352~362쪽. 또한 류도수는 류후조가 재상이 되자 재상의 역할을 강조한 「相鑑博議」를 저술하여 올리면서 동시에 "朱文公이 增損한 여씨향약을 시행하도록 주청할 것을 청"하였다(『聞山遺稿』, 「擬上大學圖請進講大學疏」(『聞山別集』, 41쪽)].

수습 활동을 칭송하는 송덕비의 비명을 쓰면서 목사, 관찰사(이돈영), 영의정(정원용)의 개혁 자세를 언급하였다. 그 방안은 삼정의 원칙적인 운영과 환곡의 폐단을 개혁하는 정부의 입장이었지만, 류후조는 이를 "王安石 같은 개혁"이라고 하였다.[81] 이런 점은 류후조의 송덕비에도 그대로 언급되었다.

　　삼정의 폐단을 바로 잡은 뒤에 사우를 짓고 비를 세운 것은 영의정 정원용, 경상도 관찰사 이돈영 및 상주목 조영화 세 분의 矯正한 일을 칭송한 것이다. … 류상공이 방편을 강구하지 아니하였다면 이속의 폐단과 백성의 가여움을 어찌 상세히 다 알 수 있었겠는가. 그런 즉 상주군의 군전조 삼정의 교정할 방책은 참으로 모두 류공의 商量 確定한 것을 조목사가 시책을 펴고, 이관찰이 중앙에 啓請하고, 정상공이 임금에 奏達함으로써 삼정의 교구가 충분히 완고히 된 것 … 1866년에도 흉년이 들었을 때, 류상공이 정승으로 있을 때 특별히 군민을 위해 도에 상의하여 돈으로 대납하게 하여 군민의 식량 사정이 조금 넉넉하게 되었다.[82]

라고 하였다. 상주목사의 성공적인 삼정문란 수습은 류후조의 방안을 그대로 시행한 것이었다고 하였다. 정승으로 있던 류후조의 삼정이정 방안은 곧 정부의 입장과 다르지 않았던 것이다.[83]

---

81) 『洛坡先生文集』,「壬戌三政矯捄頌德碑銘 幷序」, 516~517쪽.

82) 『洛坡先生文集』,「文憲公洛坡柳相國頌德碑文」, 1017쪽.

83) 당시 정부는 삼정의 개선 및 부분 개혁하는 입장에서 방안을 마련하였다. (金容燮,「哲宗朝의 應旨三政疏와 三政釐整策」,『韓國近代農業史研究[II]』, 新訂增補版, 지식산업사, 2004) 이런 방안은 고관을 지낸 성주의 이원조의 방안과도 유사하였으나, 재야의 유생층에 비해서는 다소 보수적이었다. 가령 이진상(이원조의 조카)은 삼정문란으로 인한 賦稅不均 문제를 거론

2) 개항 후 척사 활동

병인양요 때, 병유들은 재상으로 있던 류후조와의 연관 속에서 서양의 침략을 막기 위한 대내외적 방안을 적극적으로 개진하였다. 이런 대응은 호유와도 달랐다. 그러나 그 역으로 개항 이후 일본의 침략과 국권 상실 속에서는 호유들이 병유보다 더 적극적으로 활동하였다.

당시 유생층의 척사론은 언제나 유교의 중심이 되는 임금이 聖學을 확립하고 이에 근거하여 정치를 시행하는 것, 그리고 유생들은 유교를 지키는 것에서 출발하였다. 유교를 지키기 위한 호유들의 관심은 자연스럽게 서원을 복설하는 문제로 모아졌다. 이런 점 때문에 대원군은 양요 같은 왕조국가의 위기에 관심을 보이지 않던 안동 유생들이 서원 문제에만 매달려 있다고 질책하기도 하였다.

일본과 개항조약[朝日修好條規]을 체결했을 때(1876)도 안동지역의 유생, 특히 호파는 이에 대한 의사 표명보다는 서원 문제를 거론하였다. 유치명학파인 이돈우는 立志, 居敬, 納諫, 愛民, 崇儉, 恢公, 立綱, 斥邪, 興學 등을 건의하면서, 정학을 높이기 위해서는 서원을 복설해야 한다고 주장하였다.[84]

그러다가 1881년에는 김홍집이 가져온 『조선책략』을 반대하는 만인소 운동이 일어났다.[85] 조선책략에서 주장하는 외교정책－친

하고, 삼정문란을 고치는 방안과 더불어 減租論도 주장하였다.(金度亨, 「寒洲學派의 形成과 現實認識」, 『大東文化研究』 38, 2001 참조) 또한 호파였던 金道和도 삼정책을 개진하면서 井田制를 거론하였다.(『拓菴集』 권 10, 「壬戌六月 仁政殿對策」; 金容燮, 「韓末 高宗朝의 土地改革論」, 『韓國近代農業史研究[II]』, 신정증보판, 지식산업사, 2004)

84) 『高宗實錄』 14년 3월 4일.

중국, 결일본, 연미국−도 그러하였지만, 무엇보다도 기독교를 '勸善'하는 종교로 보고, 이를 받아들여도 무방하다고 한 점과 주자를 폄하하고 육상산과 비교한 점도 유생들이 도저히 받아들일 수 없는 것이었다. 사안의 중대성으로 만인소는 안동의 도산서원을 중심으로 하여 추진되었다. 즉 병호시비로 갈라진 영남 유림을 퇴계 후손들이 중간에서 통합하면서 추진하였다. 이에 이만손(예안)이 소수로 추대되었다.

이만손이 나서면서 영남의 각 파가 모두 참여하였다. 소론의 강진규가 상소문을 작성하였고, 또 성주의 이진상도 참여하였다. 이만손이 이끌던 영남만인소는 이후 유치명의 제자들이 중심이 되어 전개되었다. 제2차 소수는 金祖永(안동 해저), 3차 소수는 金碩奎(영주 友琴), 4차 소수는 金鎭淳(안동 川前)이었다. 이 상소 운동에 병유의 류씨들은 매우 소극적이었다. 柳道性(하회)이 掌議를 받은 것을 비롯하여, 柳善榮(하회)이 寫疏, 柳道蔓(하회)가 陪疏, 柳道默(우천)이 直日 등의 직임으로 참여하였다.[86]

영남만인소를 시작으로 진행된 척사상소운동은 점차 기호의 화서계열은 물론 전국 유생들이 동참하는 대규모 운동으로 번졌다. 상소 운동에 대한 정부의 입장은 또한 확고하였다. 유생들의 의견을 참작하고, 또한 만인소로 표출된 감정을 무마하는 차원에서 「斥邪綸音」을 내기도 하였지만(5. 15), 서양과의 통교와 기술 수용을 통한

---

85) 영남만인소의 전개 및 성격에 대해서는 송병기, 앞의 글, 1983 ; 권오영, 「1881년의 영남만인소」, 앞의 책, 2003 참조.

86) 『衛正斥邪疏草』「爬錄」, 『慶尙史學』 10, 1994, 228~240쪽.(김준형, 「『衛正斥邪疏草』 해제」 참조)

근대화 개혁의 방향은 변함이 없었다. 오히려 과격한 표현을 문제 삼아 유생들을 처형하거나 유배 보냈다. 그리고 앞서 본 이재선 역모 사건이 터지고, 만인소에 연관이 있던 남인들이 연류되면서 특히 '영남'의 활동은 소멸하게 되었다.[87]

1881년의 영남만인소 이후, 영남 유생들은 상소 운동과 같은 적극적 대응책을 행하지 않았다. 주로 지방에서 사족 중심의 향촌사회의 지배권을 유지하기 위한 族契나 鄕約을 실시하였다.[88] 그런 가운데 간혹 유교문명의 위기라고 생각할 때는 개인적, 혹은 지역적으로 의사를 표현하였다.

1884년 윤5월, 정부에서 복제를 고치자 이에 반대하는 상소를 행하였다. 고종은 朝禮, 祭禮, 喪禮 때 입는 옷은 先聖의 遺制이므로 바꿀 수 없지만, 私服은 때에 따라 변통할 수 있는 것이므로 두루마기[周衣] 등의 넓은 소매[廣袖] 등은 생활에 불편하므로 좁은 소매[窄袖]로 하도록 하였고, 또한 朝籍에 이름을 올린 사람은 모두 黑團領(검은색 둥근 깃)을 사용하도록 하였다.[89] 이에 대해서 안동의 金道和는 服色은 바꾸고 고친 것은 "부녀자의 사치스러운 옷과 승려의 검은 옷을 입히는 것"이라고 반대하였고,[90] 봉화의 權相翊은 「深衣制度攷辨」을 지어 심의의 원형을 고증하였으며,[91] 이진상도 또한 그러하였다.[92] 대원군 봉환 상소로 귀양 갔다가 돌아온 류도수는 고을 원이

---

87) 정진영, 앞의 글, 1998.
88) 김도형, 앞의 글, 1993, 233~239쪽.
89) 『日省錄』 고종 21년 윤5월 24일, 25일.
90) 『拓菴續集』 권2, 「請衣制勿變疏」.
91) 『省齋集』 권7, 「深衣制度攷辨」 并圖 ; 속집 권5, 「新定五服圖」.
92) 『寒洲集』 권31, 「衣制論」 甲申.

관노를 시켜 옷감을 사다 주면서 입고 있던 옛날 옷을 왕명이니
고치라고 권하자, 그는 "좁은 소매와 선왕의 법복이 아니다"라고
하면서 듣지 않았다.[93] 류응목도 복제의 중요성을 지적하면서 유자
들이 입어야 할, 深衣, 緇布冠, 幅巾, 大帶 제도에 관한 정리와 의견을
개진하였다.[94]

한편, 유생들은 당시 향촌사회에 번지고 있는 이단인 동학을 배격
하는 일에도 힘을 기울였다. 이 또한 정학인 유학에서 보면 서양의
종교와 마찬가지로 '邪學'이었고, 유생들은 이를 '斥邪' 차원에서
접근하였다. 일찍이 1863년 상주의 愚山書院과 道南書院에서는 도내
의 유림들에게 통문을 내어, 동학을 "서학이 모습과 이름을 바꾼
것[改頭幻名]"으로 파악하기도 하고, "동학은 무당이 귀신 주문을
외우는 것과 같은 부류이며, 무지하고 천한 무리들이 많이 물들고
다른 이단처럼 지식인이 현혹될 만한 이치는 전혀 없는 것"으로
보았다. 그리고 동학이 광범하게 유포되고 장차 지방관의 권한을
빼앗아 행사하게 될 것이라고 우려하기도 하였으며, "동학은 사람을
도깨비로 떨어뜨릴 것"이라고 파악하였다. 류후조는 1863년 12월
도남서원에서 발송한 동학 배척 통문에 참여하였다.[95]

안동의 李晩燾는 동학과 같은 사학을 금지하기 위해서는 正學인
유교를 높이고 儒賢을 존중해야 하며, 이를 위해서는 마땅히 철폐한
서원을 복구해야 한다고 하였다.[96] 그리고 이승희도 보은에서 동학

---

93) 『閭山集』 권8, 附錄 「墓碣銘」(柳道獻 撰).
94) 『鶴山文集』 권5, 「深衣制度」, 「緇布冠制度」, 「幅巾制度」, 「大帶制度」(一,
    419~427쪽).
95) 崔承熙, 「書院(儒林)勢力의 東學 排斥運動 小考」, 『韓㳓劤停年紀念史學論
    叢』, 지식산업사, 1981.

의 집회가 있었다는 소식을 듣고 「通諭東學徒文」을 지어 동학이 정도에 어긋난다는 점, 서학을 배척하면서도 실제로 비슷해지고 있는 점 등을 지적하였다.[97]

1894년 농민전쟁이 일어나자 영남의 재지 사족층은 농민항쟁을 제압하기 위한 '의병', 곧 民堡軍을 결성하였다. 관군으로 모든 지역의 농민항쟁을 해결할 수 없었던 정부는 삼남의 주요 군현에 召募使를 임명하여 민보군을 조직하게 하였다. 호남, 호서, 영남에 각 2명씩 임명되었는데, 영남에는 창원부사 李鍾緒와 상주의 전 승지 鄭宜默이 선임되었다(9월). 정의묵은 서애의 제자 정경세의 후손으로, 다른 소모사가 모두 현직 지방관임에 비해 상주에서만 '巨族大家' 출신을 활용하였다. 이렇게 해야 영남 북부지역의 유림, 문중을 동원할 수 있었기 때문이었다. 소모사 정의묵의 소모 활동에 많은 유림이 합세하였고, 의병을 조직하였다. 그리고 의병대장에 전 현감 柳道奭을 추천, 선출하였다(10월). 이재선 사건으로 유배되었던 류도석이 막 해배(7월)된 직후였으나 이때는 아직 鄕第로 돌아오지 않았던 것으로 보이고, 의병장으로 出座한 것은 약 한달 뒤였다.[98]

---

96) 『響山集』 권2, 「擬請斥東學復書院疏」, 癸巳.

97) 琴章泰, 「韓溪 李承熙의 生涯와 思想(I)」, 『大東文化研究』 19, 1985, 11쪽.

98) '의병장'으로 추대된 류도석은 "성 밖에 나가서 아직 돌아오지 않았다"라고 하였다.(「召募日記」, 10월 28일, 『동학농민혁명 국역총서(3)』, 430쪽) 류도석이 의병장으로 '출좌'한 것은 11월 29일이었다.(같은 책, 442쪽) 상주의 의병장 보다는 소모영의 활동이 더 활발하였는데, 소모영의 유격장이었던 金奭中이 편찬한 『討匪大略』의 12월 기사에 류도석이 의병장으로 활동(소극적)하고 있었음을 보여주는 내용도 있다.(같은 책, 391~392쪽) 김석중은 아마도 이 공로로 이듬해 새로운 지방제도 아래(23부)의 안동부 부사로 임명되었던 것으로 보인다. 소모사 정의묵도 공로를 인정받아 「甲午軍功錄」에 기재되었다.(『東學亂記錄(下)』, 국편, 716쪽) 경상도 서북

2. 1894년 이후 국권회복 : 의병과 자정순국

1) 의병활동

갑신정변 이후 약 10년간, 유교를 지키면서 향촌사회 질서를 유지하기 위해 노력하던 유생층이 대대적인 무력항쟁으로 돌아선 것은 갑오개혁과 그 과정에서 시행된 단발령과 을미사변 때문이었다. 그들은 의병을 일으켜 적극적으로 대응하였다. 그런데 안동지역에서 이런 대응을 주도한 것은 호파였고, 병파는 부분적 혹은 소극적으로 참여하였다. 이 또한 자신들의 학문적 계승, 성격 때문이었다.

이때의 의병운동은 안동에서 먼저 일어났다. 1894년 일본군이 경복궁을 점령하자, 이를 비판하면서 공주의 유생 서상철이 안동에서 의병을 일으킨 것이었다.[99] 그러나 안동지역의 의병도 단발령 후에 본격적으로 일어났다. 단발령 소식이 안동부에 전해지자마자 곧 바로 1895년 11월, 예안지역의 이만응, 금봉렬, 이만윤 등이 연명한 「예안통문」이 발송되었다. 그들이 주장한 것은 단발로 인한 유교문명의 금수화에 대한 우려였고, 이를 막기 위해서 의병으로 항쟁하자고 하였다.

생각건대, 사람이 짐승으로 되란 말인가. 천지의 강상이 이미 무너지고 중화 문명이 오랑캐로 되란 말인가. 부모의 遺體도 보전하

부 지역의 농민전쟁과 각 지역의 보수 세력의 대응에 대해서는 申榮祐, 「甲午農民戰爭과 嶺南 保守勢力의 對應」, 연세대학교 사학과 박사학위논문, 1991 ; 정진영, 「1894년 농민전쟁기 향촌지배층의 동향」, 『1894년 농민전쟁 연구(5)』, 1997 참조.

99) 金祥起, 「朝鮮末 甲午義兵戰爭의 展開와 性格」, 『한국민족운동사』 3, 1989.

기 어렵게 되었다. 근래 의복을 찢고 고친 날에 우리들은 비록 피를 토하고 눈물을 삼키는 고통을 이기지 못하였으나, 權柄의 중요한 자리는 凶賊의 농간이 되고 대궐의 측근은 異類가 핍박하여 宗社가 朝夕으로 위태롭게 되고, 君父는 망측한 지경에 처해 있으니, 눌러 참고 말하지 않았다. 오호라! 임진왜란 때 두 능묘[성종, 중종]를 침범한 원수를 아직 갚지 못했는데 8월의 대변란[을미사변]이 또 일어나 우리 국모를 다시 폐위한 것이 저 놈들의 조종으로 되고, 의복 제도를 고쳐 우리 신민에게 입히는 것도 저 놈들 마음대로 하니, 우리나라를 무시할 뿐 아니라 흉악한 짓이 날로 심해져 또한 감히 우리 임금의 머리 모양에 칼을 대어 깎게 하고 나라 안에도 단발령을 내렸다. 오호 원통하도다! 고금 천하에 오늘날 같은 일이 어찌 있으랴. … 이 머리털을 한 번 깎으면 선왕의 백성이 모두 오랑캐의 몸이 되고, 鄒魯의 옛 나라가 모두 다 짐승의 지경으로 들어갈 것이다.[100)

라고 하여, 의병을 일으킨 목적을 명확하게 제기하였다. 의병은 의복 제도의 변경, 국모 시해, 단발령 등으로 이어진 일련의 사태, 곧 유교의 문명, 소중화의 금수화에 대한 우려와 이를 막기 위한 항쟁이었다. 특히 안동은 鄒魯之鄕으로 불리고 있었던 점에서 더 그러하였을 것이다.

예안통문을 계기로 연속으로 靑城書院과 鏡光書院의 「靑鏡通文」, 호계서원의 「虎溪通文」 등이 발송되어 거의를 촉구하였다. 유생들은 봉정사, 안동향교 등지에서 사전 모임을 가진 후에 12월 6일에 안동부

---

100) 「禮安通文」 을미 11월 29일(柳光烈 編, 『抗日宣言·倡義文集』, 서문당, 1975). 이를 주도한 李晩膺(1829~1905)은 영남만인소의 소두였던 이만손의 친동생이었다.

에서 향회를 개최하였다. 김도화, 김흥락, 류지호 등의 호파와 柳道性, 柳芝榮 등의 병파가 모두 참여하였다. 이들은 봉화 유곡(닭실)의 權世淵을 의병대장으로 추대하였다.[101]

권세연의 의병부대에는 안동지역을 대표하는 문중, 학자들이 망라되었다. 부장으로 추천된 곽종석(이진상의 제자)은 처음부터 불참하기는 하였지만, 사실상 영남 북부지역의 유림을 대표하는 의병진이었다. 의병부대의 지도급 인사로 임명된 사람의 대부분은 호파의 유생들이었다. 참여자 46명 가운데 하회 출신으로는 柳膺睦(외방장) 정도였다. 권세연 의병부대로 체제를 정비할 때(1896.1.24) 柳蘭榮(하회)이 도총이 되었다. 이 의병에 柳道性(하회 북촌, 1823~1910)이 김흥락과 함께 지휘장으로, 류난영은 여전히 도총으로 참여하였다.[102]

류응목은 철저한 척사론에 입각하여, 정학과 이단을 철저하게 구분하고, 조선을 華夷와 邪正의 구분이 명확한 小中華로 자부하면서,[103] 正學을 높이고 正道를 행하여 이단을 물리쳐 邪說을 그치게 하여야 한다고 하였다.[104] 그는 안동 의진의 외방장으로 격문을 발표하였다. 궁궐의 문을 열고 亂賊을 받아들이고, 이들이 명을 속이고 강제적으로 부모의 遺髮을 훼손시켜 우리를 귀신과 犬羊으

---

101) 김희곤,『안동 사람들의 항일투쟁』, 지식산업사, 2007, 84~98쪽. 의병장으로 추대된 김흥락은 학봉 김성일의 위패(大廟)를 모시고 있다는 점에서, 또 류도성은 병석에 있는 백세 노모 때문에 그 자리를 사양하였다고 한다.
102) 김희곤, 위의 책, 97쪽 ; 110쪽 ; 114쪽.
103)『鶴山文集』권5,「正學異端辨」(一, 350~352쪽).
104)『鶴山文集』권5,「布諭斥邪文」(一, 372~373쪽).

로 만들었다고 비난하고, "슬프다, 우리 靑丘의 儀文과 冠裳이 모두 이적 금수로 변했으며, 발호한 十賊이 國權을 농단하고, 도망했던 四凶이 임금을 위협하니 어찌 이를 참을 수 있으랴"라고 하였다.[105]

안동의 의병부대에는 대개 각 문중의 대표자가 참여하였다. 따라서 의병부대를 유지하기 위한 군자금도 안동 일대 문중, 향교에 배부하여 기부하게 하였다. 이때 모두 2만 냥을 모으기로 하고, 그 가운데 가장 많은 1천 냥을 하회 류씨와 수곡의 전주 유씨, 유곡 안동 권씨에게 각각 부과하였다. 동시에 향교에 600냥, 호계서원에 800냥, 병산서원에 400냥 등을 배부하였다.[106]

김도화 의병부대는 서상렬 의병과 연합하여 활동하였다. 영남 북부지역 8읍의 의병이 2월 9일 예천에 집결하여, (1) 역적과 당짓지 말 것, (2) 중화의 제도를 바꾸지 말 것, (3) 죽고 사는 것에 마음을 바꾸지 말 것, (4) 딴 생각을 갖고 사적으로 행동하지 말 것, (5) 적을 구경하기만 하고 진격하지 않는 행동을 하지 말 것 등을 약속하였으며, "춘추대의를 밝히고 인수의 큰 구별을 판단하여 온 누리를 깨끗이 쓸어내고 왕실을 굳건하게 만들어야 한다"고 주장하였다. 김도화 부대는 태봉 전투, 봉정사 전투 등에서 패배하였다. 김도화는 의병진을 재정비하면서 지방의 사림들에게 지원을 요청하였다. 특히 하회 류씨 문중에는 「與河回柳氏門中」이라는 글을 지어, 안동이 두 文忠公(류성룡, 김성일)의 忠義의 정신이 계승되는 곳임을 강조하고, 봉정사 패산 이후 문을 닫고 의병과의 관계를

---

105) 『鶴山文集』 권5, 「檄列邑文」(一, 375쪽).
106) 김상기, 「1895~1896년 安東義兵의 思想的 淵源과 抗日鬪爭」, 『史學志』 31, 1998, 335~337쪽 ; 김명자, 앞의 글, 2009, 154쪽, 263쪽.

끊고 있는 것은 수치라고 하면서, 군자의 忠厚의 도리와 大義 정신을 들어 지원할 것을 호소하였다.107) 4월 들어 정부의 선유사(장석룡 등)가 고종의 효유문을 가지고 와서 의병 해산을 종용하자 6월 초에 안동 의진도 해산하였다.

한편, 상주 우천의 柳寅睦(류후조의 조카)은 지례, 예안 현감, 양산군수를 역임하였는데, 을미사변 후에 사임하고 바로 김천 知禮 三道峰(경북, 충북, 전북 경계의 산) 밑에 들어가 의병에 참여하였다. 특히 이 지역의 김산 의진(대장 이기찬)에는 허전, 장복추의 문인과 더불어 류주목의 문인들이 많았다. 류인목은 金山 의진의 도집례로 활동하였다.108)

2) 自靖殉國

유교문명의 금수화라는 위기에 처한 유생층은 유교의 도를 지키기 위한 대응책을 강구하였다. 유인석은 이를 擧義掃淸, 去之守舊, 그리고 致命遂志(혹은 自靖遂志) 세 형태로 제기하였고, 그 어느 것이나 斯道를 위하는 방법은 다르지만, 모두 정당하다고 하였다.109) 앞서 본 의병항쟁은 거의소청의 방안으로, 유인석도 처음에는 거의소청을, 후에는 거지수구 등을 때에 따라 선택하였다.

안동의 유생 가운데 몇 명은 나라가 일제에 의해 망하자 이를 분하게 여겨 자정순국, 곧 자결하였다.110) 李晩燾, 李中彦, 李命宇,

---

107) 『拓菴別集』 권1.
108) 『경북독립운동사(I)』, 경상북도, 2012, 246~267쪽 참조.
109) 『毅菴集』 권27, 「雜錄」(上, 633~634쪽).
110) 김희곤, 앞의 책, 2007, 223~235쪽.

權龍河, 金舜欽, 김택진, 이현섭, 그리고 하회의 柳道發(晦隱, 1832~
1910) 등이었다.

　류도발은 이만도와 이면주(봉화)의 순국 소식을 듣고, 자신도
그 뒤를 따르기로 결심하였다. 그는 世子侍講院副率 柳進徽의 아들
로, 서울에서 생활하다가 지방관으로 부임한 아버지를 따라 지방
3곳에서 생활하였다. 그는 당시 조정에서 민간에 이르기까지 자신
의 편의와 당론에 따라서만 행동하고 있다고 비판하였다. 특히
당시 외침 앞에서 위기에 처한 나라를 위해서는 밖으로 교린의
도를 강구하고, 안으로 자강의 대책을 세워야 하며, 변방을 수비하고
민력을 길러 국가 재정을 확충해야 한다고 주장하였다. 이렇게
하지 않고 외국과 수교를 하게 되면 이는 "무기를 놓고 문호를
열어 저들을 맞이하는 것"이고, 결국에는 일본의 노예나 포로가
될 것이라고 하였다.[111]

　류도발은 여러 번 이사를 하였는데, 나중에는 군위군 비안의 덕암
리에 이사하자 스스로 '晦隱'이라 자칭하였다. 그러던 중 1910년
8월, 일제가 한국을 병탄하였다는 소식을 듣고 안동 하회의 옛집으
로 돌아왔다. 이때 객사에 있던 殿牌가 없어졌다는 소식을 듣고,
그는 "종묘사직이 망했고, 전폐가 훼철되었다. 여러 왕들의 어짐과
두터운 은택이 이같이 징험이 없으니, 천리를 진실로 알 수 없다"라
고 하고, "그렇다면 병산서원의 사당문을 보통 때처럼 열고 닫는
것도 미안하지 않은가"라고 하면서 "내 나이 80에 나라가 무너지고
임금이 망하여 장차 남의 나라 포로가 되게 되었으니 그 욕됨이

---

111) 『晦隱遺稿』 권1, 「時務便私論」.

심하다. 더구나 세신의 후손임에 있어서랴!"라고 하였다.112)

그리고는 먼저 순국한 이만도, 이면주의 뒤를 잇기로 하였다. 9월 28일, 하회에 가서 조상 묘에 두루 절하고 하직 인사를 하였다. 그는 친척들을 비롯하여 자손·친지들에게 작별을 알린 뒤, 집에 돌아와 마당에 자리를 마련하고 북쪽을 향하여 네 번 절한 다음 음식을 끊었다. 아들 류신영이113) "선비가 의에 처하는 것이 대부와 같지 않은데, 왜 하필 이와 같이 하십니까"라고 만류하자, 류도발은

> 나는 우리 할아버지[류성룡]의 후손으로, 선군[류진휘]을 모시고 세 고을의 녹을 먹었으니, 어찌 관직이 몸에 없다고 말을 하겠나. 내 뜻이 이미 정해졌으니, 더 이상 긴 말을 하지 말라.114)

라고 하였다.

류도발의 자정순국은 서애의 학문을 가학으로 계승하면서, 또한 재야의 유생과 다른 '세신의 후예'라는 자세를 그대로 보인 태도였다. 곧 유교의 '도' 문제이면서, 그보다는 왕조에 대한 '충'의 문제를 더 강조하였던 것이다. 그는 단식한 지 17일 만인 1910년 10월 26일 순국하였다.

---

112) 『晦隱遺稿』 권5, 부록, 「家狀」.
113) 류신영도 1919년, 고종의 붕어 후 자정순국하였다.
114) 「晦隱霞隱兩代殉國日錄」.

V. 맺음말

이상으로 19세기 후반, 안동 하회와 상주 우천을 중심으로 형성되었던 柳仲郢－柳雲龍·柳成龍 가문 후예들의 학문적 특징과 처신, 척사운동 등에 대해서 검토하였다. 이 문중은 조선후기 영남을 대표하는 가문이었다. 영남의 남인들이 중앙정계에서 제외되었지만, 하회 문중에서는 꾸준히 과거나 음사를 통하여 관료를 배출하였고, 마침내 류성룡 이후 근 3백년 만에 다시 류후조가 재상의 반열에 오르게 되었다.

하회의 屛儒, 柳氏들은 퇴계학통에 속하면서 입암－겸암·서애에 의해 형성된 학풍이 이후 대를 거르지 않고 문중의 학자들에 의해 家學으로 계승되었다. 가학으로 계승된 그들의 학문은 주로 현실에서의 도덕적 실천에 힘을 기울였다. 성리철학은 이미 퇴계에 의해 정리되었으므로, 별도의 연구를 하기 보다는 생활 속에서 이를 실천하는 학문을 중시하였다. 학문의 근본이『小學』에 있다고 하면서 동시에 일상적인 행동에서의 禮論과 心論을 연구하였다. 또한 이런 현실적인 학문 자세는 그들의 처신에도 영향을 미쳤다. 그들은 줄곧 중앙정계에 진출하여 활동하였고, 그 과정에서 '세신의 후예'라는 생각을 계속 이어갔다. 이는 다른 재야의 선비와 행동을 달리해야 한다는 것이었다. 그리하여 드디어 고종 초기, 대원군의 정치와 연결되어 류후조가 또 다시 재상(좌의정)에 오르게 되었다.

하회 문중은 안동의 유림 속에서 퇴계의 학통 문제를 둘러싸고는 학봉 김성일의 후예들과 대립하였다. 곧 병산서원과 호계서원의 대립, 屛虎是非였다. 이 대립은 안동, 예안, 상주, 영주 등 영남

북부지역의 유림계를 양분하였고, 이들 유생들의 처신, 현실 대응에 결정적인 영향을 주었다. 19세기 후반 전개된 모든 운동과 대응에 병파는 항상 호계서원(호파)과는 다른 자세를 보였다. 병유들은 대원군 봉환 상소에는 소수가 되어 이를 적극적으로 이끌었으나, 서원 철폐 반대 상소 운동에는 매우 소극적이었다. 모두 대원군과의 연관 때문이었다.

한편 개항 이후 조선사회는 외세의 침략으로 식민지화의 위기에 직면해 있었다. 서양이나 일본의 침략을 막기 위해서는 이율배반적으로 부분적이라도 서양의 문명을 받아들이지 않을 수 없었다. 1880년대 이후 조선정부는 서양과의 통교를 확대하고, 서양의 기술을 수용하여 부국강병을 추구하였다. 그러나 재야의 유생들은 이를 반대하고 서양을 배척하는 척사론을 강화하였다. 외세의 침략에서 유교의 도를 지키고, 동시에 나라를 지키자는 것이었다. 1876년 개항을 반대하고, 1881년 『조선책략』을 반대한 상소 운동, 그리고 단발령 이후의 의병운동도 모두 이런 척사론을 행동으로 실천한 것이었다. 경우에 따라서는 국권과 유교를 위해 자정순국하기도 하였다.

그러나 청일전쟁, 러일전쟁을 거치면서 일본의 한국지배는 점차 확고해져 갔다. 이런 시세의 변화 속에서 보수적 유생층도 조금씩 변하기 시작하였다. 국제정세의 변화 속에서 서양을 외교의 대상으로 인정하기도 하였고, 혹은 서양 기술문명의 우수성을 인정하고 이를 수용할 수도 있다고 생각하였다. 급기야 종래의 척사론적인 사고를 벗어나 실력을 양성해야 한다는 계몽운동, 교육운동으로 노선을 전환하는 부류도 나타났다. 이런 경우 대개 유교의 폐단을

314

거론하기도 하였다. 안동지역에서도 李相龍, 柳寅植 등, 호파의 젊은 세대들은 그들의 학문적 전통을 스스로 부정하고 대한협회, 협동학교 등을 통하여 계몽운동을 전개하였다.

　하회의 병유들은 이러한 국제질서의 변동과 사회변화, 국망의 위기에 대하여 호유처럼 적극적으로 대응하지 않았다. 개인적으로 의병운동에 참여하고, 혹은 자정순국하기도 하였지만,『조선책략』반대의 척사상소운동에서도 또 의병운동에서도 그러하였다. 게다가 계몽운동으로 노선을 전환하는 경우도 없었다. 개인의 도덕적 실천을 중시하던 가학과 세신의 후손이라는 처신의 자세로 인하여 정부를 대상으로 하는 의견 표명이나 집단적인 행동에서 소극적일 수밖에 없었다. 이들이 나라가 망한 식민지배 현실을 민족 문제의 틀로 인식하고, 대응하게 되는 것은 1920년대 새로운 세대의 등장을 기다려야 하였다.

참고문헌

權相翊,『省齋集』
金道和,『拓菴集』,『拓菴續集』,『拓菴別集』
柳道發,『晦隱遺稿』
柳道洙,『閩山集』,『閩山遺稿』,『閩山別集』
柳膺睦,『鶴山文集』
柳疇睦,『溪堂集』
柳袗,『修巖集』
柳厚祚,『洛坡先生文集』
朴周大,『羅巖隨錄』, 국사편찬위원회, 1980.

李晩燾,『響山集』

李震相,『寒洲集』

許元栻,『三元堂集』

黃玹,『梅泉野錄』, 국사편찬위원회 편, 1955.

『東學亂記錄(下)』, 국사편찬위원회, 1971.

柳光烈 編,『抗日宣言·倡義文集』, 서문당, 1975.

林基中 편,『燕行錄全集』75, 동국대학교출판부, 2001.

『衛正斥邪疏草』(『慶尙史學』10, 1994)

동학농민혁명기념재단,『동학농민혁명 국역총서』, 2007.

권오영,『조선 후기 유림의 사상과 활동』, 돌베개, 2003.

김병우,『대원군의 통치정책』, 혜안, 2006.

김희곤,『안동 사람들의 항일투쟁』, 지식산업사, 2007.

류시찬 編,『愚川四百年』, 豊山柳氏愚川門中, 2010.

안동대학교 안동문화연구소 엮음,『경북독립운동사(Ⅰ.Ⅱ)』, 경상북도, 2012.

홍재휴,『北行歌 硏究』, 효성여대출판부, 1991.

강문식,「溪堂 柳疇睦의 교육활동」,『退溪學과 儒敎文化』50, 2012.

금장태,「韓溪 李承熙의 生涯와 思想(Ⅰ)」,『大東文化硏究』19, 1985.

김도형,「개항 이후 보수유림의 정치사상적 동향」,『1894년 농민전쟁연구(3)』,
　　　역사비평사, 1993.

김도형,「寒洲學派의 形成과 現實認識」,『大東文化硏究』38, 2001.

김명자,「조선후기 安東 河回의 豊山柳氏 門中 연구」, 경북대학교 사학과 박사학
　　　위논문, 2009.

김상기,「朝鮮末 甲午義兵戰爭의 展開와 性格」,『한국민족운동사』3, 1989.

김상기,「1895~1896년 安東義兵의 思想的 淵源과 抗日鬪爭」,『史學志』31, 1998.

김성윤,「안동 남인의 정치적 일상과 지역정치의 동향 - 철종대 金洙根서원
　　　건립과 고종대 屛虎保合을 중심으로 - 」,『영남학』15, 2009.

김용섭,「哲宗朝의 應旨三政疏와 三政釐整策」,『韓國近代農業史硏究(Ⅰ)』, 新訂增
　　　補版, 지식산업사, 2004.

김용섭,「韓末 高宗朝의 土地改革論」,『韓國近代農業史硏究(Ⅱ)』, 신정증보판,
　　　지식산업사, 2004.

백도근, 「擬上六條疏를 통해 본 溪堂 柳疇睦 선생의 사상」, 『尙州文化硏究』 5, 1995.

설석규, 「조선시대 嶺南儒生의 公論形成과 柳道洙의 萬人疏」, 『退溪學과 韓國文化』 44, 2009.

송병기, 「辛巳斥邪運動 硏究」, 『史學硏究』 37, 1983.

신영우, 「甲午農民戰爭과 嶺南 保守勢力의 對應」, 연세대학교 사학과 박사학위 논문, 1991.

우인수, 「溪堂 柳疇睦과 閩山 柳道洙의 학통과 그 역사적 위상」, 『退溪學과 韓國文化』 44, 2009.

이상호, 「정재학파 성리학의 지역적 전개양상과 사상적 특성」, 『국학연구』 15, 2009.

이수건, 「17, 18世紀 安東地方 儒林의 政治社會的 動向」, 『大丘史學』 30, 1986.

이수환, 「대원군의 서원훼철 반대와 영남 유소」, 『교남사학』 6, 영남대, 1994.

이형성, 「江皐 柳尋春의 生涯와 思想」, 『退溪學과 儒敎文化』 50, 2012.

정만조, 「英祖 14년의 안동 金尙憲書院 建立 是非」, 『韓國學硏究』 1, 동덕여대, 1982.

정병국, 「此山 柳寅睦의 北行歌 硏究」, 한국교원대학교 대학원 국어교육전공 석사학위논문, 1999.

정진영, 「1894년 농민전쟁기 향촌지배층의 동향」, 『1894년 농민전쟁 연구(5)』, 1997.

정진영, 「19세기 후반 영남유림의 정치적 동향 : 만인소를 중심으로」, 『한말 영남 유학계의 동향』, 영남대 민족문화연구소 편, 1998.

조성윤, 「개항 직후 대원군파의 쿠데타 시도」, 양상현 편, 『한국근대정치사연구』, 사계절, 1985.

최승희, 「書院(儒林)勢力의 東學 排斥運動 小考」, 『韓㳓劤停年紀念史學論叢』, 지식산업사, 1981.

한상우, 「조선후기 鄕戰을 통해본 양반층의 親族, 婚姻 - 안동의 屛虎是非를 중심으로」, 『大東文化硏究』 81, 2013.

홍원식, 「서애학파와 계당 유주목의 성리설」, 『退溪學과 韓國文化』 44, 2009.

찾아보기

저자_ 가나다순

계승범 서강대학교 사학과 교수

김도형 연세대학교 사학과 교수

김학수 한국학중앙연구원 장서각 국학자료연구실장

도현철 연세대학교 사학과 교수

문석윤 경희대학교 철학과 교수

우인수 경북대학교 역사교육과 교수

정호훈 서울대학교 규장각한국학연구원 교수

서애 류성룡의 학문과 계승

연세대학교 서애학술연구단

초판 1쇄 발행 2015년 2월 20일

펴낸이 오일주
펴낸곳 도서출판 혜안

등록번호 제22-471호
등록일자 1993년 7월 30일

주소 ㉾ 121-836 서울시 마포구 서교동 326-26번지 102호
전화 3141-3711~2
팩스 3141-3710

이메일 hyeanpub@hanmail.net

ISBN 978-89-8494-522-7 93910

값 24,000 원